Hartwig Hausdorf

NAHTOD – JENSEITS – WIEDERGEBURT

„Nahtod – Jenseits – Wiedergeburt“
1. Auflage September 2021

Ancient Mail Verlag Werner Betz
Europaring 57, D-64521 Groß-Gerau
Tel.: 00 49 (0) 61 52/5 43 75, Fax: 00 49 (0) 61 52/94 91 82
www.ancientmail.de
Email: ancientmail@t-online.de

Verantwortlich für die Produktsicherheit:
Ancient Mail Verlag – Werner Betz
Europaring 57, 64521 Groß-Gerau
Email: ancientmail@t-online.de

Bibliografische Information der Deutschen Nationalbibliothek:
Die Deutsche Nationalbibliothek verzeichnet diese Publikation in der Deutschen Nationalbibliografie; detaillierte bibliografische Daten sind im Internet über http://dnb.dnb.de abrufbar.

Covergestaltung: Karl Lesina, Luna Design
Druck: WIRmachenDRUCK GmbH, D-71522 Backnang

ISBN 978-3-95652-313-7

Inhalt

Vorwort 10

1. Die Seele, das unbekannte Wesen 13

Auf der Suche nach dem Sitz unseres Lebens

Verderbliche Hülle 14 • Auf großer Reise 16 • Gemeinsam ins Jenseits 17 • „Gebrauchsanweisung" fürs Sterben 19 • Was bleibt? 21 • „Kristallisierter Geist" 23 • Fotografien des Unfassbaren 25 • Myriaden von Lichtpunkten 27 • Phantomschmerz: Abgetrenntes wird wieder sichtbar 29 • Die unheimlichen Bilder des Docteur Baraduc 30

2. Unglaublich – aber wahr! 33

Bizarres aus der Grauzone zwischen Leben und Tod

Kopflos 34 • Die überlebte Enthauptung 36 • Schuss in den Kopf 37 • Aug' in Aug' mit Phineas Gage 39 • Wasser statt Gehirn: Wo „wohnt" der Geist? 40 • Schicksalsstrecken 42 • Wenn der Vater mit dem Sohne ... 44 • Verwobene Schicksale 45 • Seelen, die auf Reisen gehen 47 • Warum nicht sein kann, was nicht sein darf 49

3. Noch einmal „von der Schippe gesprungen" 53

Nur ein kurzer Blick von oben

„Seelenkugeln" 54 • Manch dunkles Geheimnis 56 • Kein seltenes Phänomen 57 • „Ich schwebte über der Unfallstelle" 59 • 200 Fuß über dem Flugfeld 60 • Diskrete Nachforschungen 62 • Widerwillige Rückkehr 64 • „Die rote Krawatte passt nicht!" 66

• Mit einem „Plopp“ den Körper verlassen 68 • „Neuronales Feuerwerk“ 69

4. Ghost – Nachricht von Sam 72

Unheimliches an der Grenze zweier Welten

In Phasen verlaufendes Geschehen 73 • Point of no return 75 • Hinter dem Horizont 76 • Bio-Feedback 77 • Signal aus dem Jenseits 78 • Letzter Auftritt 80 • Der Tod des „großen Schweigers“ 83 • Geisterfotos 85 • Die „Zündlerin“ 86 • Die Toten in den Wellen 87 • ... dann tauchten sie wieder auf 89 • Über den Tod hinaus 90

5. Reger Austausch 93

Vom Medium zur Instrumentellen Transkommunikation

Wer hat's erfunden? 94 • Gespenstisch, aber wahr 95 • Animismus contra Spiritismus 97 • Vogelstimmen im Wald 98 • Sprachgenies im Jenseits 100 • Vergleich mit einem anderen Phänomen 102 • „Air Division Cainadain Moun“ 104 • „Kauf dir‘n Uher!“ 105 • Die „Diener Gottes“ waren schneller 107 • Was am 17. September 1952 geschah 108 • Das Jenseits im Fernsehen 109 • Auftritt des „Märchenkönigs“ 111 • Keine ewigen Jagdgründe 113

6. „Da drin liege ich begraben“ 123

Deja vu: Wiedererlebte Realität?

Es kam, wie es kommen musste 124 • Erklärung der Skeptiker 125 • Die unheimlichste Erfahrung ihres Lebens 127 • Ein Déjà-vu in China 129 • Unwiderstehliches Gefühl 130 • Unheimliches aus Hexham 132 • Das Schlaflied 134 • Wunderkinder 136 • Bach und Mozart 137 • Fast zu Tode erschrocken 139 • „... der sei verflucht!“ 140

7. Einmal Rinpoche, immer Rinpoche 143

Jahrhunderte währende Inkarnationen

Die goldenen Dächer von Kumbum 144 • Konversation in höfischer Sprache 146 • Einzug in Lhasa 147 • Flucht ins Exil 148 • Die längste ununterbrochene Inkarnationslinie 150 • In zwei Leben erlebt 152 • Politische Pointe 154 • Er provozierte mit „Wundern“ 155 • Lange Passagen aus heiligen Texten 156 • „Ich bin Sai Baba“ 158 • “Heilige Asche“ 159 • Kein Lebenszeichen mehr festzustellen 161 • Vollendete Mission 163

8. „Sie waren es, die mich getötet haben“ 165

Spannende Nachforschungen in Indien

Der „Klassiker“ 166 • Nägel mit Köpfen 168 • Bestätigung für echte Reinkarnation 169 • Standesdünkel auf Indisch 171 • Austauschmanöver 172 • Schock am Totenbett 174 • Mord wegen 600 Rupien 176 • Geld zurück im nächsten Leben 177 • Unheimliches Gefühl einer drohenden Gefahr 178 • Ravi Shankar erinnert sich 180 • „Komm zu mir, mein Kind“ 182 • Vom „richtigen“ Zeitpunkt 184

9. Nahe am endgültigen Beweis 186

Narben erinnern an tragische Schicksale

Suresh Vermas Rückkehr 187 • Einschussloch aus einem früheren Leben 189 • Das Volk der Drusen 190 • Tödliche Schlangenbisse 191 • Der tödliche Speerstoß 193 • Lieber in den „Bau“ 195 • Türkische Tragödien 196 • Einwandfrei sichtbare Spuren 198 • Showdown in Adana 199

10. Nun weiß er es ganz genau 202

Lebenswerk eines bewundernswerten Forschers

Kein „Schreibtischtäter“ 203 • Das Treffen 204 • Anfangs sehr zurückhaltend 205 • Auf der Suche nach dem endgültigen Beweis 207 • Die wandernde Narbe 209 • Recherchen in Frankreich 212 • Künftige Erweckung? 213 • Maximal erreichbares Resultat 214 • Wie ein Fingerabdruck 216 • Ursachenforschung 218 • „Höllenfahrt“ 220 • Teil eines Über-Bewusstseins? 221

Anhang

Begriffserklärungen 223

Danksagung 238

Quellenverzeichnis 240

Bildquellen 248

„And I dreamed I was dying,
I dreamed that my soul
rose unexpectedly.
And looking back down at me
smiled reassuringly,
and I dreamed I was flying.“

Paul Simon
„American Tune“ (1973)

„Everything dies, baby,
that's a fact.
But maybe everything
that dies
someday comes back.“

Bruce Springsteen
„Atlantic City“ (1982)

Vorwort

Liebe Leserin, lieber Leser,

die Themen, um die es in diesem Buch geht, gehören mit zu den ältesten, zugleich aber auch zu den geheimnisumwobensten Fragen unser aller Existenz. Was passiert eigentlich genau in dem Augenblick, wenn unser Körper, unsere physische Hülle, stirbt? Ist an diesem Punkt „die Jagd zu Ende", ist alles aus und vorüber? Eingegraben, den Deckel drauf, vermodert und vergessen? Oder gibt es vielleicht etwas, das über diesen „Point of no return" hinaus weiterexistiert – wo und in welcher Form auch immer? Gibt es ein „Danach"?

Bereits unsere steinzeitlichen Vorfahren haben sich hierüber mächtig ihre Köpfe zerbrochen, wie Archäologen schon vor längerer Zeit herausfanden. Später gab es keine Hochkultur auf Erden, die da nicht ihre konkreten Vorstellungen zu einem Weiterleben nach dem Tod hatte. In uralten „Totenbüchern" begegnen uns ausgefeilte „Gebrauchsanweisungen für ein richtiges Sterben" - einschließlich detaillierter Beschreibungen jener Daseinsebenen, die bereits auf die Dahingeschiedenen warten.

So waren es vor allem Religionen und philosophische Überlegungen, wo man sich schon von jeher Gedanken machte, wie es wohl auf der anderen Seite der Realität weitergehen mag. Gegen Ende des 19. Jahrhunderts kam dann die Parapsychologie ins Spiel, die sich solchen Fragestellungen erstmals von der wissenschaftlichen Seite her zu nähern versuchte.

Sie hatte es partout nicht einfach: Hervorgegangen aus einer unkritischen Strömung, deren Beschäftigung sich überwiegend in ominösen „Geisterbeschwörungen" erschöpfte, wurde sie lange Zeit vom wissenschaftlichen „Mainstream" abgelehnt. Was ihr sicher nicht gerecht wurde. Brachte die relativ junge Wissenschaft doch echte Pioniere der Todes- und Jenseitsforschung hervor, die oft genug spektakuläre Erkenntnisse beitrugen. Sowie Spezialisten, die sich der Erforschung des mit Abstand erregendsten Rätsels unserer Existenz verschrieben haben – nämlich der Frage nach einer Wiederkehr der Seele, dem Kern unserer Persönlichkeit oder wie immer wir dies auch bezeichnen wollen, in einem neuen Leben. Ich hatte das unbeschreibliche Glück, der Welt größte Kapazität auf dem letztgenannten Gebiet höchstpersönlich kennenlernen zu dürfen, Fragen zu stellen und diese auch erschöpfend beantwortet zu bekommen.

In jüngster Zeit hat auch noch die moderne Medizin begonnen, erstaunlich vorurteilsfrei auf dem viel zu lange tabuisierten Gebiet rund um Nahtod und Sterben zu forschen. Dabei waren ihr wirklich weltbildstürzende Erkenntnisse zugefallen, die nicht mehr wegzudiskutieren sind.

Themen wie diese, die schon von jeher kontrovers bis hitzig diskutiert werden und unser althergebrachtes Weltbild ins Wanken bringen, haben mich schon von jeher fasziniert. Diese sind es, die den in weiten Teilen etwas eingeschlafenen Wissenschaftsbetrieb ein Stück in Schwung bringen, und für Spannung sorgen. Wie ich auf solche Themen kam – wie es unweigerlich dazu kommen musste! - das verrate ich ebenfalls in den nachfolgenden Kapiteln.

Bei dieser Gelegenheit kann ich auch meiner Freude Ausdruck verleihen, dass auf so vielen Grenzgebieten unseres Wissens inzwischen eine ungewohnte Offenheit Einzug gehalten hat. Nicht selten bin ich mit einem Vortrag zu diesen Themen – also Nahtod, Jenseits und Wiedergeburt – an Volkshochschulen unterwegs, die sich nicht mehr davor scheuen, auch einmal ungewöhnlichere Wissensinhalte anzubieten.

Ich bin mir sicher: Noch vor ein paar Jahren hätte man mich fast dafür gesteinigt. Oder zumindest in die Ecke des Obskuren und der Scharlatanerie gestellt. Wie es ausschaut, hat sich hier eine Menge zum Besseren verändert.

So bleibt mir an dieser Stelle nur noch, Ihnen, liebe Leserinnen und Leser, eine spannende Reise durch einige der faszinierendsten Rätsel und Geheimnisse unseres Daseins zu wünschen. Einmal über die Frage nachzusinnen, ob es nicht „hinter dem Horizont“ weitergeht, und wir mehr als nur eine, die „aktuelle“ Existenz zu bewältigen haben.

Liebe Leserin und lieber Leser, Ich werde Sie auch in Zukunft in der „altbewährten“ Weise ansprechen. Gendersternchen werden Sie also vergeblich bei mir suchen ...

1. Die Seele, das unbekannte Wesen

Auf der Suche nach dem Sitz unseres Lebens

Wenn ich mich in den nachfolgenden Kapiteln tief in das von Rätseln und Geheimnissen umwobene Reich von Nahtod und endgültigem Hinscheiden, vom Jenseits sowie einer möglichen Rückkehr in einem neuen Körper begebe, komme ich bereits ganz am Anfang an einem wichtigen Begriff nicht vorbei. Es geht um die Seele, was immer das auch sein mag. Und ehe man sich versieht, wird es ziemlich kompliziert und verzwickt.

Denn beinahe jeder versteht darunter etwas völlig anderes. Als bloßer Begriff ist „Seele" erst einmal das sprachliche Gegenstück zu „Körper". Verwendet wird das Wort zumeist im religiösen und philosophischen Kontext, wo es das innere Selbst oder auch das Bewusstsein des Menschen, seinen feinstofflichen Körper beziehungsweise eine andere, nichtmaterielle Komponente bezeichnet. Und bei dem Adjektiv „seelisch" kommt noch die Psychologie ins Spiel, denn es besitzt keine religiöse Konnotation und bedeutet in etwa dasselbe wie psychisch.[1]

Im christlichen Glauben versteht man unter Seele den jedem einzelnen Menschen zu Eigen gegebenen Grund des Lebens, woraus dessen Integrität als Person entsteht. Naturreligionen hingegen sehen sie vielfach als ein im Körper befindliches, nichtmaterielles zweites Wesen an. Beim Verlassen des stofflichen Körpers im Tode sei die Seele imstande, in einen neuen Körper hinüberzuwechseln. Hier begegnen wir bereits der Seelenwanderung, auch als Wiedergeburt oder Reinkarnation bezeichnet.[2]

In der Philosophie wird die Seele unterschiedlich gedeutet; entweder als nichtstoffliche Substanz, oder als unselbständige Eigenschaft des Körperlichen. Doch aufgrund der Isolierung des geistigen Aspekts durch den Rationalismus[3] trat die Seele bald in den Gegensatz zur materiellen Substanz des Körpers. Dieser Richtung, die einzig in der Materie den Grund und die Substanz aller Wirklichkeit sieht, „verdanken" wir es, dass Tiere lange Zeit als seelenlose Automaten betrachtet wurden – einzig durch deren Instinkte geleitet.[2] Dass diese Ansicht aber alles andere als zutreffend ist, konnte ich in einem meiner vorangegangenen Bücher, welches sich mit den übersinnlichen Kräften unserer Mitgeschöpfe befasst, durch zahlreiche Beispiele hinreichend dokumentieren.[4]

Verderbliche Hülle

Fragen über ein geheimnisumwobenes „Etwas", das neben dem Körperlichen existiert, stellt sich der Mensch wohl schon, seit es ihn gibt. Und gleichfalls von Anfang an schwingt in ihm so etwas wie eine unbestimmte Ahnung, dass es nach seinem Ableben, gewissermaßen hinter dem Horizont, auch für ihn weitergeht.

Auf untrügliche Funde, die dies zu belegen scheinen, stießen Archäologen bereits vor einigen Jahrzehnten. Anders als in den Vorstellungen, die man lange Zeit von ihnen hatte, besaßen die Neandertaler eine ungewöhnlich hoch entwickelte Kultur mit geradezu modern anmutenden Zügen. Sie pflegten ihre Kranken, bestatteten ihre Verstorbenen mit sehr viel Liebe und Sorgfalt und sie glaubten aller Wahrscheinlichkeit nach an Wiedergeburt oder ein Weiterleben nach dem Tode.

Das belegten die Ergebnisse von Ausgrabungen, welche im Jahr 1951 im Nordteil des Irak begannen. Dort war der amerikanische Archäologe Ralph Solecki auf die ungefähr 400 Kilometer nördlich von Bagdad gelegenen Höhlen von Shanidar gestoßen. Wie groß war die Überraschung der Wissenschaftler, als sie dort ein Skelett fanden, dessen Alter sie auf 50.000 bis 60.000 Jahre datierten! Der Verstorbene war einst von seinen Angehörigen aufwendig bestattet worden. Gebettet auf einen Rost aus Ästen und Zweigen, hatte man ihm viele Blumen ins Grab gelegt. Wie andere Tote auch, war er mit rötlichem Ocker bestrichen worden – steht diese Farbe doch schon seit eh und je symbolisch für das Leben. Und die auf seinem Grab aufgehäuften Steine schützten den Toten vor den Unbilden der Witterung. Aber noch mehr davor, den hungrigen Raubtieren als willkommene Abwechslung im Speiseplan zu dienen.

Das Vorhandensein einer solchen ausgeprägten Begräbniskultur bei den Neandertalern beweist, dass diese offenbar schon religiöse Vorstellungen über den Tod und das Jenseits sowie einen ausgeprägten Sinn für Ästhetik besaßen.[5,6]

Hat sich hieran eigentlich bis heute irgendetwas geändert? Nicht wirklich. Denn auch wir geleiten – mehr als 50.000 Jahre nach den Neandertalern – unsere Verstorbenen auf ihrem letzten Weg und lassen uns dabei von religiösen Vorstellungen inspirieren. Wie friedlich schlafend, legen wir sie in ihren liebsten Kleidern in den Sarg. Dazu werden ihnen entspannte Gesichtszüge modelliert, und die Spuren eines zuweilen grausamen letzten Kampfes verdeckt. Vordergründig will man die Dahingeschiedenen in bester Erinnerung behalten. Aber es geht wohl zuerst darum, dass man selbst so wenig wie möglich an die eigene Vergänglichkeit erinnert werden will. Rituale, die bereits von unseren urzeitlichen Vorfahren gepflegt wurden, und die sich bis in heutige Tage unverändert erhalten haben.

Der Glaube an eine Existenz nach dem Tode machte den frühen Völkern ihre Toten unheimlich. Deshalb bestattete man sie meistens außerhalb der Siedlungen. Haben sie den Verstorbenen aus dem Grund die Augen verschlossen, damit sie jenen Weg, auf dem sie zu Grabe getragen wurden, nicht mehr wiedererkennen sollten? Dachten sie in diesem Zusammenhang einzig an eine Wiederkehr ihrer Angehörigen in deren materiellen, also „irdischen“ Form? Oder ahnten sie, dass da noch viel mehr existieren muss als Fleisch und Blut?

Ich bin mir ziemlich sicher, dass dem Menschen die hehre Erkenntnis, dass unser Körper nichts weiter ist als eine verderbliche Hülle, oder eine Art Vehikel, dessen sich irgendetwas anderes für begrenzte Zeit bedient, nicht erst vor 50, 500 oder 5.000 Jahren gekommen ist.

Auf großer Reise

Und so sind wir nach diesem Exkurs in die Welt der Neandertaler wieder bei der Seele angekommen. Um ehrlich zu sein: Wir haben uns nie wirklich von ihr entfernt. Verweilen wir also noch ein klein wenig in der Vergangenheit, wenn auch in Epochen, die der heutigen ein wenig näher stehen als die oft als primitiv verkannte Steinzeit.

Neben den fernöstlichen Hochkulturen beschäftigten sich auch die alten Ägypter sehr intensiv mit dem Tode und einem möglichen Leben danach. Durch ihre akribischen Vorbereitungen auf die Begräbniszeremonien für ihre Pharaonen verfügen wir heute über ein recht genaues Bild über deren ausgefeilten Totenkult. Die vorherrschende Überzeugung damals war, dass der Körper, gleichzeitig aber auch der „ka" genannte Geist, überleben muss. Im Jenseits sollte der Verstorbene dann einen neuen Leib erhalten. Das Hinüberwechseln ins Reich der Toten ist im altägyptischen Totenbuch, welches das vollständige Begräbnisritual enthält, gleich den Regieanweisungen zu einem Film minutiös beschrieben. Gemäß dieser mehr als 150 Kapitel umfassenden Anleitung mumifizierte man die Toten, damit sie auf ihrer großen „Reise" ins Jenseits hinreichend geschützt waren. So war die Ausstattung der Sargteile wie auch der Grabkammer bis ins letzte Detail festgelegt. Reiche Grabbeigaben sicherten den Weg nach drüben, darunter Schmuck, reichlich Proviant und mit Illustrationen und Hieroglyphen versehene Papyrusrollen. Nützliche Dinge, die nicht selten späteren Grabräubern noch nützlicher wurden.

Eine Besonderheit des altägyptischen Totenglaubens stellte die „Seelenwaage" des Gottes Osiris dar. Unmittelbar nach seinem Ableben musste sich der Verstorbene einem Gericht stellen, dessen Vorsitz Osiris hatte. Als ältester Sohn von Erdgott Geb und der Himmelsgöttin Nut war er einer der ältesten Götter des alten Reiches am Nil; Osiris trat im 25. Jahrhundert v. Chr. in den Vordergrund des Totenglaubens.[2] Mit der besagten „Seelenwaage" wurde die

Lauterkeit des Verstorbenen genau geprüft. Und nur, wenn die Rechtschaffenheit und andere positiven Eigenschaften des gerade Dahingeschiedenen überwogen, durfte er auch in das Jenseits hinüberwechseln.

Im antiken Griechenland sah man das Totenreich als düsteren und unheimlichen Ort an, von dem es keinen Weg mehr zurück ins Diesseits gab. Wenn die Geister oder Seelen der gerade Verstorbenen zu dieser Unterwelt, den sogenannten Hades, hinabstiegen, dessen Eingang bei einem Hain schwarzer Pappeln am Ufer des sagenhaften Weltstromes Okeanos vermutet wurde, bekamen sie von ihren Angehörigen eine Münze, den Obolus. Das Geldstück wurde in den Mund der Toten gelegt. Damit konnten sie den Fährmann Charon bezahlen, der sie auf ihrer letzten Reise in seinem Nachen über den Styx ruderte. Mittellose Geister hatten auf ewig am diesseitigen Gestade des Flusses zu verharren, dessen Name „der Verhasste" bedeutet, sofern es ihnen nicht gelang, ihrem Führer Hermes zu entkommen, und sich anderweitig in das Totenreich einzuschleichen. Das jenseitige Ufer des Styx wurde zudem bewacht von dem dreiköpfigen „Höllenhund" Kerberos, der keinem erlaubte, den Hades noch einmal zu verlassen.

Analog zur Seelenwaage der alten Ägypter wurde ein Totengericht abgehalten. Je nach dessen Ausgang durften die Gerechten ins Elysium eintreten, der „Insel der Seligen", während die Ungerechten in den Tartaros verbannt wurden, dem tiefsten und finstersten Raum der Unterwelt.[7,8]

Gemeinsam ins Jenseits

Als Archäologen in den 1920er Jahren die legendären Königsgräber des sumerischen Stadtstaates Ur, etwa 150 Kilometer westlich von Basra im heutigen Irak gelegen, ausgruben, stießen sie auf die sterblichen Überreste der Königin Schubad. Die war indes nicht allein, sondern in einer prachtvollen Grabanlage von 68 weiteren Skeletten umgeben.

Es waren allesamt Dienerinnen aus ihrem Hofstaat, wie auch Krieger der Leibgarde in deren voller Ausrüstung. Die Auffindesituation ließ indes nur einen Schluss zu: All die Menschen gingen - mehr oder weniger freiwillig – zusammen mit ihrer Königin in den Tod! Auf einen Kampf oder andere Gewalteinwirkungen fanden sich nämlich keine Hinweise. Ganz im Gegenteil. Wohl geordnet, buchstäblich in Reih' und Glied, lagen ihre Körper in den Gräbern und demonstrierten damit Gehorsam und Disziplin über den Tod hinaus. Wahrscheinlich hat man ihnen Gift oder starke Betäubungsmittel verabreicht, bevor die Grabstätte zugeschüttet wurde. Dieses Massenopfer vor 4.500 Jahren war durch den Glauben begründet, dass die Menschen auch im Jenseits ihrer Königin dienen würden.

Bei der Hochkultur der Inkas in Südamerika gab es eine ähnliche, wenn auch nicht ganz so freiwillige Art der Sterbebegleitung für den dahingeschiedenen Herrscher. Hier praktizierte man das Menschenopfer noch bis vor ungefähr 500 Jahren, bis zur Eroberung des südamerikanischen Kontinents durch die Spanier. Sobald der oberste Inka das Zeitliche gesegnet hatte, wurde sein Körper mumifiziert und in prachtvolle Tücher gehüllt. Die Inkas waren der festen Überzeugung, dass die Seele ihres Herrschers bereits in eine andere Welt gereist sei.

Noch während die Begräbniszeremonie im Gange war, versetzte ein Priester die Lieblingsfrauen und ausgewählten Diener durch Drogen in einen todesähnlichen Dämmerschlaf. Dann wurden die Menschen allesamt zu Tode stranguliert.

Einen beispiellosen Aufwand betrieb Kaiser Qin Shi Huangdi (259 – 210 v.Chr.) im alten Reich der Mitte. Er ließ eine unübersehbare Anzahl an bewaffneten Kriegern, Pferden und Streitwagen aus Ton brennen und diese in mehreren unterirdischen Kavernen rund um sein Grabmal aufstellen. Das befindet sich unter einer aus Erdreich aufgeschütteten Pyramide, welche heute mit Vegetation überwachsen ist. Im Innern dieser Begräbnispyramide ließ der Imperator eine Art „künstliches Universum" errichten. Sein Sarkophag ruhe, berichtete der Chronist Sima Qian (145 – 86 v. Chr.), inmitten eines im Kleinformat erbauten Reiches der Mitte. Darüber spanne sich das Himmelszelt mit Fixsternen und Planeten. Alle Flüsse und Seen Chinas seien aus Quecksilber nachgebaut und würden ständig in Bewegung gehalten. Äußerst raffinierte Selbstschussanlagen würden etwaigen Eindringlingen mit einem Pfeilhagel sofort den Garaus machen.

Lange Zeit hielt man diese ungewöhnlich detaillierten Beschreibungen aus der Feder des Chronisten für bloße Phantasie. Doch seine Berichte über die aus Quecksilber bestehenden Seen und Flüsse fanden eine unerwartete Bestätigung, als den Geologen die außergewöhnlich hohe Konzentration des hochgiftigen Schwermetalls rund um die Begräbnispyramide auffiel. Wen wundert es da noch, dass es die Chinesen bis heute nicht gewagt haben, in Qin Shi Huangdis letzte Ruhestätte einzudringen? Wie auch in andere Pyramidenbauten rund um die alte Kaiserstadt Xian, die ich als erster westlicher Forscher erstmals im Jahre 1994 betreten und erkunden durfte. „Diese geheimnisvollen Bauwerke zu öffnen, ist eine Aufgabe für künftige Generationen und nicht für uns“, beschieden mir hochrangige Archäologen aus China, als ich das Thema mit ich ihnen diskutierte.[9,10]

„Gebrauchsanweisung“ fürs Sterben

Die aus Ton gebrannten Soldaten in martialischer Schlachtaufstellung gingen als „Terrakotta-Armee“ in die archäologische Terminologie ein, und zählen heutzutage zu den bedeutendsten touristischen Attraktionen in der Volksrepublik China. Falls jedoch irgendjemand glauben sollte, dass - anders als bei den Beispielen aus dem alten Sumer oder dem Reich der Inkas – beim Begräbnis von Kaiser Qin Shi Huangdi keine weiteren Opfer fällig waren, so muss ich ihn enttäuschen. Zwar nahm der Monarch keine echten Soldaten und auch keine Diener, Gattinnen und Konkubinen mit ins Jenseits. Doch all jene, die an seiner letzten Ruhestätte mitgearbeitet hatten, wurden umgebracht. Denn sein Grab sollte für alle Zeit geheim bleiben.

Verweilen wir noch kurz im fernöstlichen Kulturkreis. Einen Anfang und ein Ende sowie die menschliche Existenz dazwischen kennt man in der großen chinesischen Philosophie, dem Taoismus, überhaupt nicht. In dieser Denkrichtung ist die Welt nichts als eine vorübergehende Erscheinung, eine Periode des „Denkens an sich". Alles Bestehende steigt aus einem Chaos auf und verschwindet auch wieder darin. Die immer vorhandene Energie ist hier das Einatmen, doch alles Werden und Erschaffen erfolgt durch das Ausatmen. Oder anders ausgedrückt: Der materielle Körper besteht im Taoismus aus den groben Teilchen und erhält sein Leben erst durch den feineren, subtileren Atem. Der Tod ist in dem Moment eingetreten, wenn der höhere Atem von den gröberen Bestandteilen getrennt wird.

Nicht zu übersehende Übereinstimmungen ergeben sich hierbei mit unserer modernen Physik, die sich schon seit geraumer Zeit mit der Theorie des Chaos beschäftigt.[11]

In der tibetischen Glaubenswelt kennt man etwas Vergleichbares. Dort ist eine „namshes" genannte Wesenheit fest mit unserem materiellen Körper verbunden. Beide sind jedoch nicht völlig abhängig voneinander. In der Stunde des Todes kommt es zur Trennung, und das „namshes" muss sich einen neuen Körper suchen, um darin zu reinkarnieren. Wie bei den alten Ägyptern existiert auch bei den Tibetern eine Art „Gebrauchsanweisung" für das Sterben. Das tibetische Totenbuch „Bardo Thödöl" zeigt in vielen einzelnen Schritten auf, was der Mensch zu beachten hat, wenn seine Zeit gekommen ist.[12]

Der Begriff „Bardo" steht dabei für die astrale – also die nicht materielle – Existenz zwischen den einzelnen Inkarnationen. So ist das „Bardo Thödöl" eine bedeutende Quelle von paranormalen Erfahrungen, die vielfach im Sinne des Mahayana-Buddhismus interpretiert und beeinflusst wurde. Diese zu Beginn der christlichen Zeitrechnung entstandene Lesart des Buddhismus zeichnet sich aus durch die Verehrung des Boddhisattva, der aus Mitleid nicht in das Nirvana (der erstrebte Zustand der Vollendung der nach Abschluss der letzten Inkarnation erreicht wird) eingeht, sondern anderen Wesen zu deren Erlösung verhilft.[1,2] Das tibetische Totenbuch Bardo Thödöl wurde erstmals im Jahre 1927 von Walter Y. Evans-Wentz (1878 – 1965) ins Englische übersetzt.[13]

Wie mag ein solches Werk einstmals zustande gekommen sein? War irgendjemand „drüben“ und hat dann bei seiner unerwarteten Rückkehr den Zurückgebliebenen detailliert berichtet, was sie im Jenseits erwartet und wie sie sich auf den Tod vorbereiten sollen? Dass solch ein Szenarium nicht selten vorkommt, werde ich im Zusammenhang mit den sogenannten Nahtoderfahrungen ausführlich an späterer Stelle darlegen.

Was bleibt?

Zurückgekehrt von dieser Reise durch verschiedene Kulturen nebst ihren probaten Anleitungen für eine möglichst reibungslose Anreise nach „drüben“, ob nun allein angetreten oder in lieber Gesellschaft mehr oder weniger freiwilliger Begleiter, erhebt sich noch immer eine Frage: Was bleibt eigentlich übrig, nachdem wir diese Reise angetreten haben?

Etwas Körperliches kann es ja wohl schwerlich sein, obschon die alten Ägypter und zahlreiche andere Völker auf Erden alles Erdenkliche taten, um den irdischen Leib so gut wie möglich zu konservieren.

In diesem Zusammenhang fällt mir – als das weltweit wohl gelungenste Beispiel – die Mumie der im Jahre 168 v. Chr. verstorbenen Adeligen Xin Zhui ein. Gefunden wurde sie im Frühjahr 1972 im Grabhügel von Ma Wang Dui am östlichen Stadtrand von Changsha, der Hauptstadt der chinesischen Provinz Hunan. Ihre Zellstruktur und alle inneren Organe waren von ihrem Aufbau her in einem wirklich überragenden Zustand. Der gelbliche Teint war nicht verfärbt. Und ihre Muskeln und Sehnen wie auch die Gelenke waren noch vollkommen elastisch und beweglich. Die Ärzte an der Universität von Changsha, die ihren Leichnam obduzierten, nannten es ein veritables Wunder, dass Xin Zhuis Mumie so tadellos die Zeiten überdauert hatte.[14,15,16]

Wäre das, was bleibt, etwas Materielles, so wären all diejenigen die sich für eine Feuerbestattung entschieden haben, unwiderruflich und für alle Zeiten ausgelöscht. Und von der Rückkehr der Seele oder wie immer wir das Essentielle einer bewussten Existenz auch immer nennen wollen, in einem neuen Körper à priori ausgeschlossen. Indien, jenes Land auf dieser Welt, in dem der Gedanke an eine Wiedergeburt mit Abstand die breiteste Akzeptanz genießt, würde mit Recht heftigsten Protest einlegen. Dort wird die Asche verstorbener Hindus nach Möglichkeit im heiligen Fluss Ganges verstreut. Umgekehrt kann es auch kaum angehen, dass „Geister" weiterleben, die sämtliche Persönlichkeitsmerkmale des Verstorbenen aufweisen, damit dessen Aktivitäten in einer obskuren Geisterwelt weitergehen.

Wie sollen wir uns dann jenen Teil unserer Existenz vorstellen, dem die Überwindung aller materiellen Vergänglichkeit unterstellt wird? Ist er, sozusagen als „Blaupause" unserer irdischen Gestalt, eine Art aus reiner Energie bestehender Doppelgänger, mit all unseren Eigenheiten, Stärken, Schwächen und Marotten?

Hinweise, dass dem wohl nicht ganz so ist, verdanken wir der immer präziser werdenden Beschäftigung mit den sogenannten Nahtod-Erlebnissen. Im übernächsten Kapitel werde ich ausführlich auf diese Erfahrungen eingehen, die unzählige Menschen an der Schwelle zum Tod hatten, dann aber reanimiert und gerettet werden konnten. Dabei kamen höchst überraschende Dinge zutage. So konnten beispielsweise Behinderte, die derartige Szenarien erlebten, feststellen, dass ihre Beeinträchtigungen „drüben" mit einem Mal nicht mehr vorhanden waren. In jener Anderwelt, oder wie wir diesen Bereich auch immer bezeichnen möchten, waren sie befreit von allen ihren „irdischen" Lasten und Gebrechen – als hätte es sie nie gegeben.

Der Biologe und Parapsychologe Dr. Milan Ryzl (1928 – 2011), der 1967 aus Prag in die Vereinigten Staaten emigriert war, bemerkte in seinem 1981 erschienenen Werk zum Stand der Todesforschung:

„Vielleicht überlebt nur eine Essenz des gesamten Daseins des Menschen. Und wahrscheinlich wird auch seine Individualität nicht mehr so ausgeprägt sein wie zu Lebzeiten, sondern zu Gunsten eines Aufgehens in einer Art kollektiver und wechselseitiger Verbundenheit zurückweichen, verblassen. Tatsächlich wäre es sehr gut denkbar, dass das Ego, das wir als identisch mit unserem physischen Körper empfinden, nur eine Illusion ist und das Gefühl individueller Getrenntheit erlischt, wenn unser Körper von der Bühne verschwindet."[17]

„Kristallisierter Geist"

Langsam aber sicher schafft sich die Erkenntnis Raum, dass jenes Etwas, das wir mangels besserer Definition als Seele bezeichnen, nichts anderes als reine Energie ist. Lebensenergie, wenn man so will. Einmal abgesehen davon, dass die Physik heute im Grunde überhaupt nicht mehr unterscheidet zwischen Materie und Energie. So stellte schon der deutsche Nobelpreisträger Max Planck (1858 – 1947) im Verlauf eines Vortrags fest:

„Es gibt keine Materie an sich. Alle Materie entsteht und besteht nur durch eine Kraft, die die Atomteilchen in Schwingungen versetzt und sie zum winzigsten Sonnensystem des Atoms zusammenhält. Da es aber im gesamten Weltall weder eine intelligente noch eine ewige Kraft an sich gibt, müssen wir hinter jener Kraft einen bewussten, einen intelligenten Geist annehmen. Und dieser Geist ist der Urgrund aller Materie."[18]

Auch in der hochmodernen Quantenphysik, wo man der „braven" Schulphysik um einige Jahrzehnte voraus ist, betrachtet man die Materie sowohl als Energieform, als auch „kristallisierten Geist". Somit ist Geist gleich Energie und Energie gleich Geist.[18]

Die Esoteriker sprechen von einem Astralkörper, der dem physischen Körper am nächsten stehen und hierbei auch ziemlich genau die gleiche Ausdehnung besitzen soll. Einem Schutzmantel gleich, soll er sich um den Körper legen und gleichzeitig viel Energie ausstrahlen. Besonders befähigten Menschen soll es gelingen, ihren Astralleib vom physischen zu trennen und auf regelrechte „Exkursionen“ zu gehen. Und nach dem endgültigen Ableben soll der Astralkörper, der nach Ansicht der Esoteriker nötig ist, um den materiellen am Leben zu erhalten, auf einer anderen Ebene weiterexistieren.[1,19]

In kausalem Zusammenhang mit dem Astralkörper steht der Begriff der Aura.[3] In der Parapsychologie versteht man hierunter ein jedes Lebewesen umgebendes Feld, das von besonders sensitiven Personen wahrgenommen werden kann. Manchmal wird die Aura als äußere Umhüllung des Astralkörpers gedeutet.[1]

Eine Auswirkung jener Energie, die Astralleib und Aura ausstrahlen sollen, beschrieb der mittelalterliche Arzt, Gelehrte und Philosoph Cornelius Agrippa von Nettesheim (1486 – 1535):

„So flößt ein in einem Hause versteckter Räuber, von dessen Anwesenheit man nicht das Geringste weiß oder vermutet, den Bewohnern des Hauses Unruhe, Furcht und Schauder ein, allerdings nicht allen. Denn nicht alle, sondern nur wenige Menschen besitzen ein solches Naturgefühl.“[20]

Der große Arzt und Gelehrte sprach hiermit ein Phänomen an, das wir gut aus der parapsychologischen Forschung unserer Tage kennen. Es geschieht häufig, dass besonders feinsinnige Personen an Orten, die Schauplatz eines Verbrechens geworden waren, von regelrechten Panikattacken befallen werden. Und das trifft beileibe nicht nur Menschen.

Der Parapsychologe Dr. Robert L. Morris von der „Psychical Research Foundation“ in Durham (North Carolina) berichtete in einer Studie über einen sehr unheimlich anmutenden Versuch. In dessen Verlauf wurden verschiedene Tiere in ein ganz offenbar von Spukfällen heimgesuchtes Haus gebracht. Es waren dies ein Hund, eine

Katze, eine Klapperschlange sowie eine Ratte. In besagtem Haus gab es auch zwei Räume, in denen früher mehrere Morde geschehen waren. Einzeln und nacheinander brachte man die aufgezählten Tiere in einen dieser Räume.

Fotografien des Unfassbaren

Als der Hund sich gerade mal einen Meter in dem Raum befand, fing er zu knurren an und wich mit gesträubtem Fell zurück zur Tür. Die Katze wurde auf dem Arm ihres Besitzers in das Zimmer getragen. Als sie sich ebenfalls ungefähr einen Meter in dem Raum befand, sprang sie auf die Schulter ihres Herrn und krallte sich zunächst daran fest. Dann sprang sie zu Boden, von wo aus sie einen leeren Stuhl nicht mehr aus den Augen ließ. Minutenlang fauchte sie das Sitzmöbel an, bis sie von ihrem Besitzer aus dem Raum getragen wurde.

Die Klapperschlange nahm sofort ihre Angriffsstellung ein, die sich gegen den gleichen leeren Stuhl richtete, den auch die Katze unentwegt angefaucht hatte. Nach ein paar Minuten bewegte sie langsam ihren Kopf in Richtung auf ein Fenster, zog sich aber gleich zurück und nahm erneut ihre wachsam-aggressive Haltung ein, bis man sie aus dem Raum schaffte. Einzig die Ratte ließ keinerlei Reaktion erkennen.

Nach einiger Zeit, in der sich die Tiere beruhigten, wurden alle vier in einen anderen Raum gebracht, der weder mit irgendwelchen Spukerscheinungen behaftet oder Schauplatz eines Verbrechens gewesen war. Hier benahmen sie sich wieder vollkommen normal.[4]

Sind Tiere zu optischen (und anderen) Wahrnehmungen imstande, die uns leider verschlossen bleiben? Zählen dazu auch jene Dinge, die wir in Ermangelung einer besseren Definition als Aura, als Energie des Lebens oder Seele bezeichnen? Wir Menschen müssen, wie es den Anschein hat, hierfür auf diverse technische Hilfsmittel zurückgreifen ...

Da scheint tatsächlich eine Möglichkeit zu bestehen, solche rätselhaften Manifestationen auf relativ einfache Weise sichtbar zu machen. Das „Drehbuch“ zu dieser Entdeckung schrieb einmal mehr der viel strapazierte Zufall. Und zwar im Jahre 1939, als bereits die dunklen Wolken einer bevorstehenden weltweiten Völkerschlacht am Horizont aufzogen. In jenem Schicksalsjahr stießen der russische Elektroingenieur Semjon Davidowitsch Kirlian (1898 – 1978) und dessen Gattin Valentina auf eine bis dahin unbekannte Form des Fotografierens.

Kirlian arbeitete damals am städtischen Krankenhaus von Krasnodar, der Hauptstadt des Kuban-Gebietes, das zwischen dem Asow'schen und dem Schwarzen Meer liegt. Da ihm die Wartung und die Reparatur der technischen Ausrüstung, insbesondere der elektrotherapeutischen Geräte der Klinik oblagen, konnte er sich fast nach Belieben dieses Equipments bedienen. Eine zufällige Entdeckung, die er an einem der Geräte machen konnte, führte letztlich zu seiner spektakulären Innovation: Der Fotografie mit elektrischen Hochfrequenzfeldern. Zu diesem Zweck konstruierte er einen Generator, der – gekoppelt mit optischen Geräten – auf Fotoplatten oder Fotopapier eine Art Lumineszenz sichtbar werden ließ. Das Verfahren funktioniert sowohl bei lebenden als auch bei „toten“Substanzen.[19]

Mit anderen Worten: Genosse Semjon Davidowitsch Kirlian hatte die Möglichkeit ersonnen, gewissermaßen Fotografien des Unfassbaren anzufertigen.

Die fotografierten Objekte waren von eigentümlichen Mustern heller oder schwächer strahlender, nicht selten flammenförmiger Lichtscheine umgeben. Als erstes Versuchsobjekt nutzte Kirlian seine eigene Hand. Und er konnte feststellen, dass ein menschlicher Finger eine ganz andere, vielfach funkelndere Struktur aufwies als das Blatt einer Pflanze. Metall wiederum ließ nur einen unscheinbaren Glanz am Rand erkennen.[19,21,22]

Myriaden von Lichtpunkten

Buchstäblich „elektrisiert" von diesen unerwarteten Phänomenen führten er und seine Frau ihre Versuche fort. Besonders in den Jahren nach dem Zweiten Weltkrieg war es ihnen möglich, ihre technischen Geräte immer mehr zu vervollkommnen.

Doch wie genau funktioniert dieser Effekt, der als „Kirlian-Fotografie" in die einschlägige Terminologie einging?

Es dürfte kein Zweifel daran bestehen, dass besagter Effekt selbst rein physikalischer Art ist. Doch gibt es zahlreiche Hinweise auf Zusammenhänge mit paranormalen Phänomenen, insbesondere durch den sogenannten „Phantomeffekt". Nicht selten kam es nämlich bei den Versuchen vor, dass beispielsweise der abgeschnittene Teil eines lebenden Blattes nachher im Kirlian-Foto wieder sichtbar wurde.[1] Wobei die Korona der entfernten Teile ein wenig schwächer als der Rest, aber immer noch deutlich sichtbar war. Eine Erklärung hierfür soll ein „unsichtbares Netzwerk" darstellen, welches biologische Prozesse in lebenden Organismen steuert.[23] Oder kam hier der unbeschädigte Astral- oder Energiekörper fehlender Teile zur Abbildung?[1] Die Klärung dieser Frage wird wohl noch auf sich warten lassen. Deshalb wieder zurück zu den technischen Grundlagen der Kirlian-Fotografie.

Ein Oszillator, der 75.000 bis 200.000 Schwingungen pro Sekunde erzeugt, kann mit verschiedenen optischen Geräten gekoppelt werden. Das zu untersuchende Objekt, Fotomaterial und ein paar Klemmen, die mit dem Generator verbunden sind, bilden die Versuchsanordnung. Wird der Oszillator eingeschaltet, entsteht zwischen den Klemmen ein Hochfrequenzfeld. Dies regt in der zu untersuchenden Substanz irgendetwas an und bewirkt eine Sichtbarmachung von Strahlen, die wir mit dem unbewehrten Auge nicht wahrnehmen können. Erst auf dem Foto werden sie für uns sichtbar. Einen Fotoapparat im herkömmlichen Sinn brauchen wir übrigens für diese ungewöhnliche Art des Bildermachens nicht.[22]

Doch die Ergebnisse, die Semjon Davidowitsch Kirlian und später viele weitere Nachahmer erzielten, sprechen für sich. Ein gerade erst von einer Pflanze abgerissenes Blatt zeigt, wenn es in das Hochfrequenzfeld gelegt wird, eine Unmenge von Lichtpunkten. Um die Ränder des Blattes schillern türkisfarbene und rötliche Flammenmuster, welche aus speziellen „Kanälen" zu kommen scheinen. Ein Finger stellt sich im Bild wie eine komplizierte topografische Landkarte mit Punkten, Linien, Lichtkratern und Leuchtfeuern dar. Einige Partien des Fingers erinnern an von innen erleuchtete Kürbislaternen, wie sie Kinder häufig am britisch-amerikanischen Fest „Halloween" – das ist die Nacht vom 31. Oktober zum 1. November – benutzen.

Die Aufnahmen machten scheinbar so etwas wie eine Ausstrahlung der Objekte in dem Energiefeld sichtbar. Anfangs blieb es noch bei Bildern, die den Zustand gewissermaßen „eingefroren" im Augenblick der Aufnahme zeigten. Doch bald entwickelten das Ehepaar Kirlian einen Apparat, dessen Funktion die jeweilige Versuchsanordnung sogar in Bewegung beobachten und filmen ließ. Semjon Davidowitsch hielt als erstes seine Hand unter die Linse und schaltete den Oszillator ein. Was er dabei zu sehen bekam, beschrieb er wie folgt:

„Die Hand sah jetzt aus wie die Milchstraße am Sternenhimmel. Vor einem Hintergrund von Blau und Gold fand in der Hand etwas statt, das einem Feuerwerk ähnelte. Vielfarbige Fackeln leuchteten auf, dann Funken, Blitze, Lichter. Ein paar der Lichter glühten längere Zeit wie Leuchtkugeln, andere dagegen blitzten nur ganz kurz auf. Wieder andere funkelten in regelmäßigen Intervallen."[22]

Licht- und Funkenspiele bei belebter Materie: Sind wir denn unser eigenes Feuerwerk? Oder ist es gelungen, jene geheimnisvolle Kraft sichtbar zu machen, die hinter unserer Existenz steckt? „Tote" Materie strahlt unter der Apparatur zwar auch, das Bild ändert sich jedoch nicht. So zeigt eine Münze stets dieselben Lichtmuster, eine schwache „Aura" und gar keine Lichtpunkte.

Phantomschmerz: Abgetrenntes wird wieder sichtbar

Sobald wir es aber mit „lebendigen“ Versuchsobjekten zu tun haben, verändert sich die Ausstrahlung in einer vielfältigen Weise, und bildet ständig sich ändernde Muster. Augenfälliger könnte der Unterschied nicht sein.

Große Auffälligkeiten offenbaren sich auch bei Experimenten mit Pflanzen. Ein gerade erst vom Baum gerissenes Blatt zeigt, wie bereits erwähnt, eine starke Lumineszenz mit Lichtpunkten in schier unübersehbarer Anzahl. Liegt indes der Zeitpunkt des Abpflückens schon eine Weile zurück, gibt das Blatt bald keine „Flammen“ mehr von sich, und die Lichtpunkte verschwinden nach und nach. Reißt man hingegen ein Stück von einem bereits abgetrennten Blatt ab, so ist auf dem Kirlian-Foto häufig eine Art „Energiebrücke“ zwischen beiden Teilen auszumachen (s. auch im Bildteil). Oder es zeigen sich sogar Teile des Blattes, welche überhaupt nicht mehr vorhanden waren.

Bei einer Reihe Aufsehen erregender Versuche, die in einem südamerikanischen Labor durchgeführt wurden, registrierte man zunächst die „Aura“ eines bereits abgeschnittenen, jedoch noch vollständigen Blattes. Dann wurde eine Ecke herausgeschnitten. Auf der Stelle schossen unübersehbare grelle „Flammen“ aus der Wunde, als „blute“ das Blatt oder schreie gar vor Schmerz. Danach brachte man das nun nicht mehr vollständige Blatt nochmal in das Hochfrequenzfeld, und es zeigte sich etwas Phänomenales. Ungeachtet des Substanzverlustes schien sich das Energieschema des gesamten Blattes weiterhin zu erhalten. Das fehlende Stück wurde durch eine Art „Phantomspitze“ ausgefüllt. Das Foto ließ keine Verstümmelung erkennen.[24] Selbst ein kurz zuvor gefällter Baum soll noch eine ganze Weile an seinem Standort „sichtbar“ geblieben sein, als wäre er nie abgeschlagen worden.

Nachdem es dem Ehepaar Kirlian gelungen war, mittels der Hochfrequenzfotografie bislang Unsichtbares sichtbar zu machen, stand bald ein – zugegeben recht makabres – Experiment im Raum.

In gewisser Weise vergleichbar mit dem eben erwähnten Versuch, der dem Labor in Südamerika später mit dem beschnittenen Blatt gelungen war. Man befand sich im Zweiten Weltkrieg. Die Spitäler waren voller Patienten, die durch Kriegseinwirkungen Beine oder Arme verloren hatten. Und tatsächlich soll es da gelungen sein, bei diesen versehrten Menschen die noch immer vorhandene „Aura" abgetrennter Gliedmaßen sichtbar zu machen.[25] Sogenannte Phantomschmerzen, die amputierte Gliedmaßen oft verursachen, erklärt die Parapsychologie als Hinweis auf die Existenz eines Astralkörpers.[1] Die Schulmedizin indes deutet sie als einfache Erregung von Nervenenden.

Das große Völkergemetzel von 1939 bis 1945 soll Genosse Semjon Davidowitsch Kirlian und dessen Frau dem Vernehmen nach etliche „Phantombilder" von amputierten Gliedmaßen beschert haben. Erstaunlich bleibt in diesem Zusammenhang allerdings die Tatsache, dass die Behörden der kommunistischen Sowjetunion – zumindest nach außen hin dem dialektischen Materialismus Marx'scher Prägung verhaftet und mit jeglichen paranormalen Phänomenen auf Kriegsfuß – den Experimenten keinen Riegel vorgeschoben haben.

Die unheimlichen Bilder des Docteur Baraduc

Aus Rücksicht auf die Würde des Menschen in dessen letzter Stunde soll es bis dato – zumindest offiziell – keine Kirlian-Fotos von sterbenden Personen geben. Das mag man glauben, oder auch nicht. Hätte man doch eine vielversprechende Möglichkeit, die langgesuchte Seele „dingfest" zu machen. Doch bereits mehr als 30 Jahre vor dem sowjetischen Elektroingenieur hatte offenbar ein französischer Mediziner spektakuläre Erfolge in dieser Hinsicht zu vermelden.

Es mag in der Rückschau nicht verwundern, dass die unheimlichen Experimente des Arztes Dr. Hippolyte Baraduc zu größtem Aufsehen und äußerst kontroversen Diskussionen führten. Monsieur le Docteur hatte sich Anfang des 20. Jahrhunderts das ehrgeizige Ziel gesetzt, die menschliche Seele mit allen ihren Manifestationen bildlich festzuhalten. Das Medium Fotografie, das schon einige Jahre zuvor für spektakuläre „Geisteraufnahmen“ gesorgt hatte, sollte auch hier seinen Beitrag leisten. Und der Doktor war in einigen Fällen vom Erfolg seiner ethisch durchaus fragwürdigen Versuche fest überzeugt.

Eine seiner Methoden – man könnte ihn deshalb als Vordenker des Russen Kirlian betrachten – bestand darin, in Anwesenheit einer Versuchsperson eine Fotoplatte in ein elektrostatisches Feld zu bringen. Die entwickelten Bilder ließen zuweilen recht merkwürdige Schattenformen und helle Streifen erkennen, welche von einem Zentrum auszustrahlen schienen. Bei einem Aufenthalt im Wallfahrtsort Lourdes, der aufgrund zahlreicher, nachgewiesener Wunderheilungen Berühmtheit erlangte, versteckte er eine unbelichtete Platte unter seinem Hut. Auf den Abzügen kam eine seltsame helle Fläche zum Vorschein. Dies sei, so erklärte der Arzt im Brustton tiefster Überzeugung, „die Strahlung des Heiligen Sakraments in dem Augenblick, als es zu einem Wunder der Gesundwerdung kam.“[19]

Man mag Ergebnisse wie dieses noch dem Zufall unterschieben oder Fehlbelichtungen und andere störende Einflüsse ins Kalkül ziehen, die besonders in den „Kindertagen“ der Fotografie nicht selten für Frust und Ärger sorgten. Doch dann wurde es richtig mysteriös, ja geradezu unheimlich. Denn in seinem Eifer überschritt Doktor Baraduc, so würde man es heute ausdrücken, eine „rote Linie“. Er schreckte nicht einmal vor Versuchen mit Verstorbenen aus seinem engsten Familienkreis zurück!

Als im Jahr 1907 sein gerade einmal 19jähriger Sohn gestorben war, fotografierte er dessen Leichnam im offenen Sarg. Auf dem Bild, das er später sogar veröffentlichte, offenbarte sich etwas ausgesprochen Gespenstisches und zutiefst Verstörendes. Von jenem toten Körper aus, der dadurch kaum noch zu erkennen war, erhoben sich weiße Gebilde, von denen ein paar an verschneite Tannen erinnerten. Die Besessenheit des Doktors bei seiner „Jagd“ auf die Seele sollte indes noch weitere Nahrung bekommen, denn ein weiteres Familienmitglied wurde bald darauf vom Tode ereilt.

Bereits ein halbes Jahr später erhielt Monsieur Baraduc die Gelegenheit, den Versuch zu wiederholen. Ein grausames Schicksal hatte ihm nun auch noch die Ehefrau genommen. Im Sterbezimmer machte er eine Reihe von Aufnahmen – die erste schon wenige Minuten, nachdem Madame Baraduc ihren letzten Atemzug genommen hatte. Es folgten weitere in kurzen zeitlichen Abständen. Ganz deutlich ist auf den Fotos zu erkennen, wie von der Toten eine Art weißer Nebel ausgeht. Dieser verhüllt auf der letzten Aufnahme, die etwa eine Stunde nach dem Dahinscheiden angefertigt wurde, den Leichnam zur Gänze. Monsieur Baraduc war der festen Überzeugung, dass es die Seele seiner Frau war, die er während des Verlassens ihres Körpers fotografiert hatte.[19]

Die Dispute, die folgten, wurden mit Heftigkeit geführt und ließen nicht selten tiefste Empörung spüren. Schließlich hatte der Doktor an etwas gerüttelt, das noch heute unter einem oft religiös konnotierten Tabu steht. Die Seele: Jenes kaum greifbare „Etwas“, das unser Leben, unsere Persönlichkeit mit allen ihren Facetten ausmacht und schon von alters her jenseits alles Grobstofflichen verortet wurde.

Ihre tieferen Geheimnisse wird sie wohl so schnell nicht preisgeben. Wir kratzen allenfalls ein klein wenig an der Oberfläche des Mysteriums. Und stehen immer wieder ratlos da, wenn uns die dumpfe Ahnung beschleicht, dass jene Ansammlung grauer Zellen in unserem Kopf kaum des Rätsels Lösung darstellen kann. Denn zuweilen hat es den Anschein, als ob es etwas ganz anderes ist, das uns leitet ...

2. Unglaublich – aber wahr!

Bizarres aus der Grauzone zwischen Leben und Tod

Wir alle werden, ohne auf den ersten Blick auch nur den geringsten Einfluss darauf nehmen zu können, in diese Welt geboren. Am laufenden Band machen wir unsere Erfahrungen, oftmals solche von schmerzlicher Art. Denn die bleiben uns noch am ehesten im Gedächtnis haften. Wir besuchen die Schule, nehmen ein Studium auf oder erlernen einen Beruf. Unser ganzes Leben lang sammeln wir wertvolles Wissen an, und das alles, um nach einer uns zugedachten Zeitspanne in einer Kiste zu verrotten oder in einer Urne als Häufchen Asche zu landen? Der ganze Aufwand eines gelebten Lebens im Endeffekt völlig sinnlos?

„Das mag glauben wer will", sagt schon der Physiker. Und zitiert den berühmten „Satz von der Erhaltung der Energie", demzufolge in diesem Universum nichts einfach verschwindet, sondern nur umgewandelt wird.[3] Und in jedem einzelnen von uns wehrt sich irgendetwas ganz vehement gegen solch ein „Affe-tot-Klappe-zu"-Denken. Unsere grauen Zellen beginnen zu arbeiten. Reflektives Denken nennt man das in der Sprache der Psychologen. Das Bewusstsein denkt über sich selbst nach, kommt zu einem „über-sich-selbst-bewusst-Sein".

Jetzt ist er gekommen. Jener Augenblick, da man die ersten Zweifel daran hegt, dass für so ein komplexes Geschehen durchschnittlich 1.500 Kubikzentimeter einer grau-weißlichen organischen Substanz verantwortlich sein sollen. Ohne Zweifel: Unser Gehirn ist ein unfassbar vielschichtiges Organ. Der Abschnitt unserer gesamten neuralen Struktur mit den wichtigsten Schalt- und Steuerungszentren des Körpers. Es bildet zusammen mit dem Rückenmark das Zentralnervensystem als Mittelpunkt für die ganzen Sinnesempfindungen und willkürlichen Handlungen. Zudem gilt es als Sitz des Gedächtnisses, aller geistiger Leistungen, und auch des Bewusstseins[2] – sofern man den Begriff der Seele kurz außer Acht lässt. Viele Millionen von sogenannten Synapsen – dies sind jene Schaltstellen im Gehirn, die für die reibungslose Übertragung von Reizen verantwortlich zeichnen – halten den einzigartigen und hochkomplexen sowie bis ins Kleinste durchorganisierten „Denkapparat" beständig am Laufen.

Kopflos

Unsere moderne Medizin vermochte dem Sitz des Denkens schon so manches große Geheimnis zu entreißen. Durch den immensen Blutzoll, den Kriege und Verkehrsunfälle jeden Tag und weltweit einfordern, vermochten Chirurgen und Neurologen Studien zur Verteilung der verschiedenen Funktionen auf bestimmte Gehirnregionen zu betreiben. So verortete man beispielsweise das Sprachzentrum – dieses wurde bereits 1861 von dem französischen Anthropologen Dr. Paul Broca (1824 – 1880) entdeckt[26] – in einer kleinen Windung des Schläfenhirns in der jeweils dominanten Großhirnhemisphäre.[27]

Im Klartext: Bei Rechtshändern in der linken und bei Linkshändern in der rechten Hirnhälfte. Besagte Stelle wurde nach ihm „Broca'sche Windung" genannt. In der medizinischen Literatur sind die verschiedensten Verletzungen sowie deren Auswirkungen auf den sensorischen und motorischen Apparat des menschlichen Körpers allumfassend beschrieben und kommentiert.

Allerdings sind wir noch sehr weit davon entfernt, sämtliche Geheimnisse in diesem Bereich erforscht zu haben. Denn unser Gehirn ist so kompliziert aufgebaut, dass auf unserer Landkarte des Wissens noch viele weiße Flecken übrig sind. Scheinbar geringfügige Schocks und Verletzungen verursachen zuweilen große Schäden, die nicht wieder gutzumachen sind. Andererseits weiß man von allerschwersten Verletzungen des Gehirnes, die den Patienten überraschenderweise so gut wie überhaupt nicht in dessen Fähigkeiten beeinträchtigen.

Bevor ich nun ein paar Beispiele anführe, welche die Mediziner vor unergründliche Rätsel stellen und damit die Vermutung unterstützen, dass unsere „grauen Zellen“ doch nicht der alleinige Sitz von Persönlichkeit und Intellekt sind, möchte ich hier noch eine unfassbare Geschichte zum Besten geben. „Kopflos“ ist die ebenso kurze wie zutreffende Bezeichnung für das geradezu Unglaubliche an dem Geschehen.

Vorausgeschickt: Als ich davon hörte, musste ich erst einmal ganz spontan an die Geschichte des legendären Freibeuterkapitäns Klaus Störtebeker (um 1360 – 1401) denken, der mit seinen Gefährten im 14. Jahrhundert den Handel auf der Nord- und Ostsee fast vollkommen zum Erliegen brachte. Dies war den ehrbaren Kaufleuten der Hanse ein arger Dorn im Auge. Deshalb wurde er im April 1401 nach einer erbitterten Schlacht vor Helgoland gefangengenommen, nach Hamburg gebracht und von den honorigen Ratsherren zum Tode verurteilt. Gemeinsam mit 72 Kumpanen sollte er am 21. Oktober 1401 auf dem „Grasbrook“ vor der Hamburger Hafeneinfahrt enthauptet werden.

Der Legende nach soll Kersten Miles, Bürgermeister der Hansestadt, Störtebeker versprochen haben, all den Männern das Leben zu schenken, an denen er nach seiner Enthauptung noch vorbeiginge. Tatsächlich soll der Geköpfte noch an elf Männern vorbeigelaufen sein, bevor ihm der Henker den Richtblock vor die Füße warf und ihn so zu Fall brachte. Nach einer anderen Version soll er ihm ein Bein gestellt haben.

Doch nach dem Sturz des kopflosen Piraten brach der Bürgermeister sein Versprechen, und zusammen mit Klaus Störtebeker wurden insgesamt 73 Männer um einen Kopf kürzer gemacht. Nach vollbrachter Massenhinrichtung spießte man die Köpfe der Delinquenten längsseits der Elbe auf Stangen auf, und stellte sie als grausliche Volksbelustigung zur Schau.[28]

Die Geschichte rund um den legendären Freibeuter und Volkshelden ist nicht unumstritten, wie neuere Arbeiten zu dem Thema nahelegen.[29,30] Anders die nachfolgend berichteten Ereignisse:

Diese stehen wirklich jenseits allen Zweifels. Denn die Echtheit des Falles konnte von der University of Utah eindeutig bestätigt werden.

Die überlebte Enthauptung

Jenes Wesen im Mittelpunkt des Geschehens, welches gleichfalls um einen Kopf kürzer gemacht wurde, lief noch um vieles länger und weiter als der glücklose Klaus Störtebeker. Und zwar eineinhalb Jahre lang, um genau zu sein.

Am 10. September 1945 hatte sich bei Farmer Lloyd Olsen aus dem kleinen Städtchen Fruita (Colorado) die Schwiegermutter zum Abendessen angesagt. So schickte ihn seine Frau auf den Hof, um für das geplante Mahl einen Gockel zu schlachten. Olsens Wahl fiel auf den fünfeinhalb Monate alten Hahn „Mike“, dem er mit einer Axt sogleich den Garaus zu machen vorhatte. Das Beil trennte den Großteil des Kopfes ab, doch irgendetwas war offensichtlich ganz anders gelaufen als geplant. Der Hahn hatte seine Enthauptung überlebt! Lloyd Olsen sah daraufhin von seinem ursprünglichen Vorhaben ab, diesen gebraten der Schwiegermutter zu kredenzen. Doch die Geschichte geht noch weiter.

Einigermaßen verblüfft darüber, dass „Mike“ nach wie vor am Leben war, fuhr Olsen eine Woche später nach Salt Lake City, wo die Professoren und Studenten der dortigen Universität über das kopflose Tier staunten. Sie konnten das „Wunder“ jedoch relativ einfach erklären: Weil sein Stammhirn, welches alle lebenswichtigen Funktionen im Organismus steuert, noch funktionierte, hatte für den Hahn noch nicht das letzte Stündlein geschlagen. Er vermochte, zwar etwas unsicher, zu laufen und sich auf einer Stange im Gleichgewicht zu halten, ohne dabei herunterzufallen. Gleichsam versuchte er sich zu putzen, nach Futter zu picken und zu krähen, jedoch mit sehr mäßigem Erfolg. Seine Bemühungen, sich durch übliches Krähen bemerkbar zu machen, endeten in einem ebenso kläglichen wie schwachen, gurgelnden Laut in seiner Kehle.

Da „Mike" auch weiterhin keine Anstalten machte, von dieser Welt zu scheiden, entschloss sich Olsen, für ihn zu sorgen. Er fütterte das Tier mit einer Mischung aus Milch und Wasser, die er mittels einer Pipette in die Speiseröhre tropfte, sowie mit kleinen Maiskörnern und Würmern.[31] Wann immer „Mike" an seinem eigenen Schleim zu ersticken drohte, wurde sein Hals mit einer kleinen Spritze gereinigt. In den eineinhalb Jahren, in denen er ohne Kopf lebte, nahm er über zwei Pfund zu, und er brachte zuletzt fast vier Kilogramm auf die Waage.[32]

Nachdem sich diese Neuigkeit herumgesprochen hatte, wurde der kopflose Mike neben anderen Kuriositäten – darunter einem zweiköpfigen Kalb – als Zirkusattraktion präsentiert. Dutzende von Magazinen und Zeitungen rissen sich förmlich um ein Foto, und die ganze unglaubliche Geschichte wurde in der bekannten Zeitschrift „Time and Life" vorgestellt. In Spitzenzeiten „verdienten" die Olsens monatlich 4.500 Dollar mit dem Tier, was heute einer Kaufkraft von über 51.000 Dollar entsprechen würde.[33] Doch eines Tages waren auch Mikes Stunden gezählt, und der Geldsegen hatte ein jähes Ende.

Im März 1947 waren die Olsens wieder einmal auf großer Tour mit Mike gewesen, und übernachteten auf der Rückreise in einem Motel in Phoenix (Arizona). Mitten in der Nacht begann er ganz plötzlich zu würgen. Seine Besitzer hatten offenbar vergessen, nach der Vorstellung am Vortag den Schleim aus seinem Hals zu entfernen. So kam es, wie es kommen musste: Das Tier erstickte jämmerlich. Vielleicht war auch die verletzte Luftröhre nicht mehr in der Lage, genügend Luft zu bekommen, was ebenfalls zum Tode führen würde.[34]

Schuss in den Kopf

Nach seinem Tod wurde Mike obduziert. Hierbei wurde festgestellt, dass bei dem Versuch, ihn zu schlachten, die Axt die Halsschlagader um Haaresbreite verfehlt und ein Blutgerinnsel ihn vor dem Verbluten gerettet hatte.[32] Das an sich traurige Schicksal des geköpften Vogels ist indes bis heute unvergessen. Denn Fruita, jenes kleine Städtchen in Colorado, wo sich das Ganze ereignet hatte, feiert alljährlich am dritten Wochenende im Monat Mai den „Mike, the headless Chicken“-Tag, und das seit 1999. Eierlauf und „Chicken Bingo“ und weitere „Vergnügungen“ halten die Erinnerungen an ein Geschöpf wach, das seine eigene Enthauptung um volle eineinhalb Jahre überlebt hatte.[33,35]

Der geneigte Leser mag an dieser Stelle vielleicht die Frage stellen, was Mikes Geschichte, die wohl jedem Tierfreund die Zornesröte ins Gesicht treiben wird, mit dem Rätsel um den Sitz unserer Persönlichkeit, unseres Bewusstseins oder wie immer wir unser „geistiges Ich“ nennen wollen, zu tun haben soll. Natürlich kennen wir keinen Menschen, der nach der Enthauptung sprichwörtlich „mit dem Kopf unter dem Arm“ davonspaziert ist. Einmal abgesehen von den Legenden um den Freibeuter Störtebeker oder in Produktionen aus dem Genre der Horrorthriller. Aber wie ich an vorangegangener Stelle bereits angemerkt habe, kennt die medizinische Forschung zahllose Fälle von Menschen, bei denen die allerschwersten Verletzungen des Gehirns oder großer Teile des Kopfes nicht zu jenen katastrophalen Folgen geführt haben, die eigentlich zu erwarten gewesen wären.

Als in der zweiten Hälfte des 19. Jahrhunderts die Industrialisierung unaufhaltsam voranschritt, waren Begriffe wie Arbeitssicherheit und Schutzmaßnahmen noch Fremdwörter aus einer fernen Zukunft. So erlitt eine Arbeiterin im Jahre 1879 einen fürchterlichen Unfall. Aus einer von ihr betätigten Maschine wurde eine lockere Schraube geschleudert, die sich wie ein Geschoß durch ihre Schädeldecke und dann zehn Zentimeter tief in ihr Gehirn bohrte. Ein großer Teil des ebenso komplexen wie empfindlichen Organs wurde dabei irreparabel zerstört. Und danach musste sogar noch mehr Hirngewebe operativ entfernt werden, als die Ärzte die stecken gebliebene Schraube aus ihrem Kopf holten.

Aug' in Aug' mit Phineas Gage

Und obwohl es niemand für möglich hielt, dass die so schwer verletzte Frau je überhaupt wieder auf die Beine kommen würde, geschah Unglaubliches. Die Arbeiterin erholte sich vollständig und lebte nach dem Unfall noch 42 Jahre. Und dies ohne jede Beeinträchtigung ihrer geistigen Fähigkeiten, und ohne auch nur Kopfschmerzen oder Migräne gehabt zu haben![36]

Noch krasser präsentiert sich ein Fall, der 32 Jahre vorher geschehen war. Es war in der Zeit, als der Norden des amerikanischen Kontinents vom neuen Verkehrsmittel Eisenbahn erobert wurde. Am 13. September 1847 war der damals 25jährige Phineas Gage mit der Vorbereitung von Sprengladungen beschäftigt. Hierfür stopfte er mittels einer langen, an einem Ende zugespitzten Stange den Sprengstoff in die vorher ins Gestein gebohrten Löcher. Als er mit der Stange auf den Felsen traf, gab es einen Funken, der auf der Stelle das Schießpulver entzündete.

Mit der Wucht eines Projektils trieb die Explosion die massive Eisenstange knapp unterhalb des linken Auges durch Gage's Wangenknochen. Sie drang ihm schräg durch den ganzen Schädel hindurch und drückte dabei fast das linke Auge aus der Höhle. Zuletzt ragte sie etwa einen halben Meter am Hinterkopf wieder heraus. Es war ein entsetzlicher Anblick.

Als die Arbeitskollegen auf den Explosionsknall herangeeilt kamen, war es ihnen völlig unbegreiflich, dass Mister Gage nicht das Bewusstsein oder gar sein Leben verloren hatte. Man brachte ihn erst in ein Hotel, von wo aus man nach einem Arzt schickte. Der bald darauf eintreffende Mediziner verständigte auch gleich noch einen Chirurgen. Mit vereinten Kräften zogen sie die Stange heraus; gleichzeitig mussten sie aber noch jede Menge Knochensplitter sowie weitere in Mitleidenschaft gezogene Gehirnmasse entfernen.

Und obwohl auch in diesem Fall keiner der beiden Ärzte dem so schwer Verletzten eine halbwegs reale Überlebenschance einräumte, verblüffte jener später sämtliche medizinischen Kapazitäten, die ihn untersucht hatten. Phineas Gage konnte seinen alten Beruf als Vorarbeiter beim Bau der Eisenbahn wieder aufnehmen. Und einmal abgesehen, dass er auf seinem linken Auge die Sehkraft eingebüßt hatte, waren ansonsten keine nennenswerten Schäden zurückgeblieben.[36]

Besagtem Phineas Gage stand ich vor ein paar Jahren buchstäblich Aug' in Aug' gegenüber. Nein, ich habe keine Zeitmaschine erfunden und war auch nicht – um bei einem der Themen dieses Buches zu bleiben – in einem früheren Leben Eisenbahnarbeiter im Wilden Westen. Vielmehr führte mich der Zufall, an den ich bereits lange nicht mehr glaube, am 15. Januar 1999 in ein kleines Museum in Hongkong. Dort zeigte eine wirklich lebensecht gelungene Wachsfigur den schwer verwundeten Phineas Gage kurz nach dessen Unfall.[37] Das dort gemachte Foto möchte ich meinen verehrten Leserinnen und Lesern natürlich nicht vorenthalten, darum habe ich es in den Bildteil dieses Buches aufgenommen.

Wasser statt Gehirn: Wo „wohnt" der Geist?

In einem Bericht, der 1957 der American Psychological Association vorgelegt wurde, beschrieben Neurologen einen massiven operativen Eingriff, den vorzunehmen sie sich gezwungen sahen. Obwohl sie bei ihrem damals 39 Jahre alten Patienten die gesamte rechte Gehirnhälfte entfernen mussten, überlebte der Mann. Und zwar nicht in geistiger Umnachtung oder Zeit seines restlichen Lebens als Pflegefall, was aufgrund dieser radikalen Operation anzunehmen gewesen wäre. Denn wie der Krankenbericht resümierte, blieben trotz der ungewöhnlichen Umstände all seine geistigen Fähigkeiten unbeeinträchtigt.

Noch unglaublicher muten Fälle wie der folgende an. Absolut normal schien ein Baby zu sein, das vor Jahren im St. Vincent Hospital in New York zur Welt gekommen war. Volle 27 Tage lang war alles, wie es sein sollte: Es nahm Nahrung zu sich, schlief und weinte. Und nichts deutete auf irgendwelche Defekte oder Abnormitäten hin. Doch plötzlich starb das Neugeborene. Bei einer sofort durchgeführten Obduktion mussten die Ärzte bestürzt feststellen, dass der Säugling überhaupt kein Gehirn besessen hatte.[36] Aber was, um alles in der Welt, hat die Lebensfunktionen des Kindes dann gesteuert?

Und vollends zum medizinischen Mysterium wurde der nachfolgende Fall, welchen der berühmte deutsche Arzt Professor Christoph Wilhelm Hufeland (1762 – 1836) in seinen Memoiren erwähnte. Als Hufeland an einem gelähmten Patienten, der allerdings bis zu dessen Erkrankung bei vollem Verstand gewesen war, nach dem Ableben eine Autopsie vornahm, fand er gleichfalls kein Gehirn vor. Im Schädel des Verstorbenen befanden sich stattdessen nur 312 Gramm Wasser – doch von seinen sprichwörtlichen „grauen Zellen" fand sich keine Spur![36]

Solche Fälle machen wirklich sprachlos. Und sind Wasser auf die Mühlen all jener, die davon überzeugt sind, dass unser Gehirn nichts anderes ist als eine Art „vorübergehender Wohnsitz" für etwas weitaus Subtileres. Etwas „Feinstoffliches", das darin für die Dauer eines Menschenlebens beherbergt wird. Dann liegt auch die Schlussfolgerung nicht fern, dass jenes feinstoffliche „Etwas" am Ende nicht den normalen Weg alles Irdischen geht - vielmehr erhalten bleibt und somit weiterlebt. In irgendeiner Dimension die wir seit Menschengedenken als „Jenseits" bezeichnen. Diese besitzt überdies, wie ich noch zeigen werde, nicht immer allzu fest umrissene Grenzen.

Wenn wir den Gedanken weiterführen, erscheint die Vermutung auch nicht mehr so weit hergeholt, dass dies „Etwas" eines Tages zurückkehren könnte. Möglicherweise weilte „es" bereits in der Vergangenheit ein oder mehrere Male auf dieser Welt. Dies ist eines der Hauptthemen, mit denen ich mich in diesem Buch befasse. Bis es jedoch so weit ist, dass wir in einem neuen Körper einen neuen Lebensweg beschreiten können, haben die „Götter" die Notwendigkeit gesetzt, erst noch diese Welt zu verlassen. Wenn auch vorübergehend, oder – bei sogenannten Nahtoderfahrungen – gewissermaßen „auf Probe". Bevor ich mich im nachfolgenden Abschnitt ganz intensiv mit letzterem Phänomen beschäftige, welches viel weiter verbreitet ist als bislang vermutet, will ich noch ein paar wahrhaft haarsträubende Geschichten aus dem „Universum des Todes" vorstellen. Als „geistige Lockerungsübung", wenn man so will. Oder im besten Fall zur Verdeutlichung, dass der gute alte Zufall selbst in diesem Kontext Gesetzen folgt, von denen wir noch keine blasse Ahnung haben.

Vorausgeschickt: Der „Haken" bei den nachfolgend berichteten Ereignissen ist nur, dass sie sich wirklich so zugetragen haben ...

Schicksalsstrecken

Es passierte in den frühen 1970er Jahren auf den Bermudas, jener britischen Kolonie in der Karibischen See, die auch zum Namensgeber des berühmt-berüchtigten „Bermuda-Dreiecks" wurde. Auf der Hauptinsel Great Bermuda wurden zwei Brüder auf ihrem Moped von einem Taxi, das gerade einen Fahrgast transportierte, überfahren. Die beiden überlebten den Unfall, und auch ihr Moped wurde in der Folge wieder repariert.

Doch ein ganzes Jahr später hatten sie nicht so viel Glück. Wie die britische Zeitung „Liverpool Echo" am 21. Juli 1975 zu berichten wusste, wurden sie nach ziemlich genau dieser Zeitspanne von dem gleichen Taxi mit demselben Fahrer erneut überfahren. Darin saß, wie ein Jahr zuvor, derselbe Fahrgast. Der Unfall ereignete sich auf demselben Straßenabschnitt, die zwei Brüder saßen auf demselben Moped. Dieses Mal überlebten sie jedoch den Aufprall nicht.[38]

Die Bermudas sind weit entfernt, beinahe am anderen Ende der Welt. Doch eine vergleichbare Tragödie „mit Verzögerung" stieß vor einigen Jahren Harry St., einem ehemaligen Motorradrennfahrer in meinem Heimatort zu. Selbiger starb Anfang Dezember 2004 haargenau auf jenem berüchtigten Straßenabschnitt der Bundesstraße B 299, wo er 14 Jahre zuvor schon sein linkes Bein verloren hatte. Was war damals geschehen?

In Rennfahrerkreisen galt Harry als unerschrockener und waghalsiger Draufgänger. Viele Male schon war er mit seiner Kawasaki gestürzt. „Wenn er einmal stirbt, dann bestimmt nicht im Bett, sondern auf der Rennstrecke“, pflegten seine Freunde zu sagen. Er war wie besessen vom Rennfieber, obwohl er stark gehandicapt war. Denn seit einem schweren Motorradunfall trug er am linken Bein eine Prothese.

Man schrieb den 17. September 1990, als der damals 18 Jahre alte Harry St. im kurvenreichen „Brucker Holz“ – an der Grenze der Landkreise Traunstein und Altötting gelegen – so schwer stürzte, dass ihm der linke Unterschenkel abgenommen werden musste. Trotzdem blieb Harrys Leidenschaft für den Motorradsport ungebrochen. Zuerst half er bei diversen Rennteams als Mechaniker. Doch schon bald ging sein Traum in Erfüllung, und Harry durfte selbst in den Sattel einer Rennmaschine steigen. Weil er wegen seiner Amputation am linken Bein die Fußschaltung der Maschine nicht betätigen konnte, baute er diese kurzerhand auf Rechtsschaltung um.

Bald stellten sich die ersten Erfolge ein, und Harry gewann mehrere Rennen. Und er erreichte, was in dieser Sportart wirklich nur wenige schaffen: Vom japanischen Motorradhersteller Kawasaki bekam er Werksunterstützung. Seinen größten Erfolg konnte er dann 1997 feiern, als er Deutscher Vizemeister in der Klasse „Supersport 600“ wurde. Im darauffolgenden Jahr wurde sein Ehrgeiz noch größer. Doch er riskierte zu viel, stürzte zu oft, und belegte deshalb in der Meisterschaft nur einen für ihn äußerst enttäuschenden 5. Platz. Für 1999 hatte er sich ein noch höheres Ziel gesteckt. Als einziger Werksfahrer für Kawasaki wollte er endlich nach dem Titel in der Supersport-Klasse greifen. Dazu kam es nicht, denn beim Trainingslauf zum ersten Saisonrennen in Zweibrücken schlug das Schicksal ein weiteres Mal zu. Harry stürzte, und dabei zerbrach sein Helm. Die Folge waren schwere Kopfverletzungen. Diese kosteten ihn die Sehkraft auf einem Auge und er musste schweren Herzens seine Karriere beenden.

Auf seine sportlichen Betätigungen wollte er trotzdem nicht verzichten. Im Sommer stieg er aufs Rennrad, im Winter spielte er Eishockey. Am Samstag, den 4. Dezember 2004 hatte Harry mit seinem Team im oberbayerischen Ruhpolding gespielt und gesiegt, was danach ausgiebig gefeiert wurde.

Wenn der Vater mit dem Sohne …

Auf dem Heimweg passierte dann der tragische Unfall. Wieder im berüchtigten „Brucker Holz", das schon vielen Menschen das Leben gekostet hat. In einer leichten Linkskurve, in der Harry St.'s VW nach rechts von der Fahrbahn abkam, stand bereits ein Kreuz, das an ein früheres Unfallopfer erinnerte. Dieses wurde von seinem Wagen glatt abrasiert, danach geriet der VW auf eine Leitplanke und wurde von dort direkt gegen einen Baum katapultiert. Das Dach des VW wurde dabei bis zum Sitz eingedrückt, und der Fahrer hatte nicht den Hauch einer Chance. Das unter Ortskundigen gefürchtete Straßenstück, das ihm 14 Jahre zuvor schon den Unterschenkel gekostet hatte, nahm dem sportbegeisterten Harry im Alter von nur 32 Jahren auch noch das Leben.[39]

In irgendeiner Weise scheint meine südostbayerische Heimat prädestiniert zu sein für solch bizarre „Zufälle" im Zusammenhang mit jenem unvermeidlichen Schnitt, der uns allen irgendwann ins Haus steht. Äußerst kurvenreich ist die Kreisstraße nahe bei Wasserburg (Inn), die zwischen Pfaffing und Forsting verläuft. Dort prallte vor ein paar Jahren der erst 18 Jahre alte Max B. in den frühen Morgenstunden mit seinem BMW gegen eine Eiche. Obwohl er wie vorgeschrieben angeschnallt war und auch der Airbag ausgelöst hatte, verstarb der junge Mann noch an der Unfallstelle.

Die Tragödie ereignete sich gerade mal einen halben Kilometer entfernt von jener Stelle, an der dreieinhalb Jahre zuvor der Vater Heinz B. tödlich verunglückt war. Der damals 47jährige war auf derselben Straße unterwegs, allerdings in entgegengesetzter Fahrtrichtung. Auch Heinz B. kam von der Fahrbahn ab, verlor die Herrschaft über sein Fahrzeug und schleuderte gegen einen Baum. Auch er war sofort tot.

Die Mitglieder der Freiwilligen Feuerwehr, welche sofort an die Unfallstelle von Max B. geeilt waren – unter ihnen ein Arbeitskollege des toten 18jährigen – waren über alle Maßen bestürzt. Und da sie sich noch gut an den Einsatz dreieinhalb Jahre vorher erinnern konnten, wurden ihnen die unheimlichen Gemeinsamkeiten beider Ereignisse schlagartig bewusst.[40] Übrigens habe ich selbst das ebenso tragische wie rätselhafte Ableben von Vater und Sohn am Originalschauplatz dokumentiert. Das war 2015, im Rahmen einer Serie über mysteriöse Orte und Vorfälle im Südosten von Bayern, produziert von einem regionalen Fernsehsender in meiner Nähe.

Diese schicksalshafte Verknüpfung zweier Todesfälle wäre für sich genommen schon einzigartig, gäbe es nicht einen ähnlich gearteten Fall. Bereits in den Jahren 2000 und 2003 spielten sich zwei Unfälle mit tödlichem Ausgang im angrenzenden Landkreis Rottal-Inn ab, bei denen gleichfalls ein Vater und dessen Sohn ihr Leben verloren. In diesem Fall jedoch genau in umgekehrter Reihenfolge. Und mit noch unheimlicheren, geradezu unfasslichen Übereinstimmungen. Bestens geeignet, uns eiskalte Schauer über den Rücken zu jagen, und über geheimnisvolle, noch unentdeckte Gesetzmäßigkeiten in diesem Universum nachzusinnen …

Verwobene Schicksale

Arnstorf ist eine nicht allzu große Gemeinde in Niederbayern, eine jener ländlichen Ortschaften, in der buchstäblich noch jeder jeden kennt. Doch schlimmer, als dies dort geschah, kann das Schicksal sicher nicht mehr zuschlagen. Zuerst starb dort der Sohn, beinahe auf den Tag genau zwei Jahre und sieben Monate später dessen Vater. Beide Male bei der Kollision mit einem Bus, und natürlich fast exakt an derselben Stelle.

Es geschah in den frühen Morgenstunden des 24. Januar 2003, als der damals 40 Jahre alte Manfred B. auf der Staatsstraße zwischen Mariakirchen und der Kreisstadt Pfarrkirchen die Herrschaft über seinen Kleintransporter verlor. Die Straße dort ist abschüssig, und an jenem Tag herrschte Eisglätte, deshalb rutschte der verheiratete Heizungsmonteur unweigerlich auf die Gegenfahrbahn. Dort nahm das Unvermeidliche seinen tragischen Lauf: Manfred B. rammte einen mit 19 Oberschülern besetzten Schulbus und prallte nach einer kurzen Schlitterpartie gegen einen Baum.

Für den Vierzigjährigen kam jede Hilfe zu spät. Der herbeigerufene Notarzt konnte nur mehr den Tod des Familienvaters feststellen. Die Businsassen hingegen überstanden den Horror-Crash halbwegs glimpflich. Der Fahrer wie auch zwei Jugendliche erlitten zum Glück nur ein paar leichtere Blessuren, die ambulant behandelt werden konnten.

Als sich die Nachricht von dem tödlichen Unfall in Arnstorf geradezu in Windeseile verbreitete, lief vielen Einwohnern ein eiskalter Schauer über den Rücken. Was war der Grund dafür? Etwa zweieinhalb Jahre zuvor, in der Nacht des 28. Juni 2000, war Alexander B., der Sohn des nun Verunglückten, an annähernd exakt der gleichen Stelle gestorben. Wie sein Vater hatte auch der damals 16jährige eine Kollision mit einem Bus. Unter bis heute ungeklärten Umständen war Alexander B. mit seinem Moped auf die Gegenfahrbahn geraten und frontal mit einem Bus zusammengestoßen, der Arbeiter aus dem BMW-Werk in Dingolfing nach Hause brachte. Und nun wird es richtig unheimlich.

Am Steuer jenes Schulbusses, in den Manfred B. am 24. Januar 2003 hineinkrachte, saß genau derselbe Fahrer, der zweieinhalb Jahre zuvor den Bus steuerte, welcher Sohn Alexander zum Verhängnis geworden war. Besagter Buschauffeur musste bei jedem Mal hilflos miterleben, wie das tragische Schicksal seinen Lauf nahm. Und ohne auch nur das Geringste tun zu können, die Zusammenstöße zu vermeiden.

„In den 20 Jahren, seit denen der Mann für uns arbeitet, hat er noch nie einen selbst verschuldeten Unfall gehabt“, verteidigte die Chefin des Busunternehmens ihren Fahrer. Nicht einmal für eine

Delle sei er verantwortlich zu machen. Stets sei er umsichtig und mit aller gebotenen Vorsicht unterwegs gewesen. „Und nun das." Durch die Kollision mit Manfred B.'s Kleintransporter hatte der Mann Prellungen und Schnittwunden erlitten, doch weitaus schlimmer war der Schock. Wie auch für die Jugendlichen in dem Bus, die zwar nur leichtere Verletzungen erlitten hatten, doch ebenfalls von zwei Notfallseelsorgern betreut werden mussten.

Nachdenkliche Töne zu dieser gruseligen Koinzidenz schlug auch der damalige Leiter der Polizeiinspektion Eggenfelden an, welche für die Unfallaufnahme zuständig war. Für Ernst B., der in langen Jahrzehnten seiner Dienstzeit schon so manches erlebt hatte, gehörten auch tödliche Verkehrsunfälle zum beruflichen Alltag. Das Schicksal der Familie des nun Getöteten jedoch und das des Busfahrers, beide auf eine denkbar tragische Weise untrennbar miteinander verwoben, ging auch ihm erkennbar an die Nieren. Als er der Ehefrau von Manfred B. die Todesnachricht überbrachte, brachen sie und dessen Mutter zusammen. Die kleine Tochter indes, die nach dem Unfalltod Alexanders zur Welt gekommen war, wurde an jenem Morgen des 24. Januar 2003 zur Halbwaisen.[41]

Seelen, die auf Reisen gehen

Zurückgekehrt von diesem Exkurs in die Niederungen des Grotesken und Bizarren ist es nun an der Zeit, die Hauptrichtung dieses Buches wieder einzuschlagen. Die Themen Nahtod und endgültiger Fortgang von dieser Welt, die über den Begriff des Jenseits zu einer möglichen Wiedergeburt in einem anderen, neugeborenen Körper führen. Ich möchte mich aber nicht mit den alles andere als seltenen Erlebnissen an der Schwelle zum Tode beschäftigen, ohne zuvor auf ein Phänomen eingegangen zu sein, dem wir im weiteren Verlauf regelmäßig begegnen werden. Weil es immer wieder im Zusammenhang mit nahtodlichen Erfahrungen – jedoch nicht ausschließlich mit diesen – berichtet wird.

Und damit sind wir auch ganz unverhofft zum Begriff „Seele" zurückgekehrt, die wir vielleicht nicht anders definieren können als das nicht-materielle Pendant zu unserem Körper. Die alle Züge unserer Persönlichkeit enthält, für die es im Grunde keines materiellen „Speichermediums" bedarf.

Es geht um außerkörperliche Erlebnisse – „Exkursionen unserer Seele", wenn man so will –, die vermuten lassen, dass in bestimmten Situationen der geistig-seelische Anteil unseres Ichs sich vom Körper loslösen kann. Dies kann zum einen vorübergehend der Fall sein. Wie so oft bei jenen Patienten, die einen klinischen Tod erleiden, jedoch reanimiert werden können, und dadurch ins Leben zurückkehren dürfen. Oder natürlich auf Dauer, nur dass diejenigen im Fall ihres endgültigen Todes nichts mehr darüber berichten können. Es soll sogar Menschen geben, die so eine Situation ganz bewusst herbeiführen können. Im deutschen Sprachgebrauch wurde für dieses Phänomen der Ausdruck „Astralexkursion" geprägt, während sich in parapsychologischen Kreisen vor allem der englisch-amerikanische Begriff „Out of Body Experience" oder kurz OBE durchgesetzt hat. Was so viel bedeutet wie eine „Erfahrung außerhalb des Körpers".[1]

Das Phänomen ist schon fast so lange bekannt, seit es Menschen gibt. Seriöse wissenschaftliche Untersuchungen dazu reichen dagegen keine hundert Jahre zurück.

Deshalb richten wir unseren Blick nun auf jene Zeit, als die Parapsychologie noch von den meisten Vertretern der etablierten Wissenschaften belächelt oder als Humbug und Schwindel abgetan wurde. Im Jahre 1952 stellte der Soziologe Hornell Hart insgesamt 155 Studenten die Frage: „Haben Sie jemals die Erfahrung gemacht, dass Sie Ihren physischen Körper von einem Blickpunkt komplett außerhalb des Körpers sahen; dass Sie beispielsweise neben dem Bett standen, und auf Ihren Körper schauten, der auf dem Bett lag, oder dass Sie in der Luft in der Nähe Ihres Körpers schwebten?" Ein bemerkenswerter Anteil von 30 Prozent der Studenten beantwortete die Frage positiv.[21]

Die bekannte britische Parapsychologin Celia Green – damals Direktorin des Institutes für Psychophysische Forschung in der altehrwürdigen Universitätsstadt Oxford – begann in den 1960er Jahren damit, Berichte über außerkörperliche Erfahrungen zu sammeln. Für ihr Grundlagenwerk zu diesem spannenden Thema befragte sie 1966 eine Auswahl von 115 Studenten der Universität Southhampton. Von diesen gaben 19 Prozent an, sie hätten bereits solch ein OBE erlebt. Die gleiche Frage, die sie kurz darauf 350 Studenten ihrer Universität Oxford stellte, beantworteten sogar 34 Prozent der Probanden positiv.[42]

Warum nicht sein kann, was nicht sein darf

Für die etablierten Wissenschaften – allen voran natürlich die konservative Schulmedizin – ist der Umgang mit derartigen Out of Body Experiences erfahrungsgemäß problematisch. Bei diesen „Exkursionen“ außerhalb des Körpers, speziell bei Nahtoderlebnissen, komme es zu einer Trennung von Bewusstsein und Körper, erklärte der Neuropsychologe Peter Brugger. Somit ein Vorgang, den es in der klassischen Medizin nicht geben kann.[43] Mit diesem festzementierten Credo haben sich in der Vergangenheit die meisten Forscher und Ärzte dem Thema schlichtweg verweigert. Ihre Devise war „warum nicht sein kann, was nicht sein darf.“ Doch mittlerweile hat auch bei ihnen ein tiefgreifender Prozess des Umdenkens stattgefunden, was ich im folgenden Kapitel in aller Ausführlichkeit erläutern werde.

Trotz des zum Teil erbitterten Widerstandes aus der Ecke konservativer Denkrichtungen hat sich die relativ junge Wissenschaft der Parapsychologie schon länger intensiv mit Details und Abläufen der außerkörperlichen Erfahrungen beschäftigt. Zugegeben: Mitunter ist hier die Abgrenzung zum Gebiet der Esoterik[3] nicht so einfach – aber dies dürfte der Tatsache geschuldet sein, dass die esoterischen Weltanschauungen sich schon lange vor den Wissenschaften mit diesem Thema auseinandergesetzt haben.

Die 1960er Jahre markierten schließlich mit mutigen „Einzelkämpfern“ eine Art Aufbruch auf breiterer Basis. Neben der bereits erwähnten Forscherin Celia Green investierte auch der englische Gelehrte Dr. Robert Crookall sehr viel Zeit in die Erforschung solcher „Out-of-Body“-Erfahrungen. Akribisch sammelte er gutbezeugte Fälle – beinahe 1.000 an der Zahl –, und machte sich an eine kritische Analyse. Etwa 300 Berichte, die er dabei näher unter die Lupe nahm, erwiesen sich sogar als ganz besonders interessant. Aus ihnen konnte Crookall einige charakteristische Merkmale im Ablauf außerkörperlicher Erlebnisse herausfiltern.

Wer so ein OBE erlebt, bekommt das Gefühl, seinen materiellen Körper durch den Kopf zu verlassen. Hierbei kommt es in dem Augenblick, in dem sich das Bewusstsein vom Körper trennt, zu einem Blackout, einem ganz kurzen Schwinden des Bewusstseins. Danach schwebt das als Astralleib bezeichnete, „zweite Ich“ mehr oder weniger hoch über dem physischen Körper (bei traumatischen Erlebnissen wie Unfällen über der gesamten Szenerie), oder bewegt sich davon fort.[19]

Die hierbei erreichbare, maximale Entfernung soll verschieden groß sein, und vorwiegend abhängig sowohl von der jeweiligen Person als auch ihrer körperlichen und seelischen Verfassung. In der Mehrzahl dieser Fälle beschränkt sich die „Exkursion“ auf die nähere Umgebung. So vermochten Patienten, die im Laufe einer Operation schon klinisch tot waren und reanimiert werden konnten, danach das Geschehen im OP für die in Frage kommende Zeit minutiös zu beschreiben. Es wird aber auch immer wieder von regelrechten „Astralreisen“ berichtet, die in andere Teile dieser Welt, auf andere Kontinente geführt haben sollen.[1]

Ich habe an vorangegangener Stelle bereits kurz erwähnt, dass es vereinzelten Menschen gelungen sein soll, außerkörperliche „Ausflüge“ ganz willkürlich zu erzeugen, was im Fachjargon mit dem Begriff „Astralprojektion“ bezeichnet wird.[1] Hierzu unternahmen Forscher wie der Professor für Psychologie Dr. Charles T. Tart von der Universität von Virginia und Dr. Karlis Osis (1917 – 1997), seinerzeit Forschungsdirektor der „American Society for Psychical Research“, ab 1965 ausgedehnte Versuchsreihen. Die sollen sogar zu vielversprechenden Resultaten geführt haben, doch das nur am Rande.[19]

Ein ganz offenbar nicht selten bei Austritten des Bewusstseins aus dem Körper vorkommendes Detail möchte ich der Vollständigkeit halber nicht unerwähnt lassen. In der Fachterminologie als „Silver Cord“ bekannt, soll eine silbrig glänzende Schnur existieren, die den vom Körper gelösten Teil mit selbigem verbindet, und durch die lebenswichtige Energieströme fließen. Würde die besagte „Silver Cord“, die unglaublich elastisch und zu großer Ausdehnung fähig sei, durchtrennt, würde es im selben Augenblick zum Tode kommen. Als Bindeglied zwischen physischem Körper und dessen „feinstofflichem Pendant“ würde sich deren Querschnitt dem zunehmenden Abstand entsprechend verringern, beziehungsweise bei Annäherung wieder vergrößern.[1,21]

Diesen – zugegeben recht ausführlich geratenen – Abschweif in das Reich außerkörperlicher Erfahrungen betrachte ich als durchaus wichtige Voraussetzung zum besseren Verständnis der nachfolgend besprochenen Erlebnisse. Nahtoderfahrungen, kurz auch als NDE bezeichnet (als Abkürzung des anglo-amerikanischen Begriffes „Near Death Experiences“), wären schließlich undenkbar ohne die zeitweilige Trennung von körperlicher und nichtstofflicher Komponente unserer Selbst. Vor ein paar Jahren noch als Schwindel und Halluzinationen, Träume oder esoterisch gefärbte Wunschvorstellungen abgetan, steht dieses Phänomen heutzutage im Zentrum von wissenschaftlichen Studien.

„Möglicherweise müssen wir die Definition von Körper und Geist grundsätzlich überdenken“, sagt Kardiologe Dr. Sam Parnia vom Weill Cornell Medical Center in New York und zeigt sich damit offen für neue Betrachtungen eines genau genommen uralten Mysteriums.[43] Gleichzeitig reißt Parnia mit diesem Statement massive Mauern ein, welche die Schulmedizin über Jahrhunderte festzementiert hatte.

So möchte ich mich nun mit authentischen Erlebnissen vieler Menschen beschäftigen, denen für einen kurzen Moment Einblicke in das gewährt wurde, was uns allen eines Tages ins Haus steht, wenn der „letzte Vorhang" gefallen ist.

3. Noch einmal „von der Schippe gesprungen“

Nur ein kurzer Blick von oben

Er war einer der bedeutendsten Denker des antiken Griechenland: Der Philosoph, Historiker und Schriftsteller Plutarch (um 50 – 125 n. Chr.) Zu seinen Werken zählen unter vielen anderen auch die „Moralia“, die sowohl ethisch-erzieherische Schriften beinhaltet, als auch philosophische und politische Abhandlungen mit zum Teil lebhaften religiösen Akzenten.

In einer dieser Schriften berichtete Plutarch von einem äußerst unangenehmen Zeitgenossen mit Namen Thesposios. Dieser war von seinem Elternhaus her mit beträchtlichem Wohlstand „gesegnet“, doch verschwendete er sein gesamtes Erbe in kürzester Zeit. Um wieder zu gewohntem Reichtum zu gelangen, ging er brachial und skrupellos vor. Er ließ sich auf fragwürdige Geschäfte ein und verspielte auch noch die letzten Sympathien, die er bei seinen Mitmenschen genossen hatte.

Zu damaligen Zeiten war es vorwiegend in „besseren“ Kreisen nicht unüblich, sich Rat bei einem Orakel einzuholen. Doch was ihm der Priester zu sagen hatte, behagte Thesposios ganz und gar nicht. Der hatte für ihn nämlich nur die lapidare Antwort: „Es wird dir besser gehen, wenn du gestorben bist.“

Nicht lange Zeit darauf sollte sich die düstere Prophezeiung auf tragische Weise erfüllen. Thesposios stürzte von einem Felsen in die Tiefe und blieb wie tot liegen. Zwar war er körperlich unversehrt, befand sich jedoch in einem komatösen Zustand, und alle hielten ihn für tot. Nach drei Tagen sollte er bestattet werden, doch kurz vor seiner eigenen Beisetzung erwachte der Scheintote wie durch ein Wunder. Und tatsächlich schien ein solches stattgefunden zu haben. Denn von da an begann er ein vollkommen neues Leben. Ohne Betrügereien und Sittenverstöße und in untadeligem Verhalten seinen erstaunten Mitmenschen gegenüber. Diese ließ er auch nicht im Unklaren über den Grund seines so plötzlichen Sinneswandels. Im Zustand tiefer Bewusstlosigkeit sei er drei Tage lang in einem „Jenseits“ gewesen. Und in jener „Grauzone“ zwischen zwei Realitäten wäre er mit einigen schmerzhaften Erkenntnissen konfrontiert worden. Lassen wir Thesposios nun aus diesem ominösen „Zwischenreich“ berichten.

„Seelenkugeln“

„Als ich in die Tiefe stürzte, löste sich ganz unvermittelt meine Seele von meinem Körper. Ich kam mir vor wie ein Taucher der immer weiter nach unten sinkt. Plötzlich erschien mir meine Seele wie ein einziges, geöffnetes Auge, welches nach allen Seiten zugleich blicken konnte. In meinem vorherigen Zustande, als lebendiger Mensch, musste ich wahrhaft blind gewesen sein. So sah ich sonderbarerweise nichts mehr von all jenem, was ich früher wie andere Menschen in der Welt gesehen hatte. Vielmehr entdeckte ich überall neue, mir bis jetzt unbekannt gebliebene Dinge. Das einzige, was mir noch bekannt erschien, waren die Sterne. Sie waren ungeheuer groß, standen in unermeßlicher Entfernung voneinander, und strahlten gleichzeitig in einem nie gesehenen Glanz voller kräftiger Farben.

Jenes Licht war für meine Seele zum neuen Element geworden, in dem diese schwamm und getragen wurde, ähnlich einem Schiff auf ruhiger See. Meine Seele stand nicht still im Raum. Es gab für sie kein Hindernis und keine Geschwindigkeit mehr. Alleine durch den nur gedachten Wunsch, an einem anderen Ort zu weilen, konnte sich die Seele ungehindert an jeden Platz bewegen. Doch ganz plötzlich wurde mir bewusst, dass ich an dieser wunderbaren Stätte nicht allein war. Ich bemerkte die Seelen von anderen Verstorbenen in leuchtender Kugelgestalt. Wie mir schien, stiegen sie von unten nach oben. Dies geschah zum Teil mühelos und beweglich, zum Teil in merkwürdigen spiralförmigen Bahnen. Ich versuchte mit diesen Seelen Verbindung aufzunehmen und ich rief sie an, doch sie schienen unfähig, meine Worte zu hören. Ich selbst war hingegen durchaus fähig, mitzufühlen, was diese Seelen empfanden. Während sie ohne Ziel durch den Raum flogen, ging oft ein angstvolles Klagen von ihnen aus. In größter Höhe konnte ich andere Seelen erkennen, welche freudig und frei von Furcht näherkamen. Dabei wichen sie den ängstlich und unruhig flatternden Seelen aus."

Sind es nichts als wilde Phantasien, welche dem komatösen Thesposios hier durch das Gehirn schießen? Manche Mediziner sind überzeugt davon, dass derartige Szenarien dem Gehirn durch den Ausstoß von bestimmten körpereigenen Stoffen vorgegaukelt werden, um Angst abzubauen. Auf die medizinische Seite werde ich noch explizit und ausführlich eingehen. Denn Nahtoderlebnisse und die im vorangegangenen Kapitel erklärten Out of Body Experiences werden heute von Ärzten und Psychologen sehr ernst genommen und akribisch untersucht. Doch lassen wir an dieser Stelle weiter den geläuterten Thesposios von seinen Erlebnissen in der „Grauzone zwischen Leben und Tod" berichten.

„Endlich vermochte ich inmitten der zahllosen vorüberschwebenden Seelenkugeln einen bereits vor langer Zeit dahingeschiedenen Verwandten zu entdecken. Wir waren in der Lage, sprechen zu können. Der Verwandte redete mich sogar mit meinem Namen an Von diesem Familienangehörigen erfuhr ich, dass ich noch nicht endgültig die Schwelle des Todes überschritten hatte. Nach dem Willen der Götter sei nämlich nur der „denkende Teil der Seele" für kurze Zeit vom Körper losgelöst worden. Die übrigen Organe der Seele seien dagegen gleichsam als Anker in meinem leblosen Körper zurückgeblieben.

Jetzt nahm ich wahr, dass ich als einzige von allen Seelen, die an dieser Stätte umherschwebten, noch einen Schatten besaß. Alle anderen hatten ein beinahe durchsichtiges Aussehen. Aber dennoch sahen die Seelen nicht alle gleich aus. Manche der kugelgestaltigen Seelenphänomene gaben ein klares und sehr ruhiges Licht ab, das dem Mondschein ähnelte, während andere dagegen wie die Haut einer Schlange scheinende Flecken oder Striemen aufwiesen. Das unterschiedliche Aussehen dieser Seelen war abhängig von dem Maße ihrer Verfehlungen, die sie sich im Lauf des irdischen Daseins hatten zuschulden kommen lassen.“

Manch dunkles Geheimnis

„Durch meinen verwandten Begleiter, der sich in meiner Nähe aufhielt, erfuhr ich auch, wie die bösen Taten im Jenseits abgegolten werden. Dort gab es kein Verbergen oder Ableugnen der Schuld mehr. Alle Laster wie Macht- und Geldgier, Haß und Mißgunst, waren durch entsprechende Farben gekennzeichnet. Dafür verhängten die Göttinnen der Gerechtigkeit furchtbare Strafen. Und die Schuldigen mussten solange büßen, bis das Aussehen ihrer Seelen fleckenlos rein geworden war. Dann führte mich mein Begleiter weiter durch einen scheinbar unermeßlichen Raum, den ich im Lichte schwimmend durcheilte.

Auf dieser Fahrt erblickte ich die wundersamsten Landschaften, bis sich mit einem Male ein Abgrund vor uns auftat, über den mich das Licht hinwegtrug. Mir wurde erklärt, dies sei die Stätte des Vergessens. Ich blickte in den gähnenden Schlund hinab, dessen Wände mit üppigen Blumen und anderen Gewächsen bezogen waren. Herrliche Düfte hoben sich von dort in Wolken zu uns empor. Die Seelen, welche mich umkreisten, wurden wie von einem Taumel erfasst.

Außer dieser Stätte des Vergessens sah ich im Jenseits auch andere Orte. Aus den Erklärungen meines Begleiters wurde mir allmählich klar, in welcher Weise die Organe von der Seele mit ihrem einstigen Körper in Verbindung und Zusammenhang blieben. Ich sah, auf welch vielfältige Weise die Verfehlungen im Leben gesühnt werden. Ich traf noch weitere Verwandte und Angehörige meiner Familie, die grauenhafte Strafen erdulden mussten, und mich baten, ich möge für sie um Gnade bitten.

So manch dunkles Geheimnis fand seine Aufklärung. Ich konnte sehen, wie mein Vater für einen heimtückischen Giftmord zu büßen hatte. In seinem Leben hatte er Gastfreunde beraubt und ermordet. Voller Entsetzen wandte ich mich ab. Ich war gegen meinen Willen gezwungen, viele andere Orte der Strafe und der Buße zu besichtigen.

Schließlich gelangte ich an jenen Platz, wo die Verwandlung der Seelen erfolgte, denen ein weiteres Erdenleben bevorstand, dieses Mal in Tiergestalt. Hier entdeckte ich Kaiser Nero, wie er in ein reißendes Tier verwandelt wurde, und so viele andere unglückliche Wiedergeburten."

Was hier im Zusammenhang mit dem berühmt-berüchtigten römischen Kaiser Nero verlautet, der im Jahre 68 n. Chr. mit nur 37 Jahren durch Selbstmord endete, kennen wir vor allem aus dem Hinduismus. Darin ist von allen Kulturen des östlichen Asien der Glaube an die Reinkarnation – also einer neuerlichen Wiederverkörperung - mit am stärksten ausgeprägt. Der Hindu glaubt nämlich fest daran, dass man auf die Art seiner künftigen Existenz aktiv Einfluss nehmen kann, und zwar in der Ausprägung des „Karmas". Damit wird die Gesamtsumme der Taten einer Person in ihrer gegenwärtigen Existenz bezeichnet. Handelte der Mensch gerecht und milde, so wird sein nachfolgendes Leben von glücklichen Fügungen geprägt sein. Er wird „belohnt" durch die Wiedergeburt in einem hochangesehenen Tier oder auch als Brahmane, der höchsten aller Kasten Indiens.

Kein seltenes Phänomen

„Böses" Karma hingegen zieht eine Bestrafung in Form einer Reinkarnation als Angehöriger einer niederen Kaste oder gar in Gestalt eines verachteten, unreinen Tieres nach sich. Aber auch Unglücksfälle und Behinderungen könnten für das folgende Leben „vorprogrammiert" sein. Doch lassen wir an dieser Stelle noch einmal den so wundersam geläuterten Thesposios zu Wort und mit seinem Erlebnis zum Schluss kommen.

„Doch ganz plötzlich wurde ich von einem Sturmwinde fortgerissen und emporgehoben. Ich stürzte in ein unermessliches Dunkel, immer weiter und weiter, bis ich schließlich in meinen leblosen Körper zurückkehrte. Dies war der Augenblick des Erwachens und der Rückkehr in das irdische Dasein, das mir zum zweiten Male geschenkt wurde, kurz bevor ich begraben werden sollte."[44]

Thesposios wurde noch einmal ins diesseitige Dasein zurückgerufen, und führte fortan ein „besseres" Leben als vor diesem einschneidenden Erlebnis. Ein Aspekt übrigens, der für Nahtoderfahrungen symptomatisch zu sein scheint. Eine überwiegende Anzahl dieser Menschen mit Erlebnissen an der Schwelle zum Tode kommt zu einer völlig unterschiedlichen Lebenseinstellung, einhergehend mit einem komplett neuen Stellenwert ihrer bisherigen Tätigkeitsfelder und Präferenzen. Im Klartext: Was bisher als wichtig oder alternativlos angesehen wurde, gleitet ab in die Bedeutungslosigkeit. Bis zu jenem Zeitpunkt vernachlässigte Bereiche hingegen erfahren die ihnen zukommende Aufwertung.

Sehen wir einmal ab von den „blumigen" Schilderungen, mit denen Plutarch seinen Protagonisten Thesposios dessen jenseitige Eindrücke wiedergeben lässt, hat der geläuterte Schwerenöter nichts anderes erlebt als jenes Szenarium, das heutigen Berichten eigen ist. Ihm erging es wie unzähligen Menschen aus unseren Tagen, deren Erlebnisse in einer jenseitigen Zwischenwelt die Bücher sogenannter Todesforscher füllen. Der amerikanische Psychiater Dr. Raymond Moody hatte als einer der ersten über diese seltsamen Phänomene aus der Grauzone zwischen Leben und Tod berichtet.[45,46] Seither folgten viele andere – wie die Schweizer Wissenschaftlerin Dr. Elisabeth Kübler-Ross (1926 – 2004) oder Kenneth Ring, der an der Universität von Connecticut als Psychologieprofessor tätig war.

Und folgt man Untersuchungen der modernen Medizin, auf die ich noch genauer eingehen werde, stellen solche Nahtoderfahrungen alles andere als ein seltenes oder gelegentliches Phänomen dar.

„Ich schwebte über der Unfallstelle“

Die oben erwähnte Sterbeforscherin und Ärztin Dr. Elisabeth Kübler-Ross, die im Laufe ihres Berufslebens mehr als 1.000 reanimierte Patienten untersucht hatte, fasste ihre Erkenntnisse einmal wie folgt zusammen: „Was Menschen zu sehen bekommen, an der Schwelle des Todes, ist ein unfassbares Erlebnis. Wer dies einmal erlebt hat, kann keine Angst mehr vor dem Tod haben. In dieser neuen Welt ist man umgeben von totaler, bedingungsloser Liebe.“[47] Erlebnisse wie das nachfolgende, das mein Freund und „TV-Urgestein“ Rainer Holbe in seiner in den 1980er Jahren sehr beliebten RTL-Reihe „Unglaubliche Geschichten“ präsentierte, scheinen diese Feststellung voll und ganz zu bestätigen.

Der Züricher Diplom-Architekt Stefan von Jankovich berichtete von seinem schweren Verkehrsunfall, bei dem er am 16. September 1964 auf dem Wege nach Lugano lebensgefährlich verletzt worden war. Eigentlich war er sogar kurzzeitig klinisch tot. Als Beifahrer in seinem schnellen Alfa Romeo saß ein Geschäftsfreund, der weit glimpflicher davonkam.

Kurz vor Bellinzona passierte das Unglück: Um 13.10 Uhr kam dem Sportwagen auf der zweispurigen Landstraße ein langsam fahrender Militärkonvoi entgegen, der gerade von einem schweren Lastwagen überholt wurde. Absolut nichts konnte den Frontalzusammenstoß mehr verhindern. Stefan von Jankovich war sich in diesem Augenblick der Todesgefahr in ungewöhnlicher Klarheit bewusst. In den wenigen Zehntelsekunden, die dem Aufprall vorausgingen, schrie er entsetzt auf. Daraufhin wurde er durch die Windschutzscheibe auf die Straße geschleudert, wo er mit 18 Knochenbrüchen liegenblieb. Als ein Arzt nur Minuten später den Verunglückten erreichte, war bereits der Herzstillstand eingetreten.

Im gleichen Moment geschah etwas Unglaubliches. Der Architekt befand sich plötzlich über der Unfallstelle und beobachtete das gespenstische Szenario gewissermaßen „von oben“. Dabei sah er seinen leblosen Körper exakt in der Position, die er später im Polizeibericht – ergänzt durch eine Skizze – beschrieben fand. „Ich konnte sehen, wie der Arzt meinen Mund mit einem Spatel aufspreizte und mich zu beatmen versuchte. Dann resignierte er und sagte 'man kann nichts mehr machen, er ist tot.'“

Jahre später, im Verlauf einer Folge der erwähnten RTL-Serie „Unglaubliche Geschichten“, schilderte der Architekt seine Eindrücke im Zustand des klinischen Todes: „Ich schwebte über der Unfallstelle und sah dort meinen leblosen Körper liegen. Ich fand es durchaus interessant, diese schreckliche Szene zu beobachten, wie nach einem Unfall dort unten ein Mensch starb, nämlich ich selbst. Ich war dabei noch nicht einmal aufgeregt, ganz ruhig und ohne Emotionen, in einem himmlisch glücklichen Zustand.“

Stefan von Jankovichs euphorische Stimmung endete recht abrupt. Von einem nahegelegenen Campingplatz war noch ein weiterer Arzt herbei geeilt, der die Diagnose seines Kollegen nicht so ungeprüft bestätigen wollte. Dieser setzte eine Adrenalinspritze direkt ins Herz des Verunglückten, das danach wieder zu schlagen begann. Die Rückkehr aus dem geheimnisumwobenen Zwischenreich musste für ihn jedoch alles andere als angenehm gewesen sein.

200 Fuß über dem Flugfeld

„Ich fiel in eine schwarze Tiefe hinunter und mit einem unheimlichen Schock schlüpfte ich zurück in meinen schwerverletzten Körper“, erinnerte er sich. Während der langen Wochen des anschließenden Klinikaufenthaltes hatte Stefan von Jankovich genügend Zeit, um über sein Erlebnis nachzudenken. Letztendlich führten seine Überlegungen zu einer ungewöhnlich erscheinenden Erkenntnis: „Das schönste Erlebnis meiner bisherigen Existenz war der Tod!“[48,49]

Genau genommen, war er ja noch nicht endgültig tot, sondern er befand sich in einem klinisch toten Zustand. Eine immer ausgefeiltere, hochtechnisierte Medizin vermag heutzutage zunehmend mehr Patienten aus diesem Zustand ins Leben zurückzuholen. Sie beschäftigt sich auch immer intensiver mit jenem Phänomen, dem sie so lange ablehnend gegenüberstand.

Mit einer Studie namens AWARE - von „AWAreness during REsuscitation“, auf Deutsch „Bewusstsein während der Wiederbelebung“ – untersuchte man vier Jahre lang das Schicksal von über 2000 Patienten, die im Krankenhaus einen Herzstillstand erlitten hatten. Von diesen hatten insgesamt 330 überlebt; wiederum 55 von ihnen gaben an, sich an die Erlebnisse und Gedanken erinnern zu können, welche sie in der Zeit des Herzstillstands und ihrer Wiederbelebung hatten.[43]

Das Schweben hoch über der ganzen Szenerie, gepaart mit einem unglaublich angenehmen Gefühl sowie der im Gegensatz dazu als ausgesprochen unangenehm empfundenen Rückkehr scheint typisch zu sein für diese Erfahrungen. In manchen Fällen bewegt sich das vom Körper getrennte Bewusstsein sogar weit vom Schauplatz der dramatischen Geschehnisse fort – wie bei einem Zwischenfall, der einen Arzt selbst betraf. All dies geschah während des Ersten Weltkriegs. Und weil die Medizin seinerzeit solche Erlebnisse noch unisono ins Reich der Phantasie verwies, verwundert es nicht, dass der Betroffene Zeit seines Lebens in dem Zusammenhang seinen Namen nicht genannt wissen wollte.

Und so war der angehende Arzt natürlich auf diese unfassliche Erfahrung, den eigenen Körper von außerhalb zu betrachten, alles andere als vorbereitet. Dennoch wusste er genau, dass er weder Halluzinationen erlegen war, noch sich das alles eingebildet hatte. Zur Zeit des Geschehens – es war im April des Kriegsjahres 1916 – war er als Sanitätsoffizier in der Royal Air Force dienstverpflichtet und mit seiner Einheit, der zweiten Brigade der RAF, in Frankreich an der Westfront stationiert.

Nach einem Notruf von einem anderen Flugplatz waren er und ein Pilot in ein bereitstehendes Flugzeug gestiegen und voller Eile gestartet. Doch bevor die Maschine an Höhe gewinnen konnte, machte der Pilot eine scharfe Kehrtwendung. Die Flugzeugtechnik befand sich damals noch in den Kinderschuhen, deshalb war die unausweichliche Folge, dass die Maschine ihren Auftrieb verlor und ins Trudeln geriet. All das nahm der junge Arzt mit einer eigenartigen Ruhe und Distanz zur Kenntnis. Er ertappte sich sogar bei dem Gedanken, welcher Flügel der Maschine wohl zuerst auf dem Boden aufschlagen würde.

Und ganz plötzlich war es ihm, als würde er aus einer Höhe von etwa 200 Fuß – dies sind ungefähr 60 Meter – senkrecht auf seinen am Boden liegenden Körper blicken. Bei dem Aufprall war er geradewegs aus dem offenen Flugzeug geschleudert worden und lag bewusstlos auf dem Rücken. Zu seiner grenzenlosen Überraschung erlebte er sich selbst in einem Zustand von angenehmer Wachheit. Klar und deutlich vermochte er zu erkennen, wie der wie durch ein Wunder unverletzte Pilot und zwei Offiziere zu seinem Körper liefen und sich darüber beugten. „Mein Geist oder wie immer man das nennen will, schwebte dort oben und wunderte sich, dass sie sich mit meinem Körper so viel Mühe machten. Und ich erinnere mich noch genau, wie ich mir dachte, wenn sie ihn nur endlich in Ruhe ließen."

Diskrete Nachforschungen

Hoch über dem Flugfeld schwebend, konnte er jetzt beobachten, wie ein Sanitätsauto aus seiner Box im Hangar fuhr, nachdem es der Fahrer angekurbelt hatte. Der diensthabende Arzt lief aus der Sanitätsbaracke und schwang sich in den gerade anfahrenden Wagen. Sogleich sprang er jedoch wieder heraus und lief zurück, denn offensichtlich hatte er etwas vergessen. Der Wagen wartete, bis der Arzt zurückkam, dann setzte er seine unterbrochene Fahrt zur Absturzstelle fort.

Während der noch immer „bewusstlose" junge Mann alles genau beobachten konnte, fühlte er plötzlich, wie er sich mit großer Geschwindigkeit vom Schauplatz des Geschehens entfernte. Dabei hatte er das Gefühl, dass er sich zuerst auf eine nahegelegene Stadt und dann, als diese hinter ihm lag, aufs offene Meer hin bewegte.

Nach wie vor heiter und gelassen, überlegte er sich, warum er eine derart ungewöhnliche Reise unternahm. Während er noch über diese Frage nachsann, zog ihn irgendetwas mit stärkster Kraft zurück, und nun schwebte er erneut über seinem leblosen Körper. Ganz deutlich konnte er von oben erkennen, wie ihm der Arzt irgendein Mittel einflößte.

Als der angehende Mediziner später im Lazarett seiner Genesung entgegenschritt, dachte er immer wieder intensiv über seine sonderbare „Reise" nach. Natürlich kam ihm dabei als nacheliegendste Erklärung in den Sinn, ob er sich den Flug zum Meer nur eingebildet hatte. Er konnte jedoch in allen Einzelheiten die große Hektik beschreiben, welche bei seiner Rettung geherrscht hatte. Verwirrt von der außergewöhnlichen Klarheit seiner Beobachtungen, gab er seinem Vorgesetzten einen vertraulichen Bericht über das Erlebte.

Der vermochte durch diskrete Nachforschungen alle genannten Einzelheiten zu bestätigen. Vor allem ein Umstand sprach für die absolute Glaubwürdigkeit der Nahtoderfahrung, sowie dafür, dass der junge Mann definitiv hoch über dem Ort des Geschehens geschwebt haben musste. Das Flugfeld lag nämlich in einer von Gras bewachsenen Senke. Von jener Stelle aus, wo er gelegen hatte, wäre es ihm niemals möglich gewesen, die Gebäude der Fliegerstaffel, einschließlich der Hangars und dem Lazarett in dem hügeligen Gelände zu sehen.

Doch all dieser verbürgten Einzelheiten zum Trotz hielt der Arzt, der es später zum Counsellor der Royal Air Force und zum Mitglied des Königlichen Ärztekollegiums, sowie zum Träger des britischen Verdienstordens schaffen sollte, die Exkursion seiner Seele (oder was immer in jenen Kriegstagen des Jahres 1916 aus seinem am Boden liegenden Körper ausgetreten sein mochte), für den Rest seines Lebens geheim.[21,50]

Widerwillige Rückkehr

In seinen Büchern zu dem Thema hat der schon erwähnte amerikanische Arzt und Psychiater Raymond Moody ein für Nahtoderfahrungen charakteristisches Szenario in allen Phasen seines Ablaufs herausgearbeitet. Auch wenn es die einen oder anderen Abweichungen gibt, begegnet uns diese Erlebnisfolge doch bei der überwiegenden Mehrzahl dieser Erfahrungen.

Ein Mensch liegt im Sterben. Im Augenblick höchster körperlicher Not hört er, wie ihn der Arzt für tot erklärt. Hierauf vernimmt er ein sehr unangenehmes Geräusch, ein lautes Summen oder Klingeln. Gleichzeitig hat er das Gefühl, sich sehr rasch durch einen langen dunklen Tunnel zu bewegen. Und dann erlebt er sich ganz unvermittelt außerhalb seines physischen Körpers. Diesen nimmt er aus der Distanz eines unbeteiligten Zuschauers wahr, aber noch aus nächster Nähe und zumeist von oben, so als würde er darüber schweben. Von dieser reichlich ungewöhnlichen Beobachtungsposition aus verfolgt er mit großem Interesse die Wiederbelebungsversuche in allen Einzelheiten.

Langsam gewöhnt er sich an die neue Situation. Er bemerkt dass er noch immer einen „Körper" besitzt, der jedoch ganz anders ist, als der Zurückgelassene. Auch scheint er über völlig andere Fähigkeiten zu verfügen. Bald kommen andere Wesenheiten auf ihn zu, um ihn zu begrüßen und ihm in seiner Situation behilflich zu sein, darunter auch längst verstorbene Angehörige und Freunde. Oftmals begegnet ihm eine Lichtgestalt, die große Liebe, Wärme und Geborgenheit ausstrahlt. Dieses Wesen fordert ihn auf, sein bisheriges Leben zu bewerten, Rechenschaft abzulegen über all seine Taten. Viele Befragte schildern auch eine Art Rückschau, für die sich der Begriff „Lebensfilm" eingebürgert hat. Blitzschnell und ganz offenbar unabhängig von all unseren Vorstellungen über Zeit und Raum, rollt eine Art Aufzeichnung wesentlicher Ereignisse des Lebens ab, die mit einem Blick und simultan erfasst werden.

Schließlich nähert sich der Sterbende einer Art Grenze oder Schranke, die er als „Trennlinie“ zwischen dem irdischen Leben und einer anderen Existenz begreift. Hier erkennt er nun, dass er in sein irdisches Leben zurück muss, da die Zeit noch nicht für sein endgültiges Sterben gekommen ist. Er sträubt sich heftig gegen diese Rückkehr, denn er ist geradezu überwältigt von der neuen Umgebung, die für ihn so unsagbar viel Glück und Liebe ausstrahlt. Doch trotz seiner verzweifelten Gegenwehr kehrt er wieder in seinen physischen Körper zurück und lebt weiter.[45,46]

Skeptiker mögen alle diese Eindrücke auf Illusionen zurückführen, ausgelöst durch schmerzstillende Medikamente oder jene chemischen Prozesse im Gehirn, die sogenannte Endorphine (auch endogene Morphine) erzeugen. Die moderne Medizin findet jedoch immer mehr Hinweise darauf, dass Nahtoderlebnisse alles anderes sind als Halluzinationen.

Den verzweifelten Versuch, sich mit all ihren Kräften der Rückkehr in ihr diesseitiges Leben zu widersetzen, erlebte die Amerikanerin Marilyn J. Hartwig aus dem kalifornischen Placerville vor gut 60 Jahren. Am 17. März 1960, eine Woche nach der Geburt ihres ersten Kindes, musste sie wegen mehrerer Bluttransfusionen und chirurgischen Eingriffen ins „Marshall Hospital“ in Placerville. An die Fahrt dorthin erinnerte sie sich kaum, war sie doch nur noch halb bei Bewusstsein. Sie fürchtete sich sehr vor dem, was ihr bevorstand, als die Krankenschwestern sie in den Operationssaal rollten. Als ihr die Narkosespritze gegeben wurde, verfiel sie sofort in eine tiefe Bewusstlosigkeit.

Plötzlich glaubte Marilyn zu erwachen, und sie fand sich in einem herrlichen grünen Tal, unter einem Baum sitzend, wieder. Ein Flusslauf schlängelte sich durch dieses Tal, die Vegetation ringsum roch frisch und angenehm. Kein Mensch war zu sehen und sie fühlte sich sehr glücklich und von großem Frieden erfüllt. Sie erhob sich und begann in die schöne Landschaft zu wandern. Erst wenige Schritte war sie gegangen, als deutlich vernehmbar eine Stimme zu ihr sprach: „Es ist noch nicht Zeit. Nun musst du zurückkehren.“

Trotzig lehnte sie diese Aufforderung ab, weil sie sich nichts sehnlicher wünschte, als in dem friedlichen grünen Tal zu bleiben. Doch die körperlose Stimme befahl ihr nun bedeutend energischer, sich auf den Weg zurück zu begeben. Sie blieb stehen und wartete noch etwas ab, bis sie plötzlich gewaltsam zurückgestoßen wurde. Im nächsten Augenblick war das liebliche Tal verschwunden, und sie befand sich wieder im Operationssaal. Über dem Operationstisch schwebend, konnte sie alle Einzelheiten gut beobachten: Sie erkannte den Chirurgen Dr. Howard Biss und die OP-Schwester mit voller Ausrüstung, wie sie ihm assistierte. Dann wurde sie wie von einem Magneten in ihren Körper zurückgezogen, obwohl sie verzweifelt dagegen ankämpfte. Zwei Stunden später erwachte sie und konnte sich klar an alle Einzelheiten erinnern.[51]

„Die rote Krawatte passt nicht!"

Es wird nun Zeit, das Phänomen auch vom medizinischen Standpunkt aus zu beleuchten. Viele Jahrzehnte von der ärztlichen Wissenschaft engstirnig ignoriert oder gar der Lächerlichkeit preisgegeben, mussten sich mittlerweile viele ihrer Vertreter eines Besseren belehren lassen. Wie etwa jener Chirurg, der Anfang der 1990er Jahre an einem Klinikum in Bayern arbeitete, und zuerst so gar nichts von der Möglichkeit hielt, dass ein „kleiner Grenzverkehr" zwischen unserer diesseitigen und einer Welt auf der anderen Seite der Realität existieren könne. Sein Fall entstammt nicht dem üblichen Fundus bereits veröffentlichter Erlebnisberichte. Diese wahre Geschichte, die zudem von der nicht minder von dem Phänomen betroffenen, ärztlichen Seite berichtet wird, verdanke ich den Recherchen meines früheren Webmasters, dessen Engagement auch der Begleitung sterbender Menschen galt. Jener musste übrigens dem Chirurgen in die Hand versprechen, den Namen und genauen Arbeitsplatz ungenannt zu lassen.

In seiner langjährigen medizinischen Laufbahn begegnete der Professor immer wieder denselben stereotyp klingenden Schilderungen von Patienten, die während einer Operation kurz klinisch tot waren und wieder ins Leben zurückgeholt werden konnten. Darin war häufig die Rede von einem Licht am Ende eines langen Tunnels, und bereits verstorbenen Freunden und Verwandten, die hinter jenem Tunnel am Horizont warteten. Bald fielen ihm diese Geschichten gehörig auf die Nerven, denn all das konnte, ja es durfte nicht wahr sein. Doch was sollte er tun? Er beschloss, der ominösen Sache auf den Grund zu gehen. Am Anfang bestimmt in der Absicht, vor allem sich selbst zu beweisen, dass an solchen „abgefahrenen" Stories nichts dran sein könne.

So ließ er sich ein relativ simples, doch ungeachtet seiner Einfachheit unglaublich effektives Mittel einfallen: Eine rote Krawatte, die er unter seinem grünen OP-Kittel zu tragen pflegte. Zumindest bei solchen Operationen, deren positiver Ausgang fraglich erschien. Im Klartext: Wo zu befürchten stand, dass der Patient den Eingriff nicht überleben würde.

Kam es dann im Verlauf der Operation zum Stillstand der Vitalfunktionen, machte der Chirurg noch am Operationstisch eine einfache Handbewegung, mit der er den knallroten Schlips zum Vorschein brachte. Eine ganze Reihe dieser Patienten, die während solcher kritischer Operationen vorübergehend klinisch tot waren, konnten erfolgreich reanimiert werden. Und sie vermochten sich später, obwohl nach gesundem Menschenverstand nicht dazu fähig, seiner roten Krawatte zu erinnern, welche so auffällig aus dem grünen Arztkittel heraushing.

Geradezu sensationell mutet der Fall einer älteren Dame an, bei deren Operation plötzlich aufgetretene Komplikationen zum Zustand des klinischen Todes führten. Nach ihrer Wiederbelebung auf dem Weg der Besserung, sprach sie den Arzt später bei der Visite kopfschüttelnd mit den Worten an: „Also Herr Professor, bei allem Respekt, die rote Krawatte passt aber überhaupt nicht zu Ihnen und Ihrem Kittel."[52]

Mit einem „Plopp“ den Körper verlassen

Bevor ich meinen geneigten Lesern zu viele solche unheimlichen Fälle zumute, möchte ich es mit einem nicht minder aussagekräftigen Erlebnis bewenden lassen, welches sich vor kurzer Zeit jenseits des großen Teichs abgespielt hat. Nicht nur für zartbesaitete Gemüter dürfte das leise Aufheulen der Knochensäge, mit der ein Chirurg die Schädeldecke der Amerikanerin Pam Reynolds durchbohrte, alles andere als angenehm geklungen haben. Der Operateur ahnte in diesem Augenblick sicher nicht, dass er dabei von unerwarteter Seite äußerst aufmerksam beobachtet wurde. Und zwar von seiner Patientin selbst, die nach Verlassen ihres Körpers über ihm schwebte.

So jedenfalls schilderte es die Frau dem Chirurgen nach dem Eingriff. Mit einer gesunden Portion Skepsis „gesegnet“, hielt dieser ihre Eindrücke für nichts als einen Traum kurz vor der Aufwachphase nach der Narkose. Die Geschichte hatte aber einen gewaltigen Haken. Denn die Patientin befand sich während ihrer komplizierten und risikoreichen Operation in einem Zustand, der in der Medizin als hypothermischer Herzstillstand bezeichnet wird. Um diesen zu bewirken, wurde ihre Körpertemperatur auf gerade einmal 15,5 Grad Celsius – dies ist deutlich weniger als die Hälfte der Normaltemperatur eines gesunden Menschen – abgesenkt. Herzschlag und Atmung kamen dadurch vollständig zum Erliegen. Im Verlauf dieser Behandlungsmethode fließt das Blut aus dem Kopf in den Körper. Aus neurologischer Sicht herrscht im Gehirn für kurze Zeit eine sogenannte „elektrische Stille“. Was im Klartext nichts anderes bedeutet, dass das Gehirn vorübergehend klinisch tot ist!

Dennoch vermochte Pam Reynolds erstaunlich viele Einzelheiten aus jener Zeitspanne zu berichten, in der sie nach ärztlichen Maßstäben mit ihren fünf Sinnen eigentlich keinerlei Eindrücke mehr von außen aufnehmen und verarbeiten konnte. Des Weiteren berichtete Mrs. Reynolds, dass sie ihren Körper während der Operation mit einem „Plopp" verlassen hätte. Sie sei zunächst über dem Operationstisch geschwebt, und habe sich dann auf der Schulter des Chirurgen niedergelassen. Bis zu dem Punkt könnte man die Einlassungen dieser Frau noch als Einbildung oder Halluzination abtun. Dann aber sagte sie, der Arzt hätte ihre Schädeldecke „mit einer Säge, die wie eine elektrische Zahnbürste aussah", geöffnet, was tatsächlich zutraf.

Doch sie wusste noch weit mehr zu berichten. Mit einer unfassbaren Genauigkeit beschrieb Pam Reynolds dem verblüfften Chirurgen den weiteren Ablauf der Operation. Sogar die Gespräche zwischen ihm und den weiteren am Eingriff beteiligten Ärzten konnte sie wortgetreu wiedergeben. Und dies alles, während sie im Grunde genommen tot war.[43]

„Neuronales Feuerwerk"

Nahtoderfahrungen sind, daran gibt es nach zahllosen blitzsauber dokumentierten Fällen nichts zu rütteln, eine Realität. Und nachdem sich die Mehrzahl der Ärzte und Forscher jahrzehntelang diesem erregenden Gebiet verweigert haben, kommt es nun in jüngster Zeit zu einem entschiedenen Umdenken. Der New Yorker Kardiologe Dr. Sam Parnia, der sich für eine komplett neue Definition der Begriffe Körper und Geist einsetzt, stellt aufgrund seiner Erfahrungen nüchtern fest:

„Was wir sicher sagen können ist, dass zumindest in den ersten paar Stunden nach dem Tod, in denen wir eine Person auch wieder ins Leben zurückholen können, der Geist, die Seele oder das Bewusstsein irgendwie bestehen bleibt."[43]

Etwas von der konservativen medizinischen Forschung stets Unverstandenes geschieht mit dem Menschen, wenn er stirbt. Es sind komplexe Vorgänge, deren rätselhaften Schleier zu lüften sich die Wissenschaftler gerade erst heranwagen. Ich habe ja bereits die „AWARE"-Studie erwähnt, die vier Jahre lang Erfahrungsberichte und Daten von wiederbelebten Patienten in Großbritannien, Australien sowie den USA gesammelt hat. Vor ein paar Jahren stieß man außerdem auf ein bislang unbekanntes neurologisches Phänomen, das bahnbrechende Einblicke in den Prozess des Sterbens – gleichzeitig auch neue Erkenntnisse zu Nahtoderlebnissen und den mit ihnen untrennbar verbundenen Out-of-Body-Experiences – ermöglichte.

Die Medizin geht davon aus, dass das Gehirn bei den Erlebnissen im Vorfeld des Todes nicht mehr ausreichend mit Sauerstoff und Blut versorgt wird, um überhaupt noch irgendetwas wahrzunehmen. Auf dieser These basierend, entschloss sich die Forscherin Dr. Jimo Borjigin von der Universität Michigan im Jahr 2013, durch Tierversuche den Tod im Gehirn zu simulieren. Für ihre Experimente wählte sie Ratten aus, denn deren Gehirnaktivitäten sind in mancher Hinsicht mit denen des Menschen vergleichbar. Ihr Ziel war es, die Ratten unter kontrollierten Laborbedingungen sterben zu lassen, und dabei so präzise wie noch nie zuvor zu dokumentieren, was im Augenblick des Todes passiert. Hierzu implantierte die Forscherin den Ratten Elektroden direkt unter die Schädeldecke, und zeichnete deren Hirnströme ebenso im wachen wie auch im narkotisierten Zustand auf. Dann löste sie durch die Injektion einer Kaliumchlorid-Lösung den Herzstillstand aus, und beobachtete, was sich im Elektro-Enzephalogramm (EEG) abspielte. Es war dies die allererste Studie, die herausfinden sollte, welche Vorgänge in einem sterbenden Gehirn ablaufen.

Und sie ergab höchst Überraschendes. „Wir erwarteten in den untersuchten, sterbenden Gehirnen keinerlei Aktivitäten“, sagte Jimo Borjigin angesichts der unerwarteten Ergebnisse. Nachdem aber das Herz der Ratte zu schlagen aufgehört hatte, begann das EEG einen sprunghaften Anstieg der Gehirnwellen aufzuzeichnen. Einige dieser Signale waren in dieser Nahtodphase sogar viel aktiver als im Wachzustand. Der ungewöhnliche Aktivitätsschub hielt bis zu 30 Sekunden lang an. Erst danach ebbten die Hirnströme ab, bis sie schließlich ganz aufhörten.

Gegnern von Tierversuchen mag angesichts solcher Experimente die Dauerfeuerstellung klemmen. Doch die Erkenntnisse, die man dadurch gewann, waren buchstäblich weltbildstürzend! Die Wissenschaftlerin schloss aus ihrer Studie, dass es bei uns Menschen ebenfalls ein „letztes Aufbäumen“ des sterbenden Gehirns geben könnte. Die Bestätigung dieser Annahme ließ auch nicht allzu lang auf sich warten. Ärzte an der Berliner Charite konnten im Jahre 2018 erstmals beobachten, dass bei sterbenden Patienten trotz Sauerstoffmangels eine elektrochemische Entladungswelle, einem Tsunami gleich, durch deren Gehirne fegte.[43] „Verabschiedet“ sich auf diese Weise die Seele von ihrem physischen Domizil, das ihr für die Dauer einer länger oder kürzer währenden Zeitspanne zur Verfügung steht?

Auf jeden Fall sind diese brandneuen Erkenntnisse sprichwörtlich Wasser auf die Mühlen all jener, die weder Nahtoderlebnisse in das Reich der Fabel verbannen, noch den Tod als das endgültige Ende betrachten. Es ist nun an der Zeit, sich auch mit ihm ein wenig intensiver zu beschäftigen.

4. Ghost – Nachricht von Sam

Unheimliches an der Grenze zweier Welten

Wäre das Leben eine Zigarettenschachtel, dann stünde mit Sicherheit folgender Warnhinweis darauf: „Die EU-Gesundheitsminister warnen – Leben führt unweigerlich zum Tod." Was hier so banal, ja beinahe blasphemisch klingt, enthält in Wirklichkeit eines der größten und undurchschaubarsten Geheimnisse. Und gleichzeitig eine Gewissheit, die niemand leugnen kann.

Es klingt unbarmherzig: Neun Monate, bevor wir in diese Welt hineingeboren werden, beginnt mit der Zeugung unaufhaltsam ein Programm abzulaufen. Und zwar für jeden von uns. Genauso, wie sich die Atome zu Molekülen, die Moleküle zu Zellen zusammenfinden, welche sich immer wieder teilen und dadurch unseren menschlichen Körper aufbauen, ist bereits zu diesem frühen Zeitpunkt unsere Auflösung vorprogrammiert. Ohne ihr Einhalt gebieten zu können, läuft die sprichwörtliche Uhr des Lebens stetig und unbeirrbar dem Ende entgegen.

Im Lauf seines Lebens kann sich der Mensch gegen eine große Anzahl von Krankheiten schützen. Mancher Seuche, die vor nicht allzu langer Zeit noch als Geißel der Menschheit wütete, konnte durch Impfung der Stachel gezogen werden. Je nach inneren Überzeugungen und persönlichen Präferenzen kann er sich gesund ernähren oder „vorbeugend" leben, unnötige Gefahren und Risiken bis zu einem gewissen Punkt vermeiden. Gegen den Tod aber scheint er völlig machtlos zu sein.

Der kommt nicht selten schnell und unerwartet daher. In Gestalt eines tragischen Verkehrsunfalls, eines tückischen Herzinfarktes oder auch einer gigantischen Naturkatastrophe. Unvergessen ist der Tsunami, der zu Weihnachten 2004 einen gewaltigen Blutzoll einforderte. Oder denken wir nur an die apokalyptisch über die ganze Menschheit hereingebrochenen Pandemien, ausgelöst durch das Corona-Virus oder ziemlich genau einhundert Jahre zuvor die Spanische Grippe. Und von einem Moment zum nächsten ist die Uhr abgelaufen.

Doch trotz aller Endgültigkeit und dem Anspruch auf letzte Absolutheit, die diese Erkenntnis in sich birgt, gibt es kaum ein anderes Gebiet, das so viele Fragen, Unsicherheit und auch Streitpunkte vereinigt wie dieses. Das beginnt mit der uns angeborenen Neugier, und hört auch mit dem problematischen Thema rund um die Entnahme von Spenderorganen noch lange nicht auf.

In Phasen verlaufendes Geschehen

Wenn auch bereits klinisch tote Patienten immer öfter durch erfolgreiche Reanimation ins Leben zurückgeholt werden, ist es genau betrachtet doch nur ein „Sieg auf Zeit". Zuletzt wartet jener irreversible Zustand, der das Erlöschen sämtlicher Lebensäußerungen des Organismus nach sich zieht.[2] Die Vorgange hierbei sind so komplex, dass ich an dieser Stelle um einige genauere Erklärungen nicht herumkomme.

Wie kann man also den Tod – ich benutze hier besser den Begriff des Sterbens, da es sich ja nicht um einen kurzen, genau zu bestimmenden Punkt handelt – möglichst exakt definieren? Am ehesten kann man das Sterben als ein in mehreren Phasen verlaufendes Geschehen begreifen, als eine Ereignisfolge, die auf der physiologischen wie auch auf der psychologischen Ebene abläuft.[24] An deren Ende steht dann der Tod als Zustand.

Jener endgültige Punkt, von dem aus keine Rückkehr möglich ist. Zumindest nicht in der bisher gelebten, körperlichen Existenz.

Auf den ersten Blick kann man ganz grob drei Phasen unterscheiden, in welchen der Tod noch besiegt werden kann. Es beginnt mit einem Grenzstadium, das durch den Stillstand von Atmung und Herztätigkeit gekennzeichnet ist. Bis vor ein paar Jahrzehnten war diese Phase noch die prägende Definition des Totseins. Mit dem Aufkommen einer immer ausgefeilteren Apparatemedizin aber gehört diese heute unwiderruflich der Vergangenheit an. Denn das Gehirn ist auf jeden Fall noch höchst aktiv, wie Messungen mit dem Elektro-Enzephalographen[3], der die elektrischen Aktivitäten im Gehirn misst, unschwer erkennen lassen.

Hierauf folgt eine als Agonie bezeichnete Phase, in der der Patient nicht mehr bei Bewusstsein ist und – diese Aussage indessen mit aller Vorsicht! – auch keine Schmerzen mehr empfindet. Wie die wörtliche Übersetzung des Begriffes Agonie schon vermuten läßt, befindet sich der Organismus in einem heftigen Kampf gegen den Tod. Eine schwere Problematik lag hier bis 1968 begründet, als in den meisten westlichen Ländern der sogenannte „Herztod" zur Bestimmung des exakten Todeszeitpunktes herangezogen wurde. Dabei ging es um die Spende von Organen. Wie viele Menschen während dieser Sterbephase regelrecht „ausgeschlachtet" wurden, weil die Ärzte ein nicht mehr schlagendes Herz als sicheres Zeichen für den bereits endgültig eingetretenen Tod ansahen, kann man kaum schätzen.

Bereits 1959 beschrieben französische Ärzte erstmals den Zustand des Gehirntodes, und bereits ein Jahr später definierte man die Bedingungen, die vorliegen müssen, um bei einem Patienten künstliche Lebenserhaltungssysteme abstellen zu dürfen. Hierzu gehören das völlige Fehlen von Reflexen und eigenständiger Atmung, die Nullinie im Elektro-Enzephalographen sowie fehlende Durchblutung im Gehirn.[43] Alle diese Bedingungen sind im Zustand der Agonie noch längst nicht erfüllt.

Als nächste Phase folgt der klinische Tod, welcher dem endgültigen Hirntod vorausgeht. Atmung, Herz und Kreislauf haben ihre Tätigkeit eingestellt.[2] Doch in allen diesen drei Phasen, die sich oft überschneiden und damit eine exakte Abgrenzung verkomplizieren, ist eine Wiederbelebung möglich. In Deutschland werden in jedem Jahr durchschnittlich 75.000 Menschen nach einem Herzstillstand reanimiert, von denen wiederum rund 5.000 Menschen auf Dauer überleben.[43] Aus diesem Stadium des klinischen Todes werden die meisten Nahtoderlebnisse berichtet.

Point of no return

Je eher die Wiederbelebungsmaßnahmen einsetzen, desto höher ist auch die Chance zu überleben. Und dies, wenn möglich, ohne bleibende Gesundheitsschäden. Bereits rund zehn Minuten nach einem Herzstillstand – und damit ohne Sauerstoffversorgung – beginnen im Gehirn die ersten Nervenzellen abzusterben, und es treten irreparable Schäden auf. Zum anderen gelang es 2019, das Herz einer Britin nach vollen sechs Stunden wieder zum Schlagen zu bringen.

Wann dieser „Point of no return" erreicht ist, der als unumkehrbarer Punkt im Sterbeprozess gilt, ist trotz aller Fortschritte der Heilkunst noch immer ein immenser Unsicherheitsfaktor. Denn es sind sogar einzelne Fälle vermeintlich hirntoter Patienten belegt, die wieder aufwachten. In Anbetracht solcher Begebenheiten äußerte sich der Intensivmediziner Dr. Eric Baccino, der an der Universitätsklinik Montpellier arbeitet, schon beinahe resigniert: „Eine biologisch exakte Definition des Todes ist unmöglich.[43]

Dass irgendwann schließlich der Hirntod eintritt, ist trotz aller Grauzonen eine unumstößliche Realität. Und was wiederum danach mit uns geschieht, stellt noch immer eines der größten, wie kaum ein anderes Thema kontrovers diskutiertes Rätsel dar, das zu lösen unzählige geniale Geister umgetrieben hat. Lebt unsere Persönlichkeit in einer wie auch immer gearteten jenseitigen Welt weiter? Und wie sieht es dort aus?

Die sogenannte Jenseitsforschung hat sich die Klärung solch existentieller Fragen auf die Fahnen geschrieben und legt dabei großen Wert auf die Feststellung, mit esoterischen Lehren wie dem Okkultismus oder dem Spiritismus nichts gemeinsam zu haben.

Die exakten Naturwissenschaften, allen voran die Physik, haben auf den ersten Blick nicht allzu viel beizutragen – außer der im Satz von der Erhaltung der Energie festgeschriebenen Erkenntnis, dass in diesem Universum nichts verloren gehen kann. Und trotzdem war es ein Physiker, der einem Beweis für das Weiterbestehen der

Seele, der Persönlichkeitsstruktur, oder wie immer wir dies bezeichnen wollen, ein bedeutendes Stück näher gekommen sein dürfte.

Hinter dem Horizont

Alles begann damit, dass der britische Neurologe Dr. Walter Grey aus dem südwestenglischen Bristol eine Apparatur erfunden hatte, die offenbar auf Gehirnwellen reagierte. Das weckte die Aufmerksamkeit eines Physikers und Kybernetikers mit dem Namen Jean Jacques Delpasse, der die Experimente von Dr. Grey voller Interesse verfolgte und später weiterentwickelte.

Der Arzt aus Bristol ließ eine Versuchsperson, deren Gehirnstromkurven durch Elektroden an einen Elektroenzephalographen, kurz auch EEG, weitergeleitet und aufgezeichnet wurden, immer wieder dieselbe simple Tätigkeit ausführen. Der Proband musste nämlich ein Fernsehgerät einschalten. Bereits nach kurzer Zeit registrierte das EEG, dass jedes Mal schon vor dem Einschalten des Fernsehers ein Stromstoß im Gehirn der Testperson entstand. Diese ungewöhnliche elektrische Entladung bezeichnete Dr. Grey als „Bereitschaftswelle“. Dann änderte der Neurologe seine Versuchsanordnung.

Nun wurden die Elektroden statt mit dem EEG direkt mit dem Fernseher verbunden und die Bereitschaftswelle, die regelmäßig und zuverlässig im Gehirn entstand, elektronisch verstärkt. Es schien unglaublich: Schon bald konnte der Proband das Fernsehgerät alleine dadurch einschalten, indem er nur daran dachte, dies zu tun! Auslöser war die im Augenblick des Gedankens entstandene Bereitschaftswelle. Und hier kam nun der Kybernetiker Delpasse ins Spiel. Aus den Versuchsergebnissen folgerte er, dass es durch die ständigen Wiederholungen zur Bildung von sogenannten Gedächtnismolekülen gekommen war. In diesen sei die Bereitschaftswelle als fester Bestandteil des Gedächtnisses im Gehirn integriert worden.

Durch diverse Tierversuche wissen wir heute, dass Gedächtnisinhalte in Form von Molekülen existieren - und sogar essbar sind. So fanden beispielsweise untrainierte Ratten ebenso schnell aus einem Labyrinth heraus wie ihre zuvor trainierten Artgenossen, wenn man ihnen die pulverisierten Gehirne der trainierten Ratten zu fressen gab.[53]

Etwas ähnliches kennt man übrigens auch aus der Genetik. Wissenschaftler am Tübinger Max-Planck-Institut fanden heraus, dass selbst traumatische Erlebnisse im menschlichen Erbgut gespeichert und auf die Nachkommen vererbt werden.[54] Doch zurück zu jenen Versuchen, zu denen Jean Jacques Delpasse durch die Entdeckungen des Dr. Grey angeregt wurde.

Durch Dr. Greys Erfolge sah Delpasse eine reelle Chance, die Spuren der Seele aufzunehmen, wenn diese nach dem physischen Ableben den Körper verlassen hat. Wenn es also für den Geist oder das Bewusstsein „hinter dem Horizont" tatsächlich weitergeht, muss er als eine energetische Struktur erhalten bleiben. Folglich müsste es machbar sein, einen bestimmten Teil des Bewusstseins, und zwar das Gedächtnis, über den Tod hinaus zu markieren. Dank Dr. Greys Versuchen mit dem Einschalten des Fernsehers bekam Delpasse sogar eine Vorstellung, wie dies zu realisieren wäre. Fürs erste jedoch nur theoretisch, denn die Testperson müsste ein Sterbender sein. Starker Tobak, und ganz klar gegen alle Regeln der Ethik.

Bio-Feedback

Experimente mit Sterbenden durchzuführen, ist nicht so ohne weiteres möglich. Zumindest nicht offiziell. Hier kam Delpasse jedoch ein glücklicher Umstand zugute. Bei einem Symposium zum Thema Kybernetik[3] traf er auf den Neurologen Professor William Jongh van Almsynck. Der berichtete ihm über eine Technik, die er als einer der ersten Mediziner praktisch, also an Patienten, anwandte: Bio-Feedback.

Was ist hierunter zu verstehen? Bio-Feedback ist ein Rückkopplungsvorgang, bei dem unbewusste Körperfunktionen sichtbar gemacht werden. Damit soll die Versuchsperson ihre Reaktionen kontrollieren und lernen, normalerweise unbewusste Funktionen bewusst zu steuern.[1] Heute ist Bio-Feedback eine allgemein anerkannte Therapiemethode für unterschiedliche Krankheitsbilder – allen voran Bluthochdruck (Hypertonie), Migräne oder nervöse Störungen.

Professor Jongh van Almsynck konstruierte für seine an Hypertonie erkrankten Patienten Blutdruckmessgeräte, die jede Änderung des Blutdruckes akustisch anzeigten. Stieg dieser, erfolgte ein schriller und auf die Nerven fallender Ton. Ging er stattdessen nach unten, gab das Messgerät einen sanften glockenartigen Klang von sich. Bereits nach einer kurzen Gewöhnungsphase waren die Patienten in der Lage, ihren Blutdruck allein dadurch unter Kontrolle zu halten, indem sie den angenehmen Ton hören wollten, aber nicht die schrille Kakophonie. Almsyncks Patienten waren mithin die ersten, bei denen Bio-Feedback erfolgreich als Therapiemethode zur Anwendung gelangte.[53]

Als der Neurologe auf dem eingangs erwähnten Symposium über sein Forschungsgebiet referierte, war Delpasse begeistert. Nun sah er eine Möglichkeit, seine kühnen Vorstellungen endlich zu verwirklichen. Und noch ein Umstand sollte ihm zugute kommen: Alle Patienten, mit denen Professor Almsynck arbeitete, litten unter starkem Bluthochdruck. Einer Krankheit, die nicht selten zum Gehirnschlag oder gar zum Tod führte. So fand er plötzlich ideale Voraussetzungen für einen Versuch, der in der Folge als „Delpasse-Experiment" bekannt werden sollte.

Signal aus dem Jenseits

Falls Professor Almsynck dazu bereit sein sollte – so waren die Überlegungen des Kybernetikers –, in dessen Versuchsreihen auch das Experiment von Dr. Grey einzubauen, könnten sie einen entscheidenden Schritt vorwärtskommen. Denn sie brauchten sich nicht mehr auf die Suche nach einer sterbenden Versuchsperson machen, um der Seele nachzuspüren. Bei den Vorerkrankungen lag es nämlich durchaus im Bereich des Möglichen, dass eine dieser Testpersonen das Zeitliche segnete.

Und tatsächlich ließ sich Almsynck auf die makabre Anregung von Delpasse ein. Ebenso dessen Patienten, denen es sogar eine richtige Freude bereitete, den aus dem Grey-Versuch übernommenen Bildschirm durch ihre bloße Willenskraft einzuschalten. Es bedeutete für jene Patienten, die körperlich schon geschwächt waren, wahrhaft eine Erleichterung. Und dann gelang den beiden Forschern tatsächlich das bis dahin Undenkbare: Die Grenze zum Jenseits zu durchbrechen.

Eine 67jährige Patientin mit extremen Blutdruckwerten hatte eine lebensbedrohliche Massenblutung erlitten. Um ihre Gehirnaktivitäten zu überwachen, wurde sie an ein EEG angeschlossen, das wiederum mit der schon vertrauten Versuchsanordnung nach Dr. Grey gekoppelt war. Allen ärztlichen Bemühungen zum Trotz war das Leben der Patientin nicht mehr zu retten. Ihre Gehirnströme erloschen. Doch im Augenblick ihres Hirntodes wurde die Bereitschaftswelle aktiviert, und das Fernsehgerät schaltete sich ein.[55]

Für die beiden Experimentatoren war klar: Dieser unerhörte Vorgang manifestierte das Hinüberwechseln einer offenbar nicht zerstörbaren Energie in eine andere, „jenseitige“ Daseinsform. Nun fehlte nur noch der endgültige Beweis dafür dass der Geist nicht an die Materie gebunden ist: Das Weiterbestehen des Signales auf der anderen Seite. Wie aber könnte man dieses orten, nachdem bei ihrer Patientin der endgültige Sterbeprozess bereits abgeschlossen war?

Ein weiteres Mal kam hier die moderne Technik zum Einsatz. Professor Jongh van Almsynck hatte nämlich im Verlauf seiner Versuchsreihen eine elektromagnetische Strahlungsquelle erfunden, mit der es eine ganz besondere Bewandtnis hatte. Bei Anwendung der Bio-Feedback-Methode tritt hier und da ein Ermüdungseffekt auf, der zur Folge haben kann dass die Fähigkeit zur Erzeugung von Gehirnströmen drastisch abnimmt. In diesem Fall also jener Bereitschaftswelle, die zum Einschalten der TV-Geräte dringend notwendig war. Abhilfe schaffte die besagte Strahlungsquelle, die die erlahmenden Kräfte wieder aktivierte.

Und genau dieses elektromagnetische Hilfsmittel einzusetzen entschloss sich der Professor, nachdem die gerade erst verstorbene Patientin das Fernsehgerät eingeschaltet hatte. Der Erfolg ließ nicht auf sich warten: Es gelang tatsächlich, die Bereitschaftswelle bei ihr, deren Tod endgültig eingetreten war, noch einmal in Gang zu setzen. Man hatte es geschafft, der erhalten gebliebenen Persönlichkeitsstruktur jener verstorbenen Patientin ein „Signal aus dem Jenseits" zu entlocken.[53]

Letzter Auftritt

Ohne sich zu weit auf das Gebiet des Okkultismus respektive des Spiritismus begeben zu wollen, muss es doch irgendwie möglich sein, das „Jenseits" zu fassen zu bekommen. Das beschriebene Delpasse-Experiment vermag uns sicher keine konkrete Vorstellung zu vermitteln, wie es „da drüben" wohl aussehen und zugehen mag. Doch es ist zumindest ein schwerwiegendes Indiz für die Existenz einer anderen Daseinsebene. Die jenem Teil von uns, der den physischen Tod überlebt, zu der Heimat wird, welche auf die irdische folgt.

Doch wo mag dieses Jenseits liegen? Bestimmt nicht im Himmel einer naiven Vorstellungswelt, in der die „Engel" Harfe spielend und Manna trinkend auf einer Wolke sitzen, um ein religiös-volkstümliches Bild zu bemühen. Viel eher könnten jene Denkmodelle zutreffen, wie wir sie der modernen Physik verdanken. Ich halte es für grundsätzlich im Bereich des Möglichen, dass dieses ominöse Jenseits gar nicht so weit von uns entfernt zu finden ist. Die Hypothese der Parallel-Universen könnte uns hier ein gutes Stück wieterführen. Ganz einfach ausgedrückt, handelt es sich um praktisch mit unserer Daseinsebene „verschachtelte“ und parallel existierende Realitäten, die nur minimale Schwingungsdifferenzen von der unsrigen trennen.[56]

Mehr würde ich beim derzeitigen Wissensstand nicht mutmaßen, ohne mich zu weit aus dem Fenster zu lehnen. Was allerdings so gut wie sicher sein dürfte, ist, dass die Grenzen zwischen den beiden Daseinsebenen zuweilen verschwimmen.

Und es scheint auch keinesfalls eine Einbahnstraße zu sein, die zwischen der diesseitigen und jener anderen Welt verläuft. Das Thema der Nahtoderfahrungen habe ich bereits, wie ich hoffe, erschöpfend abgehandelt. Doch nicht weniger häufig als solchen Erlebnissen stehen wir einem Phänomen gegenüber, das in gewisser Weise in umgekehrter Richtung verläuft. Sollten sich nicht Tausende von Augenzeugen über Jahrhunderte hinweg aufs Gröbste getäuscht haben, oder Teil einer gewaltigen Verschwörung sein, der Welt Lügenmärchen aufzutischen, dann ist es Realität, dass Menschen im Augenblick ihres Todes ihren Mitmenschen gewissermaßen als Doppelgänger erscheinen. Zum Abschied ein allerletzter Auftritt, wenn man so will. Und das oft über große Distanz hinweg. Nach Ansicht etlicher Parapsychologen wären dann Seele oder Astralleib in der Lage, sich völlig über alle Gesetze von Zeit und Raum hinwegzusetzen.

Besonders aus Kriegszeiten liegen uns ungezählte Erlebnisse dieser Art vor. Eins davon geschah am 25. Februar 1944, etwa eine Stunde nach Mitternacht. Ein eiskalter Hauch streifte das Gesicht von Annemarie Wenke, die dadurch von einem Augenblick zum nächsten hellwach wurde. „Ich bin es“, hörte sie eine vertraute Männerstimme rufen.

Als Frau, die mit beiden Beinen fest auf dem Boden der Tatsachen steht, dachte Annemarie zuerst an eine Sinnestäuschung, die ihr da einen perfiden Streich gespielt hat. Voller Schreck setzte sie sich im Bett auf und sagte: „Erich, du?“ Was sie im nächsten Augenblick zu sehen bekam, schnürte ihr die Kehle zu. Ganz dicht an ihrem Bett stand ihr Mann. Sie konnte ihn beinahe mit den Händen berühren. Dr. Erich Wenke war Oberstabsarzt in einem Lazarett an der Ostfront. Da Deutschland militärisch immer mehr in die Defensive geraten war, hatte Dr. Wenke schon seit mehr als einem Jahr keinen Heimaturlaub mehr bekommen. Immer mehr Soldaten kamen von der Front, die versorgt werden wollten, und die ihre schweren Verwundungen trotz aller ärztlichen Bemühungen oft nicht überlebten.

Nun fiel Annemaries Blick auf die rechte Schläfe ihres Gatten, auf der eine blutige Wunde klaffte. Übergroß waren dessen Augen auf sie gerichtet. Es war ein unsagbar trauriger Anblick. Dann löste sich die Gestalt wieder auf.

Die Frau war vor Entsetzen wie gelähmt und starrte noch minutenlang auf jene Stelle neben ihrem Bett, wo die Erscheinung gestanden hatte. War es ein Alptraum, eine Halluzination? Kaum möglich, denn Annemarie Wenke war hellwach. Als ihr Blick auf das Zifferblatt ihres Weckers fiel, registrierte sie die Zeit: Es war genau ein Uhr und drei Minuten am Morgen. Der Tag hatte eben erst begonnen.

An Einschlafen war in dieser Situation nicht mehr zu denken. So stand Annemarie auf und eilte hinauf in das erste Stockwerk des Hauses, in dem ihre Schwiegermutter schlief. In heller Aufregung weckte sie diese und berichtete mit bebender Stimme, was ihr gerade widerfahren war. Bestürzt entgegnete die Mutter des Arztes, dass die nächtliche Begegnung sicher nichts Gutes zu bedeuten habe.

Die folgenden Tage vergingen in quälender Ungewissheit. Dann endlich, vier Tage später, erhielten die beiden Frauen die erschütternde Nachricht, dass Oberstabsarzt Dr. Erich Wenke am 25. Februar 1944 gefallen sei. Das Lazarett in dem er gearbeitet hatte, war von der russischen Artillerie beschossen worden. Neben dem Arzt waren bei dem Angriff zahlreiche verwundete Soldaten umgekommen.

Der Tod des „großen Schweigers“

Ein paar Wochen später erschien ein Kamerad des Doktors bei dessen Witwe, und brachte ihr ein paar persönliche Gegenstände des Getöteten. Annemarie fragte den Kollegen, der in demselben Lazarett als Stabsarzt tätig war, nach dem Zeitpunkt des Todes. „Das kann ich Ihnen sogar genau sagen“, antwortete dieser. „Es war nachts, kurz nach ein Uhr.“[57]

Eine berühmte Persönlichkeit der deutschen Geschichte steht gleichfalls im Mittelpunkt eines solchen, äußerst unheimlichen Geschehens. Helmuth Graf von Moltke (1800 – 1891), hochdekorierter preußischer Generalfeldmarschall und glänzender Stratege, erschien im Augenblick seines Sterbens zwei Offizieren geradezu „lebensecht“ als Doppelgänger.

Es war der 24. April 1891. Nach einem sonnigen Frühlingstag hatte sich sanft die Abenddämmerung über Berlin gesenkt. An jenem Abend lauschte der greise Heerführer einem zu seinen Ehren gegebenen Hauskonzert. Friedrich August Dressler, langjähriger Freund des Grafen Moltke, saß am Flügel, und Moltkes Sohn, der ebenfalls Helmuth hieß, spielte Cello. Tief in Gedanken, ruhte der Generalfeldmarschall in seinem Armsessel, als die „Cello-Sonate“ von Frederic Chopin erklang.

Was in den darauffolgenden Minuten geschah, darüber berichtete Helmuth Moltkes Biograf Eckart von Naso (1888 – 1976): „Mit großen und seltsam leuchtenden Augen hörte er zu. Dann, mitten beim Musizieren, erhob er sich und verließ den Raum. Da blies der sanfte Tod den Feldherrn an. Die Augen schlossen sich und er seufzte noch einmal tief auf, als die Last von ihm abfiel. Er war gestorben, wie er gelebt hatte – still, einsam und ohne Aufhebens zu machen und voller Bescheidenheit.“[58]

Im gleichen Moment verließen zwei Offiziere der Kavallerie, Maximilian Prinz zu Hohenlohe und Harald Graf von der Gröben, das Generalstabsgebäude am Königsplatz. Sie wollten gerade zum Abendessen gehen und freuten sich auf eine gute Flasche Wein, denn sie hatten an diesem Tag lange gearbeitet. Kaum waren sie aus der Türe herausgetreten, als sie den Generalfeldmarschall auf sich zukommen sahen. Beide Offiziere nahmen auf der Stelle Haltung an, und auch die Wachen am Portal präsentierten das Gewehr. Helmuth von Moltke, der weder Mütze noch Degen trug, erwiderte jedoch den Gruß der Offiziere und den Salut des Postens nicht. Grußlos war der „große Schweiger" an ihnen vorbeigegangen. „Er war mit erhobener Stirn vorübergeschritten", schrieb Eckart von Naso in Moltkes Biografie. „Und da ihre Blicke ihn suchten, so fanden sie ihn nicht mehr."[58]

Die Nachricht vom Tod des alten Feldherrn verbreitete sich im kaiserlichen Berlin in Windeseile. Später konnte dann festgestellt werden, dass Helmuth Graf von Moltke exakt in derselben Minute dahingeschieden war, als ihm die zwei Offiziere wie auch der Wachposten leibhaftig am Generalstabsgebäude, dem Ort seines früheren Wirkens, begegnet waren.

Jenes unheimliche Phänomen des „Doppelgängers" im Angesicht des Todes kennt man aus allen Zeiten und allen Ländern unserer Welt. Ich möchte es hier mit diesen beiden Beispielen bewenden lassen. Der Vollständigkeit zuliebe möchte ich trotzdem anmerken, dass derartige Erscheinungen nicht auf den Augenblick des Scheidens von dieser Welt beschränkt sind. Manchmal bewirken auch akut drohende Gefahren, dass sich ein nichtmaterieller Teil des Körpers löst, um für andere Personen sichtbar zu werden. Die parapsychologische Forschung kennt zahllose gut bezeugte Fälle, wo so etwas auch ohne irgendeinen dramatischen Hintergrund stattfindet. Die Eignung, zur gleichen Zeit an mehreren Orten präsent zu sein, wird als Bilokation bezeichnet. Erstaunlicherweise findet man diese Fähigkeit überdurchschnittlich oft bei Personen, die eine starke religiöse Prägung besitzen.[56] Unter ihnen war die Franziskanernonne Maria Coronel de Agreda, die auf regelrechten „Missionsreisen" in die Neue Welt den Indianerstamm der Jumanos zum Christentum bekehrte.[59] Oder auch Francesco Forgione (1887 – 1968), der als Pater Pio Berühmtheit erlangte und anderen Menschen in Stunden ihrer Not beistand.[60]

Doch kehren wir zurück zu jenen seltsamen Eskapaden, zu denen der Mensch in der Stunde seines Ablebens, dem Hinüberwechseln ins Jenseits, fähig ist. Und zuweilen auch darüber hinaus ...

Geisterfotos

Wer hat sie nicht schon zu Gesicht bekommen, diese ominösen „Geisterfotografien", die schon bald von sich reden machten, nachdem unter anderen die zwei Franzosen Joseph Nicephore Niepce (1765 – 1833) und Louis Jacques Daguerre (1787 – 1851) die Fotografie erfunden haben?[2] Hier gilt es ganz besonders, die sprichwörtliche „Spreu vom Weizen" zu scheiden, denn immer wieder wurden teilweise plumpe Fälschungen produziert. Gleichwohl existieren zahlreiche eindrucksvolle wie überzeugende Aufnahmen, die äußerst verblüffend und nicht so einfach von der Hand zu weisen sind.

Recht häufig stammen sie aus England – geradezu das klassische Land unheimlicher Erscheinungen –, und nicht selten entstanden sie in Kirchen und Klöstern.

Man schrieb das Jahr 1940, als es einem Rechtsanwalt gelang, in der Kirche des Heiligen Nicholas zu Arundel in der Grafschaft Sussex, eine menschliche Gestalt vor dem Altar zu fotografieren. Diese ist gut auf dem Bild erkennbar, und man kann sie am ehesten mit einem knienden Priester oder Mönch vergleichen, der still in sein Gebet versunken scheint. Noch deutlicher zu erkennen ist eine gespenstische Erscheinung mit hohlen Augen, die ein Pfarrer in einer Kirche in der Grafschaft Yorkshire festhielt.[61]

Bei solchen Aufnahmen kann man – natürlich zuerst deren Echtheit vorausgesetzt – allenfalls spekulieren, wer diese Gestalten zu ihren Lebzeiten waren. Und ob sie in irgendeinem Zusammenhang mit den Örtlichkeiten stehen.

Um einiges interessanter und aussagekräftiger sind da schon

Aufnahmen, auf denen sich die darauf abgebildeten Personen eindeutig identifizieren lassen. Dies hilft, Zweifel bereits vorab auszuräumen. Ein entsprechend gut dokumentierter Fall aus jüngerer Zeit lässt uns noch ein wenig in „Spooky old England“ verweilen.

Die „Zündlerin“

Am 19. November 1995 brannte die Stadthalle von Wem, in der westenglischen Grafschaft Shropshire, nördlich von Shrewsbury und nahe der Grenze zu Wales gelegen, bis auf ihre Grundmauern nieder. Das Spektakel lockte, wie sowas heute bei Katastrophen leider zur Regel geworden ist, zahllose Schaulustige an. Diese wollten sich natürlich nicht entgehen lassen, wie das im Jahre 1905 erbaute Gebäude ein Raub der Flammen wurde.

Unter den Anwesenden befand sich auch ein gewisser Tony O'Rahilly, der mit seinem Teleobjektiv von 200 Millimetern Brennweite ein paar gute Aufnahmen schoss. Eines der Fotos läßt Unglaubliches erkennen. Hierauf ist ein junges, teilweise „durchscheinendes“ Mädchen zu erkennen, das an einer Brüstung bei einem Durchgang steht. Dabei scheint es Mister O'Rahilly, der es beim Fotografieren überhaupt nicht wahrgenommen hatte, mit einem durchdringenden Blick anzustarren.

Wer war dieses geheimnisvolle Mädchen? Kam sie bei der vernichtenden Feuersbrunst auf tragische Weise ums Leben? Und was hatte sie überhaupt in der Stadthalle zu suchen? Wie bei derartigen Schadensereignissen üblich, rückten gleich nach dem Ende der Löscharbeiten die Brandfahnder der Feuerwehr und der Polizei aus, um mit ihren Ermittlungen zur Ursache des Brandes zu beginnen. Standardmäßig drehten sie das Unterste zu oberst, und durchkämmten alles das akribisch, was die Flammen übriggelassen hatten. Von einer verkohlten Leiche aber, deren Fund nach Lage der Dinge zu befürchten gewesen wäre, fand sich nicht die geringste Spur. Das Ganze war, gelinde gesagt, äußerst mysteriös und „roch“ nach einer verschleierten Straftat.

Nach einiger Zeit konnte der Fall gelöst werden. Aber nicht von den in normalen Fällen für solche Ermittlungen zuständigen Behörden. Der Fotograf aus Wem legte sein Material nämlich der Britischen Gesellschaft zur wissenschaftlichen Erforschung von anomalen Phänomenen vor. Diese wiederum beauftragte Dr. Vernon Harrison, vormals Präsident der „Royal Photographical Society" und ausgewiesener Foto-Experte, mit der Analyse des Fotos. Dr. Harrison untersuchte sowohl den Abzug, als auch die Original-Negative des gesamten Filmstreifens mit größter Sorgfalt. Und er kam zu der Überzeugung, dass diese Aufnahme echt sei. „Das Negativ ist ganz klar Teil eines Schwarz-Weiß-Filmes. Und nichts deutet darauf hin, dass daran in irgendeiner Weise manipuliert wurde", schloss er aus seinen Untersuchungen.

Schließlich fand man heraus, wer das geheimnisvolle junge Mädchen gewesen ist. Ein Blick in ganz alte Chroniken des Städtchens brachte die Ermittler auf die richtige Spur. In der Vergangenheit war dieser ruhige Marktflecken in Shropshire nämlich schon einmal durch einen Großbrand in Mitleidenschaft gezogen worden. Wie aus den historischen Aufzeichnungen aus dem Jahr 1677 hervorging, zerstörte das damalige Feuer die Mehrzahl der aus Holz gebauten Häuser von Wem.

Ein junges Mädchen mit dem Namen Jane Churm war die unglückselige „Zündlerin". Mit einer Kerze hatte sie unachtsamerweise ein Strohdach in Brand gesetzt und so die schreckliche Katastrophe verursacht.[62] Über den Rest kann man allenfalls spekulieren. Wurde Jane durch das neuerliche Feuer des Jahres 1995 aus ihren jenseitigen Gefilden gelockt, oder welche Gründe mögen sonst hinter dem Auftauchen jenes glücklosen Mädchens auf dem Foto stecken?

Die Toten in den Wellen

Um ein Vielfaches spektakulärer war eine ganze Serie mysteriöser Episoden, bei denen zahlreiche Augenzeugen wiederholte Male eindeutig menschliche Züge erblickten. Die eigentlich gar nicht dort gewesen sein durften, wo sie in schöner Regelmäßigkeit erschienen. Das Phänomen, ein echtes „Ding der Unmöglichkeit", konnte aufgrund seiner Zuverlässigkeit sogar fotografiert werden, was es zusammen mit den vielen Augenzeugenberichten de facto unangreifbar macht.

Das verwirrende Geschehen betrifft die unheimlichen „Phantomgesichter", die hinter dem Tankschiff „S.S. Watertown" herzuschwimmen pflegten. Sie konnten, in Kenntnis vorangegangener tragischer Ereignisse, auch zweifelsfrei bestimmten Personen zugeordnet werden. Der paranormale Ursprung der Erscheinungen kann gleichwohl nicht bestritten werden. Selbst bei großzügigster psychologischer Deutung ist es unserem spärlichen Schulwissen nicht zugedacht, dieser rätselhaften und längere Zeit wiederkehrenden Serie von Beobachtungen mit den vielzitierten „natürlichen" Erklärungen beizukommen. Für Skeptiker eine wirklich harte Nuss.

Besagte „S.S. Watertown" gehörte der Reederei „Cities Services Company", die ihren Firmensitz in New York hatte. Im Dezember des Jahres 1929 befand sie sich auf der Fahrt von San Pedro in Kalifornien zum Panama-Kanal, den sie auf ihrer Route zum Golf von Mexiko passieren sollte. Die zwei Matrosen James T. Courtney und Michael Meehan mussten die Tanks des Schiffs reinigen, welches kurz vorher seine Benzinladung gelöscht hatte. Was bei der Arbeit schief gegangen war, lässt sich heute nicht mehr in allen Einzelheiten rekonstruieren. Es spricht alles dafür, dass die beiden Seeleute zu leichtsinnig vorgegangen waren. In den leeren Tanks hatten sich hochgiftige Benzindämpfe breitgemacht, an denen sie letztlich erstickt waren.

Als man sie entdeckte, kam jegliche Hilfe zu spät. Einen Hafen in Mexiko anzulaufen, hätte einerseits den engen Terminplan durcheinandergebracht, wie auch dem Kapitän jede Menge Ärger und Schreibkram beschert. Deshalb entschloss man sich, James Courtney und Michael Meehan am 4. Dezember 1929 bei Sonnenuntergang vor der Westküste Mexikos, in internationalen Gewässern, zu bestatten. Und zwar auf Seemannsart, also in Leintücher eingewickelt und in einer Wassertiefe von 1.400 Fuß, was etwa 420 Metern entspricht.

Bereits am darauffolgenden Abend beobachtete der Erste Offizier kurz vor Einbruch der Dämmerung einen wahrhaft gespenstischen Anblick. Vor der Backbordreling, genau dort, wo am Abend zuvor ihre Leichname ins Meer geglitten waren, dümpelten deutlich die Bilder der Köpfe beider toten Matrosen inmitten der Wellen. Während die „Köpfe" dem Tanker zu folgen schienen, waren die Gesichter der Toten genau zu erkennen. Eine Verwechslung war absolut ausgeschlossen.

Wie ein Lauffeuer verbreitete sich das Gerücht von der Erscheinung unter der Mannschaft. Bis das Tankschiff den Panama-Kanal erreichte, hatten schon beinahe alle Besatzungsmitglieder die gruseligen Köpfe gesichtet. Was das bei den ohnehin abergläubischen Seeleuten auslöste, kann man sich mit wenig Phantasie ausmalen.

... dann tauchten sie wieder auf

Dieses unheimliche Szenario schien das Schiff nun buchstäblich zu verfolgen. Denn die Gesichter von Meehan und Courtney erschienen in der Folge jeden Tag zwischen dem späten Nachmittag und der abendlichen Dämmerung – also dem Zeitpunkt ihrer Bestattung auf hoher See. Der Abstand zwischen den Köpfen betrug ungefähr drei Meter, und sie „schwammen" gut zehn Meter hinter dem Schiff her. Sie waren bis zu zehn Sekunden lang sichtbar. Danach schienen sie sich wieder aufzulösen, um kurz darauf erneut sichtbar zu werden. Sie waren um einiges größer als „in natura", und man hatte den Eindruck, als würden die Wellenkämme sie tragen. Die mysteriöse Erscheinung verschwand, sobald der Benzintanker den Pazifischen Ozean verlassen hatte und in den Panama-Kanal eingefahren war.

Der nächste Hafen, den das Tankschiff anlief, war New Orleans.

Sofort nach ihrer Ankunft erstatteten Kapitän Keith Tracy und Bordingenieur Monroe Atkins bei der dortigen Zweigniederlassung ihrer Reederei ausführlich Bericht über das rätselhafte Geschehen. James S. Patton, ein leitender Angestellter der Cities Services Company, zeigte sich ganz besonders interessiert an dem Phänomen. Er fragte nach, ob man schon versucht habe, die Köpfe zu fotografieren. Daraufhin erklärte Kapitän Tracy, der Maat – das ist der Erste Offizier an Bord eines Schiffes – hatte dies zwar angeregt, doch bedauerlicherweise hatte von den Seeleuten niemand einen Fotoapparat dabei.

So bekam der Maat vor dem neuerlichen Auslaufen der „Watertown" eine einwandfrei funktionierende Kamera. James S. Patton steuerte einen fabrikneuen Film bei. Dann ging es wieder durch den Panama-Kanal in Richtung Westen. Kaum hatte der Tanker den Pazifischen Ozean erreicht, da tauchten auch schon wieder die unheimlichen Köpfe in den Wellen auf.

Kapitän Tracy zückte die Kamera und machte insgesamt sechs Aufnahmen. Dann schloss er den Fotoapparat mitsamt dem hierin befindlichen Film in den Tresor seiner Kabine ein. Als das Schiff erneut in New Orleans einlief, begab sich Patton damit persönlich in die Firmenzentrale in New York und lieferte ihn dort ab. Ein Berufsfotograf entwickelte ihn auf der Stelle. Fünf der Abzüge ließen absolut nichts Ungewöhnliches erkennen. Das letzte Bild aber erwies sich als schlichtweg sensationell. Deshalb habe ich es in den Bildteil dieses Buches aufgenommen.

Über den Tod hinaus

Von der Backbord-Reling aus erkennt man deutlich die beiden Gesichter. Dabei wirkt James Courtneys Kopf nicht ganz so originalgetreu wie der des glatzköpfigen Michael Meehan, welcher so erstaunlich echt wie zu Lebzeiten aussieht.

James Patton ließ überdies Negative und Abzüge aller Bilder durch Foto-Experten des New Yorker Detektivbüros Burns prüfen.

Dessen Gutachten kam zu dem Schluss, dass es sich keinesfalls um eine Fälschung handeln könne.

Als die „S.S. Watertown“ nach dem tragischen Tod der beiden Matrosen ein drittes Mal auslief, konnte man die rätselhaften Gesichter nur noch wenige Male sehen. Und nach dieser Fahrt war der „Spuk“ offenbar vorüber. Denn obgleich sämtliche Besatzungsmitglieder mit voller Konzentration Ausschau hielten, beobachtete niemand mehr die Köpfe.

Das Mysterium geriet dennoch nicht in Vergessenheit. In der Ausgabe vom Februar 1934 der Firmenzeitschrift „Service“ wurde das Foto gemeinsam mit der tragischen Geschichte veröffentlicht. Zwei weitere Berichte erschienen in der Zeitschrift „Pageant“, Ausgabe vom März 1945, und im Dezember 1963 in dem weltbekannten Magazin „FATE“, welches sich mit den großen, ungelösten Rätseln und Mysterien zwischen Himmel und Erde befasst. Sowie in einer Reihe von Büchern; erstmalig 1946 in Hereward Carringtons „The Invisible World“ und ein Jahr später in „Forgotten Mysteries“ von R. DeWitt Miller. In den 1960er Jahren griff Vincent Gaddis das Thema noch einmal in seinem Buch „Invisible Horizons“ auf. Ferner hing eine Vergrößerung der Fotografie noch mehrere Jahre lang in der Empfangshalle der Firmenzentrale der „Cities Services Company“ in New York.[63,64,65]

Welche geheimnisvollen, unerforschlichen Auslöser mögen dazu geführt haben, dass die Gesichtszüge beider Matrosen deutlich sichtbar von jenem Element gebildet wurden, das ihre sterblichen Hüllen aufgenommen hatte? Gibt es so etwas wie die Macht des Geistes über die Materie auch über den Tod hinaus? Etwas anderes wäre als Erklärung hierfür schwer vorstellbar. Und das viel zu häufig geäußerte Argument, es handle sich um optische Täuschungen oder sogar um ein Schwindelmanöver, darf in diesem Fall kategorisch abgelehnt werden. Die meisten Besatzungsmitglieder der „S.S. Watertown“ wurden zu Augenzeugen der unheimlichen Erscheinung. Und zwar immer an derselben Stelle im selben Teil des Pazifiks vor der Westküste von Mexiko, in der die sterblichen Hüllen von James T. Courtney und Michael Meehan der See übergeben worden waren.

Die beiden Gesichter wurden auch stets gleichzeitig gesehen, und die Fotografie zeigt die Köpfe exakt in jener Konstellation, in der sie durch die Augenzeugen wahrgenommen wurden. Zum Verdruß der Skeptiker gleichen die Gesichtszüge beider Köpfe im Wasser haargenau dem tatsächlichen Aussehen der zwei Seeleute zu Lebzeiten. Der Fall dieser „Phantomgesichter“ auf hoher See blieb bis zum heutigen Tage unvergleichlich. Schickten die beiden so tragisch ums Leben Gekommenen vielleicht einen „letzten Gruß aus dem Jenseits“?

Dass unsere Beziehungen zu einer anderen, jenseitigen Daseinsebene, die womöglich parallel zu der unsrigen existiert, beileibe keine „Einbahnstraße“ ist, habe ich schon kurz angemerkt. Die moderne Technik hat uns sogar den Weg geebnet, in eine regelrechte Kommunikation mit dieser zu treten. „Nachrichten“ von jenen Menschen, die vor uns auf die größte und geheimnisvollste aller Reisen gegangen sind.

5. Reger Austausch

Vom Medium zur Instrumentellen Transkommunikation

Was für ein Bild wir uns von der jenseitigen Welt machen, das hängt in erster Linie ab von unserer kulturellen Prägung, Vorstellungen religiöser Art, wie auch von dem ganz individuellen Background eines jeden von uns. Gut möglich, dass diese unsere Vorstellungen einen größeren prägenden Einfluss haben als wir denken. Vor allem, wenn wir eines Tages selbst in jene andere Daseinsebene überwechseln. Für den Buddhisten steht fest, dass wir die Welt mit unseren eigenen Gedanken erschaffen. Und die amerikanische Autorin Jane Roberts, die ihren eigenen Angaben nach mit einer „Seth" genannten Wesenheit in Verbindung stand, sprach in diesem Zusammenhang von „Projektionen des Geistes" – ganz ähnlich einer Kinovorstellung.[66]

Wenn ich noch einmal auf die in der modernen Physik populäre Hypothese der parallelen Universen zurückkomme, verfügt das Jenseits weder über räumliche noch zeitliche Grenzen. Dies ist für uns nicht leicht vorstellbar. Denn wir „hängen" auf dieser Ebene fest in einem starren Koordinatensystem, das durch die Faktoren Raum und Zeit maßgeblich bestimmt wird und uns gleichzeitig eine wichtige Orientierungshilfe ist.

Gleichwohl sind Begegnungen mit anderen Realitäten genauso alt wie die Menschheit selbst; diese zählen praktisch zu unserem kulturellen Erbe. Waren es in früheren Zeiten, oder auch heute bei den zu Unrecht als „primitiv" verunglimpften Naturvölkern, Schamanen und Medizinmänner, die sich mit Kräutern, Pilzen und anderen halluzinogenen Stoffen ein Tor zu einer Welt jenseits unserer fünf Sinne zu erschließen suchten, sind wir heutzutage doch ein gutes Stück vorangekommen. In den letzten Jahrzehnten verhalf uns die moderne Technik zu ungeahnten Möglichkeiten in unseren Bemühungen, das Jenseits zu erforschen. Die Arbeit der Trance-Medien, die ohnehin nicht unumstritten war, konnten wir durch „Instrumentelle Transkommunikation", kurz ITK, ersetzen. Was ist unter diesem Ausdruck zu verstehen?

Wer hat's erfunden?

Im Gegensatz zu den medialen Kontakten früherer Zeiten, bei denen eine Person als Mittler – oder Kanal, daher stammt auch der Begriff „Channeling" – zwischen unserer Welt und einer anderen Realitätsebene fungierte, bedient sich die ITK ausschließlich technischer Hilfsmittel. Und zwar solcher Apparaturen, die uns aus dem alltäglichen Leben vertraut sind. Als Teilgebiet der parapsychologischen Forschungen wird die Instrumentelle Transkommunikation grob in die folgenden drei Bereiche unterteilt:

* Transaudio: Das Aufnehmen paranormaler Stimmen mittels eines Tonbandgerätes oder Kassettenrecorders. Ebenso das Hören von „direkten elektroakustischen Stimmen" im Radio, dem Telefon oder im Fernseher. Diese Aufzählung kann ich noch um das Medium CD („Compact Disc") erweitern. Wie mir eine an der Thematik interessierte Informantin aus meiner Region mitteilte, stieß sie beim Abhören einer kommerziellen CD mit Vogelstimmen gleichfalls auf Stimmen ungeklärter Herkunft, die dort nach Lage der Dinge nicht hätten sein dürfen.

* Transvideo: Das Erscheinen von aufzeichnungsfähigen Bildern paranormaler Herkunft, entweder als Einzelbilder auf Bändern und anderen Speichermedien, oder direkt auf dem Bildschirm. In den 1980er Jahren machte ein Rentner aus Aachen von sich reden, der durch seine Versuchsanordnung mit Videokameras und TV-Monitoren zahlreiche Gesichter auf Video aufzeichnete – etwa von eigenen, bereits verstorbenen Angehörigen, bekannten Persönlichkeiten, aber auch von Personen, die bis heute nicht identifiziert werden konnten. Es waren „Bilder aus dem Reich der Toten", wenn man so sagen möchte.[67,68]

* Transtext: Gewissermaßen die „modernste" Variante, wenn

vergleichbare Phänomene auf dem Bildschirm beziehungsweise dem Drucker von Computern registriert werden.[68]

Es sollte übrigens nicht verwundern, dass die ersten Versuche mit Instrumenteller Transkommunikation zeitlich ziemlich genau zusammenfielen mit der Einführung der drahtlosen Kommunikation, also des Funkverkehrs. Oder anders ausgedrückt: Die Idee, sich dieser Technik auch für ungewöhnliche Betätigungsfelder zu be-dienen, kam zeitgleich mit deren Erfindung daher. Insbesondere die Pioniere auf diesem Gebiet zeigten sich aufgeschlossen für Forschungen und Versuche in dieser Richtung.

Wer hat's also erfunden? Die ITK hat, wie es scheint, eine Menge Väter. Darunter auch den italienischen Funktechniker Guglielmo Marconi (1874 – 1937), der im Jahre 1896 den ersten Funktelegrafen konstruierte. Hierfür wurde er 1909 mit dem Nobelpreis für Physik ausgezeichnet. Weitaus weniger bekannt ist die Tatsache, dass Marconi sich Zeit seines Lebens mit der Idee beschäftigte, die drahtlose Kommunikation dafür zu benutzen, um auch „Stimmen aus dem Reich der Toten“ einzufangen, buchstäblich das Jenseits zu uns sprechen zu lassen.

Auch sein ebenso kreativer wie produktiver Kollege im „Land der unbegrenzten Möglichkeiten“, der amerikanische Erfinder Thomas Alva Edison (1874 – 1931), war fortwährend um den Kontakt mit jenseitigen Daseinsebenen bemüht. So experimentierte er im Jahre 1920 mit einer Vorrichtung, mit der er eine Frequenz im Bereich zwischen Langwellen und Kurzwellen auszutüfteln hoffte, welche ihm eine Verbindung zwischen der Welt auf dieser Seite und der anderen ermöglichen sollte.[69] Letztlich sollte es aber doch ein anderer „Tüftler“ sein, der die technischen Grundlagen für erfolgreiche Transkommunikationsversuche schuf.

Gespenstisch, aber wahr

Bereits 1898 entwarf der dänische Funkpionier und Techniker Valdemar Poulsen (1869 – 1942) eine Methode, Töne auf Stahldraht aufzunehmen und zu speichern. Dieses Magnetton-Gerät nannte er „Telegraphon".[2] Doch erst im Laufe der 1920er Jahre wurde durch den Einsatz von magnetisierten Bändern, die den Draht ablösten, das Verfahren alltagstauglich.

Mit seinem Bandaufzeichnungsgerät hatte der Däne exakt jene Apparatur konstruiert, die sich ein paar Jahrzehnte später als wichtigste Voraussetzung für Instrumentelle Transkommunikation erweisen würde. Valdemar Poulsen hatte den Weg geebnet für den Bereich der Parapsychologie, der als „Tonbandstimmenforschung" Eingang in die einschlägige Terminologie fand.

Was verstehen wir unter dem Begriff, und was für ein Phänomen steckt dahinter?

Alles dreht sich um den Effekt, dass auf Tonbändern beim Abspielen der zuvor gemachten Aufnahmen gesprochene Worte oder ganze Sätze entdeckt werden, die nicht auf die gewohnte Weise auf den Tonträger gekommen sein können. Doch wie gelangen jene rätselhaften Stimmen dann auf das Band?

Bei Experimenten mit diesem Phänomen hat sich als brauchbarste Praxis erwiesen, sich im Radio solch eine Wellenlänge zu suchen, bei der kein Sender zu empfangen und stattdessen ein gleichmäßiges Rauschen zu vernehmen ist. Zum Aufnehmen kann man entweder ein Mikrofon verwenden, oder ein Überspielkabel, das beide Geräte direkt miteinander verbindet. Daraufhin startet man die Aufnahme oder die Überspielung. Beim späteren Abhören kann man dann die Stimmen durch das Rauschen hindurch hören. Das Abhören verlangt jedoch etwas Übung, Konzentration sowie ein scharfes Gehör. Denn häufig sind jene mysteriösen „Botschaften" erst nach mehrmals wiederholtem Zuhören zu verstehen. Andere Einspielungen sind dagegen in staunenswerter Klarheit zu verstehen.

Bis hierhin ist der Kontakt noch eine vollkommen einseitige Angelegenheit. Geübte Tonbandstimmenforscher kamen schon bald zur Erkenntnis, dass die „Gegenseite" durchaus dialogfähig ist. Fragen, die über Mikrofon gestellt werden, und gleichfalls auf dem Band zu hören sind, werden beantwortet. In einer Folge der erwähnten RTL-Reihe „Unglaubliche Geschichten" hatte der Elektro-Akustiker Hans Otto König aus Mönchengladbach im TV-Studio eine Versuchsanordnung aufgebaut, die auch einen Oszillografen umfasste. Der Sender wagte ein bis dahin noch nie dagewesenes Experiment. Wiederholte Male sprach König in das angeschlossene Mikrofon: „Liebe Freunde, ich rufe euch, gebt uns bitte ein Zeichen, dass ihr da seid!"

Zunächst geschah überhaupt nichts. So wiederholte Hans Otto König noch mehrmals und zunehmend nervöser seine Aufforderung. Würde das Experiment gelingen, oder war man gerade dabei, teure Sendezeit zu verschwenden? Die Kameras schwenkten immer wieder über die Geräte und zeigten den Oszillografen, der akustische Signale in optische umwandelt.

Auf einmal ertönte eine deutlich vernehmbare Stimme: „Tote rufen für Kontakt!" Und nach ein paar bangen, erwartungsvollen Minuten des Schweigens sprach man den Experimentator selbst an: „Wir grüßen Hans Otto König!" Millionen Zuschauer im Fernsehen konnten es hören. Es war gespenstisch, aber wahr. Danach rief noch eine männliche Stimme „Leben über Tonbandkontakt", sowie „Tote rufen über Infrarot."[48]

Animismus contra Spiritismus

Woher kommen diese Stimmen, wo liegt der Ursprung von dieser unheimlichen Manifestationen? Experten sind sich alles andere als einig über das Zustandekommen der Tonbandstimmen. Wenn wir die leider viel zu häufig von Seiten der Skeptiker vorgebrachte „Erklärung" – „alles nur Schwindel" – beiseitelassen, gibt es hauptsächlich zwei Möglichkeiten.

Da ist zum einen die sogenannte spiritistische Deutung. Unter Spiritismus versteht man die Überzeugung, dass nach dem Tod eine vom Körper getrennte Seele weiter existiert, die auch dazu in der

Lage ist, Botschaften aus dem Jenseits zu übermitteln.[19] Viele als paranormal erwiesene Phänomene interpretieren Spiritisten als „Geisterbotschaften“ und sehen darin Beweise für die Richtigkeit ihrer Hypothese. Wie aber kämen dann die Einspielungen auf dem Magnetband technisch zustande? Einige Forscher glauben, dass die Kommentare und Antworten der im Jenseits weiterexistierenden Verstorbenen in elektromagnetische Schwingungen umgewandelt werden, die vom Aufnahmegerät registriert werden.[48]

Dieser Lesart konträr gegenüber steht die sogenannte animistische Hypothese. Der Animismus erklärt im Gegensatz zum Spiritismus paranormalen Phänomene wie die Tonbandstimmen durch noch unerkannte, natürliche und dem Menschen angeborene Fähigkeiten oder bisher unbekannte Naturgesetze.[19] Das würde dann bedeuten, dass dieses rätselhafte Phänomen einzig durch das Unbewusste des Experimentierenden selbst erzeugt wird. Unter den Parapsychologen, die einerseits von der Realität der Tonbandstimmen überzeugt sind, sich aber schwer mit deren Interpretation als „Stimmen aus dem Reich der Toten“ anfreunden können, ordnen viele das Phänomen animistisch ein. Wenn diese Hypothese zuträfe, wäre das Ganze auch schon reichlich phantastisch. Wie auch immer: Durch das persönliche Ansprechen des Forschers entsteht eine Wechselwirkung. Und diese scheint Täuschungen und Schwindelmanöver konsequent auszuschließen.

Vogelstimmen im Wald

Als „Pionier der Tonbandstimmenforschung“ gilt nach wie vor der in Odessa geborene schwedische Forscher und Schriftsteller Friedrich Jürgenson (1903 – 1987). Dass jedoch bereits sieben Jahre vor ihm ausgerechnet zwei katholische Geistliche zu ähnlichen Ergebnissen kamen, werde ich später noch explizit erläutern. Doch erst einmal zu den Erlebnissen Jürgensons, die er erstmalig in seinem 1967 erschienenen Buch „Sprechfunk mit Verstorbenen“ publik machte.[70]

Es war ein milder Sommerabend im Jahre 1959, auf Gut Nysund in Schweden. Friedrich Jürgenson schaltete sein Tonbandgerät ein, um Vogelstimmen abzuhören, welche er tags zuvor in einem nahe des Gutes gelegenen Wäldchen aufgenommen hatte. Doch mit einem Mal wurde ihm klar, dass da noch andere Laute den Weg auf das Band gefunden hatten.

Denn inmitten der Vogelstimmen tauchte vollkommen unerwartet die Stimme seiner kurz zuvor verstorbenen Mutter auf. Die sprach ihn direkt mit den Worten an: „Friedel, kannst du mich hören?" Das war alles.

Was sollte er von dieser ominösen Sache halten? Also spulte er das Band zurück, um feststellen zu können, ob ihm nicht die Ohren einen perfiden Streich gespielt hatten. Es war keine Halluzination. Wieder war deutlich die Stimme seiner Mutter zu hören. Doch es sollte noch mysteriöser werden.

Auf sein Erlebnis hin begann er mit einer ausgiebigen Reihe von Experimenten. Allesamt mit dem Ziel, diese geheimnisvollen „Geisterstimmen" einzufangen. Dabei machten ihm einige davon ganz persönliche Mitteilungen. Erste Kontrollen ergaben außerdem: Die Stimmen waren während des Aufnahmevorganges nicht zu hören gewesen. Und dennoch befanden sie sich danach, beim Abspielen, auf dem Tonband.

Um sicher zu gehen, dass er nicht irgendwelchen Täuschungen erlegen war, zog Jürgenson bei weiteren Versuchen immer wieder Zeugen hinzu. Doch die Stimmen tauchten auch hier auf den Magnetbändern auf, wie etwa in Gegenwart des schwedischen Parapsychologen Dr. J. Björkhen oder einem Mitarbeiter des Rundfunks. Die „Rufer aus dem Zwischenreich" benutzten dabei nicht selten ein geradezu babylonisches Sprachengewirr. Deutlich rief eine Männerstimme das Wort „Poskala" – den Namen einer Ortschaft in Schweden –, oder auch in einem italienisch-englischen Sprachcocktail „tanto parties" („viele Gesellschaften"). Dies ist ein bei Tonbandstimmen häufiges Phänomen, wie es uns auch bei einem der eifrigsten Stimmenforscher der Folgejahre begegnet.

Für Friedrich Jürgenson waren die im Laufe der Zeit erzielten Aufnahmen ohne Zweifel Mitteilungen, die ihm Verstorbene – unter ihnen viele seineren früheren Freunde – zukommen ließen. In dem Glauben wurde er vor allem durch eine weibliche Stimme bestärkt, die ihn seinen Worten nach mehrere Male sehr eindringlich aufgeforderte hatte, Kontakt zu halten und zu „hören, bitte bitte hören."

Bald nutzte der schwedische Stimmenjäger auch das Radio für seine Experimente. Dabei stieß er auf die bereits erwähnte Möglichkeit, Einstellungen am Gerät zu wählen, bei denen nur ein gleichmäßiges Rauschen zu vernehmen ist.[70]

Selbst der renommierte deutsche Forscher Professor Dr. Hans Bender (1907 – 1991), der von 1956 bis 1975 den ersten Lehrstuhl in Deutschland für Parapsychologie am Freiburger „Institut für Grenzgebiete der Psychologie" innehatte, schaltete sich in die wissenschaftliche Untersuchung dieser merkwürdigen Botschaften ein. Unterstützt von einigen Experten, darunter Physiker, Funktechniker, und Fernmeldespezialisten, unternahm er großangelegte Testreihen. Die fanden im Jahre 1964 im niedersächsischen Northeim, und 1970 in Jürgensons Heim auf dem erwähnten Gut Nysund statt.

Sprachgenies im Jenseits

Bei diesen streng wissenschaftlichen Versuchen kamen die damals modernsten, zur Identifikation und Analyse von Stimmlauten entwickelten Apparate zum Einsatz. Dabei auch ein Sonograph, der ein elektronisches Oszillogramm von Schallschwingungen erstellt. Das Urteil Professor Benders fiel in beiden Fällen entsprechend aus. Demnach schien der paranormale Ursprung jener unter gesicherten Versuchsbedingungen erhaltenen Einspielungen kaum bezweifelt werden zu können. Der renommierte PSI-Forscher neigte indes, wie viele seiner akademischen Kollegen, der animistischen Hypothese zu.[71]

Übrigens ließ Friedrich Jürgenson die Welt bis 1973 in dem Glauben, dass die Stimme seiner Mutter auf den Bändern mit den Vogelstimmen ein für ihn überraschendes Ergebnis gewesen sei. Doch dies war nicht der Fall. Er gestand ein, dass er schon mehrere Monate zuvor mit dem erklärten Ziel herumexperimentiert hatte, „irgendetwas" auf den Magnetbändern zu empfangen und auf ihnen aufzuzeichnen. „Irgendwie, und völlig ohne mir bekannten Grund, keimte in mir ein überwältigender Wunsch, mit irgendeinem 'Unbekannten' einen elektronischen Kontakt herzustellen. Dies war ein sonderbares Gefühl - beinahe so, als hätte ich einen Kanal für etwas geöffnet, das noch verborgen war, aber unbedingt ans Licht wollte", so der Stimmenjäger.

Als sich das Phänomen herumsprach, begannen immer mehr Forscher, Experimente mit diesen geheimnisvollen Stimmen zu machen. Die wohl eindrucksvollsten Erfolge vermochte Konstantin Raudive (1909 – 1974) zu erzielen, ein aus Lettland stammender Psychologe. Raudive lebte in den ausgehenden 1950er Jahren erst in Schweden, wo er auf das Phänomen aufmerksam wurde. In der Folge ging er nach Deutschland, wo er bis zu seinem Tod lebte und arbeitete.

In seinem gut ausgestatteten Tonlabor konnte auch er eine beeindruckende Sammlung von Stimmen mutmaßlich paranormalen Ursprungs aufnehmen. Die spektakulärsten davon dokumentierte er 1968 in einem Buch mit dem Titel „Unhörbares wird hörbar".[72] Auch Raudives Tonaufnahmen wurden, wie die seines Wegbereiters Jürgenson, von einer Reihe von Fachleuten akribisch geprüft. Die Spezialisten konnten zweifelsfrei den Nachweis erbringen, dass diese Stimmen weder von irgendeinem Radiosender stammten, noch auf Schwindel beruhten.

Seltsamerweise gelangen ihm auch Einspielungen, wenn an dem Tonbandgerät überhaupt kein Mikrofon angesteckt war. Zudem erwiesen sich die aufgenommenen Sequenzen als unterschiedlich in deren Deutlichkeit. Meist handelte es sich um knappe Sätze und Satzteile, die sprachlich oft bunt durcheinandergemischt waren Da wurde munter auf Deutsch oder Englisch, ebenso auf Spanisch und Schwedisch oder Lettisch – der Muttersprache von Raudive – parliert. Manchmal erklang in einer Sentenz auch jedes Wort in einer anderen Sprache; da schienen im Jenseits wahre Sprachgenies am Werk zu sein. Trotzdem ergab jeder Satz einen Sinn und einen logischen Zusammenhang. Und alle diese Sprachen beherrschte Konstantin Raudive.

Für den Forscher bestand in der Bewertung der geheimnisvollen Stimmen kein Zweifel. Dies alles seien Botschaften bereits verstorbener Personen. Relativ häufig war auf seinen Aufnahmen zu hören, wie ihn die „Jenseitigen" direkt mit seinem Namen anredeten. Einige hätten seiner Ansicht nach der eigenen Familie angehört. Andere seien frühere Freunde und Bekannte, aber auch fremde Personen gewesen, mit denen er sich im Laufe des Lebens geistig auseinandergesetzt hatte.

Konstantin Raudive war fest davon überzeugt, eine auf technischen Hilfsmitteln basierende Verbindung zu einer real existierenden „Geisterwelt" geschaffen zu haben. Doch die Anregung und Initiative hierzu sei von der „anderen Seite" ausgegangen. Denn die auf Tonband aufgenommenen Stimmen hätten explizit und unmissverständlich ihr Verlangen zum Ausdruck gebracht, in Kontakt mit uns „Diesseitigen" zu treten.[72]

Vergleich mit einem anderen Phänomen

Möglicherweise war es gerade diese babylonische Sprachverwirrung, die den Parapsychologen Dr. Heinz C. Berendt, seinerzeit Vorsitzender der Israelischen Parapsychologischen Gesellschaft, zu seiner Bewertung der Arbeit Raudives brachte. Berendt, der sich gründlich mit den Versuchen des Letten auseinandergesetzt hatte, sah den Ursprung der Stimmen gleichfalls animistisch. Also von dem Gedanken ausgehend, dass das Phänomen nur durch das Unterbewusstsein erzeugt wird. Und deshalb resümierte Berendt wie folgt:

„Viele Dinge sprechen dafür, dass letzten Endes Konstantin Raudive selbst der Erzeuger jener Stimmen ist. Das soll jedoch keinesfalls heißen, dass wir Raudive irgendwelches Falschspiel unterstellen wollen oder gar den Versuch zu betrügen. Gegen einen solchen Verdacht sichern Raudive schon die zahlreichen, in Gegenwart von verschiedenen Zeugen gelungenen Aufnahmen. Daher halte ich Raudives Resultate für echt."[73]

Dr. Berendt regte des Weiteren einen Vergleich zu dem Amerikaner Ted Serios (1918 – 2006) an, dessen paranormale Fähigkeiten seinerzeit gleichfalls für großes Aufsehen sorgten. Jener kettenrauchende und alkoholabhängige ehemalige Hotelpage, der außerdem Legastheniker war, vermochte Bilder auf Polaroid-Filmen zu erzeugen, indem er mit intensivster Konzentration in die Linse des Fotoapparates starrte. Seine Begabung, „Gedankenfotos" zu produzieren, wirkte anfangs so absurd, dass sogar hartgesottene Parapsychologen davor zurückschreckten, sich offiziell mit ihm zu beschäftigen. Schließlich war die noch junge Parapsychologie in diesen Jahren in weiten Teilen des wissenschaftlichen Betriebs als Scharlatanerie verschrien. Doch dann machte sich trotz anfänglicher Skepsis Dr. Jule Eisenbud (1908 – 1998), Professor für Psychoanalyse an der Universität von Denver/Colorado, an die zugegeben heikle Aufgabe. Er wollte sich das ebenso unglaubliche wie staunenswerte Phänomen persönlich demonstrieren lassen und sich ein eigenes Bild davon machen.

Dabei wurde er buchstäblich vom Saulus zum Paulus. Als sich Dr. Eisenbud am 3. April 1964 mit Ted Serios im „Palmer House" in Chicago traf, kennzeichnete dies den Beginn ausgedehnter Testreihen, die sich über volle drei Jahre hinziehen sollten. Bei den Versuchen waren ständig Wissenschaftler aus verschiedenen Fakultäten als unbestechliche Zeugen dabei. Physiker, Psychologen und Psychiater, gelegentlich auch Optiker oder Fernsehteams. Unter strenger Kontrolle entstanden unzählige Bilder, auf denen immer wieder unerwartete Dinge erschienen. Da waren Straßen und Häuser, der Pariser Eiffelturm oder die Türme der Münchner Frauenkirche.

In den meisten Fällen waren es Bilder und Szenarien, die Ted Serios aus Zeitungen und Magazinen kannte, oder selbst gesehen hatte. Wie auch solche Eindrücke, die er schon mehrere Jahre zuvor unbewusst aufgenommen hatte. Die Qualität besagter Polaroid-Fotos war, gelinde gesagt, sehr unterschiedlich. Manche Aufnahmen zeigten gerade einmal verschwommene Umrisse, bei denen man spekulieren musste, ob und was sie darstellen würden. In anderen Fällen gelang es Serios, gestochen scharfe Bilder fast am laufenden Band zu produzieren.[74]

„Air Division Cainadain Moun"

Keiner der vielen Experten, weder Dr. Jule Eisenbud selbst, noch all die hinzugezogenen Wissenschaftler, vermochten im Lauf der langen Testreihen auch nur einen Hinweis auf Betrug zu finden. Gegen jede Art von Schwindel sprachen außerdem ein paar bemerkenswerte Eigenheiten bei einer Reihe von Gedankenfotografien. So waren beispielsweise auf einem Bild zwei Stockwerke von einem Gebäude, darauf eine zwar etwas unscharfe, aber noch immer entzifferbare Beschriftung zu erkennen. Das Bild konnte später von der „Royal Canadian Mounted Police" – dies sind die legendären „Rotröcke" der kanadischen Polizei – als einer ihrer Air Division Hangars identifiziert werden. Das Gedankenfoto jedoch zeichnete sich durch ein paar grobe Schreibfehler aus. Anstatt wie im Original, „Air Division Royal Canadian Mounted Police", war auf dem Polaroid-Foto von Ted Serios leicht verkürzt „Air Division Cainadain Moun" zu erkennen.[74]

Die etwas seltsame Schreibweise kann durchaus als Echtheitsbeweis gewertet werden. Denn Ted Serios war Legastheniker: Legasthenie ist eine relativ häufige Lese- und Rechtschreibeschwäche, bei der es – bei sonst normaler Intelligenz – zu Umstellung und Verwechslungen von einzelnen Buchstaben oder Wortteilen kommt.[2] Deshalb dürfte das Foto tatsächlich die Gedanken des Mannes abgelichtet haben. Bei den speziellen Details auf diesem

Bild wäre ein Täuschungsmanöver buchstäblich ein Ding der Unmöglichkeit.

Soweit der Exkurs aufs Gebiet der Gedankenfotografie. In seiner Bewertung der Tonbandstimmen von Konstantin Raudive kam Dr. Berendt zu folgendem Gedankengang: So, wie Ted Serios fähig war, Bilder gedanklich auf den Polaroid-Film zu „projizieren", auf dem dann gewisse mikrophysikalische Veränderungen solche Aufnahmen entstehen ließen, so gelang es Raudive, Schall beziehungsweise gesprochene Worte zu projizieren. Wie bei dem optischen Phänomen würden auch im Magnetband Veränderungen hervorgerufen, die sich als akustisch wahrnehmbar erweisen.[73]

„Kauf dir'n Uher!"

Wir wissen, ehrlich gesagt, bis zum heutigen Tage nicht, ob als Erklärung für die ominösen Tonbandstimmen nun die animistische oder die spiritistische Hypothese zutrifft. Man findet nämlich Anzeichen sowohl in die eine als auch in die andere Richtung Das ganze Phänomen aber als Unfug, Phantasie oder ausgemachten Schwindel abzutun, wie es so manche Kritiker machen, würde dem Rätsel auf keinen Fall gerecht.

Bald fand die Jagd nach den geheimnisumwitterten Stimmen in vielen Ländern der Welt statt. So wurde zum Beispiel in den Vereinigten Staaten, wo das Phänomen unter der Abkürzung EVP (für „Electronic Voice Phenomena") bekannt ist, Mrs. Sarah Estep aus Altoona (Pennsylvania) zu einer der führenden Forscherinnen des Landes. Im Jahre 1982 begründete sie die „American Association for Electronic Voice Phenomena", deren Vorsitz sie bis 2000 innehatte.[75]

Kehren wir zurück nach Europa. Friedrich Jürgenson und Konstantin Raudive, die beiden Tonbandstimmen-Pioniere, wurden offenbar nach deren Tod selbst zu wortstarken „Freunden im Jenseits". Sie meldeten sich wiederholt auf den Bändern ihrer Nacheiferer, und erteilten ihnen reihenweise gute Ratschläge, wie man den Kontakt zur jenseitigen Ebene noch verbessern könne. Tatsächlich gewinnt man dadurch den Eindruck, als sei diese andere Seite stark an einer weitergehenden Verbindung und einem regen Austausch mit der diesseitigen Welt interessiert. Geht es nach den Befürwortern der spiritistischen Hypothese, so wollten uns die Verstorbenen auf diese Weise erklären, dass sie nicht wirklich tot sind, und stattdessen in einer anderen Daseinsebene weiterexistieren. Und in mindestens einem Fall führte dieser Kontakt schlussendlich zur Aufklärung eines Verbrechens.

Es war der spektakuläre Mord an Günter Bahr, der in Begleitung seiner Frau und seines Sohnes erstochen wurde. Rasch kam der Liebhaber seiner Frau in Verdacht. Der Wiener Hans Luksch fragte in diesem Sinne: „Günter Bahr, kennt Deine Frau den Namen Deines Mörders?“ Hierauf antwortete laut und präzise eine männliche Stimme: „Sie war's!“ Er benannte also seine Ehefrau als Mörderin. Tatsächlich gestand diese nur wenige Tage später, ihren Mann erstochen zu haben.[48]

Ein weiterer äußerst aktiver Tonbandstimmenforscher war der Diplom-Psychologe Fidelio Köberle (1915 – 2007) aus Düsseldorf. Viele Jahre war er Vorsitzender des dortigen „Vereins für Tonbandstimmenforschung e.V.“. Köberle beschrieb, wie er nach ermutigenden Erfolgen zu Beginn seiner Tätigkeit mit einem geliehenen Gerät seine jenseitigen Gesprächspartner mit der Frage überraschte, welches Tonbandgerät er sich wohl zulegen solle. Eigentlich hatte er die Frage mehr im Scherz gestellt. Doch die Antwort darauf erfolgte postwendend. Laut und deutlich ließ eine dunkle Männerstimme vernehmen: „Kauf dir'n Uher!“[48]

Das bekannte Münchner Traditionsunternehmen, einst von Edmund Uher (1892 – 1989) gegründet, stellte bis in die 1980er Jahre hinein hochwertige Tonbandgeräte von Weltruf her. Dieses verblüffende Tondokument befindet sich wahrscheinlich noch heute im Archiv der nach wie vor existierenden, jedoch zu einem Informatik-Spezialisten umgewandelten Firma.

Die „Diener Gottes“ waren schneller

Wie erwähnt, wird der Schwede Friedrich Jürgenson noch immer als „Pionier der Tonbandstimmenforschung“ betrachtet. Im Jahre 1969 wurde er von Papst Paul VI. (bürgerlich: Giovanni Batista Montini; Pontifikat von 1963 bis 1978) mit dem Kommandeurkreuz des „Ordens des heiligen Gregor des Großen“ geehrt. Offiziell handelte es sich um eine Auszeichnung für einen Dokumentarfilm über den Vatikan. Doch zwei Jahre später ließ Jürgenson durchblicken, dass er im Kirchenstaat stets ein offenes Ohr für das Tonbandstimmenphänomen gefunden habe.[61]

Vielleicht war diese Ehrung auch Ausgleich und Trost dafür, dass er doch nicht der erste ist, der auf das Mysterium um die Tonbandstimmen gestoßen war. Im Vatikan hatte man anscheinend schon länger ein offenes Ohr für dieses Phänomen, das nach wie vor eins der größten und erregendsten Rätsel der Gegenwart darstellt. Es waren ausgerechnet zwei „Diener Gottes“, die bereits sieben Jahre vor Jürgenson den ersten Durchbruch auf diesem Gebiet zu verzeichnen hatten. Und das auch noch mit der wohlwollenden Duldung und Unterstützung des zu dieser Zeit amtierenden Papstes, Pius XII.

Es klingt unglaublich. Was das UFO-Phänomen in der Diskussion um Leben außerhalb unseres Planeten ist, sind die Tonbandstimmen für die alles entscheidende Frage: Ist nach dem körperlichen Tod alles vorbei – oder gibt es doch ein Weiterleben auf einer anderen Ebene?

Der italienische Benediktinerpater Alfredo Pellegrino Ernetti (1926 – 1994) fühlte sich schon seit den 1930er Jahren in einigen Grenzbereichen unseres Wissens recht heimisch. Als Student eigentlich am Konservatorium „Benedetto Marcello“ in Venedig zugange, führte ihn sein Weg eines schönen Tages nach Mailand. An der dortigen Universität „Ambrosiana des Heiligen Herzens“ stieß der junge Pater auf einen anderen, nicht minder an den großen Geheimnissen unserer Welt interessierten Geistlichen. Das war der

Philosoph, Psychologe und Mitglied des Ordens der Franziskaner Agostino Gemelli (1878 – 1959), der dort bis zu seinem Tod als Dozent und Forscher wirkte. Nach Pater Gemelli ist übrigens eine dem Kirchenstaat gehörende Klinik benannt.

Besagter Pater Gemelli war bekannt dafür, dass er in seinem Umfeld ausschließlich Mitarbeiter akzeptierte, die sich durch überdurchschnittliche intellektuelle Fähigkeiten hervorzutun vermochten. Er zählte damals zu den noch wenigen vielseitigen und weltoffenen Gelehrten, welche sich, als ungewöhnliche Themen noch längst nicht in aller Munde waren, schon intensiv damit beschäftigte. Hierunter auch mit paranormalen Erscheinungen. Agostino Gemelli hatte von seinen Interessen nur wenig Aufhebens gemacht, wahrscheinlich, um bei seinen Kollegen nicht zu sehr anzuecken. Aus diesem Grund war nur ein kleiner und überschaubarer Zirkel in dessen Umfeld über seine aus dem üblichen Rahmen der katholischen Lehre fallenden Tätigkeiten unterrichtet.

Was am 17. September 1952 geschah

Die Zusammenarbeit der beiden Theologen mit ihren augenfälligen Ambitionen für die geheimnisvolle Welt jenseits unserer fünf Sinne entwickelte sich in der Zeit der beginnenden 1950er Jahre durchwegs harmonisch und fruchtbar. Man erfuhr jedoch, wohl wegen des Ablebens Agostino Gemellis im Jahre 1959, lange Zeit nichts über konkrete Ergebnisse ihrer Forschungen.

Das sollte sich erst mehr als 25 Jahre später ändern, als Pater Ernetti 1986 im Verlauf eines Internationalen Kongresses von Parapsychologen in Riva de Garda eine bis dahin unbekannte Tatsache publik machte. Demnach war es eben nicht Friedrich Jürgenson, der als erster auf die unerklärlichen „Stimmen aus dem Jenseits“ gestoßen war. Vielmehr sei Pater Gemelli der eigentliche Entdecker gewesen. Ihm würde die Tonbandstimmenforschung ihre Existenz verdanken.

Seinen verblüfften Zuhörern erläuterte Ernetti auf besagter

Konferenz in Riva, was sich damals in Wahrheit zugetragen hatte: „Es war am 17. September 1952, als es Agostino Gemelli gelang, die erste Stimme mittels eines Magnetophons aufzuzeichnen. Ich war persönlich in diesen Minuten anwesend, als Pater Gemellis Tonbandstimmen-Experiment im Physiklabor unserer Universität mit Erfolg abgeschlossen werden konnte." Es handelte sich um die Stimme des längst verstorbenen Vaters von Gemelli, die er im Beisein seines Glaubensbruders aufzuzeichnen vermochte.[76]

Unverzüglich erstatteten die beiden Geistlichen über die unvermutete Entdeckung Bericht an ihren obersten Dienstherrn auf Erden. Papst Pius XII. (bürgerlich Eugenio Pacelli, Pontifikat von 1939 bis 1958) galt eigentlich als konservativ eingestellter Vertreter Petri auf dem vatikanischen Thron. Dem gegenüber brachte er den für damalige Zeiten unerhört revolutionär anmutenden Experimenten der beiden Geistlichen, die auch über ihre Forschungstätigkeit hinaus privat miteinander befreundet waren, ein ungewöhnlich großes Wohlwollen entgegen. Es mag zuweilen wirklich überraschen, welche Themenbereiche vom Vatikan, so erzkonservativ sich die katholische Kirche selbst im 21. Jahrhundert noch präsentiert, einer Förderung für würdig befunden werden. Leiten sich solche Aktivitäten aus der Erkenntnis ab, dass sich nicht alle Fragen unserer Existenz auf die Dauer mit religiösen Dogmen und päpstlichen Enzykliken zufriedenstellend beantworten lassen?

Das Jenseits im Fernsehen

Schon lange geben sich die geheimnisumwobenen Urheber jener „Stimmen aus dem Jenseits" nicht mehr allein mit Auftritten akustischer Art zufrieden. Mittlerweile haben sie nämlich auch das Medium Fernsehen erobert. Klaus Schreiber, ein technisch versierter Rentner aus dem geschichtsträchtigen Aachen, begann seine Beschäftigung mit der Instrumentellen Transkommunikation ebenfalls mit dem Aufnehmen von Tonbandstimmen. Dabei meldete sich unter anderem seine im Alter von 18 Jahren verstorbene

Tochter Karin. Ihr Tod war tragisch gewesen. Nach einem harmlos scheinenden Sturz musste sie wegen einer von den Ärzten unsachgemäß versorgten Blutvergiftung viel zu früh ihr junges Leben beenden.

So unglaublich das, was folgte, auch klingen mag: Schreibers auf so tragische Weise von dieser Welt abberufene Tochter gab ihm via Tonband viele praktische Hinweise, wie er seinen Brückenschlag in die jenseitige Welt verbessern könne. Und zwar auf visuelle Weise. Es fanden sich Botschaften auf den Audio-Bändern wie „Wir sind da. Spiel Video auf Fernsehen", „Klaus, spiel Video ein", oder „leerer Kanal". Nach und nach wurde er praktisch zu der technischen Möglichkeit hingeführt, mit einer simplen Anordnung aus Fernseher und Kameras anstatt nur Stimmen auch die Bilder von verstorbenen Menschen aufzuzeichnen. Die technischen Einzelheiten wie auch die verschiedenen Schritte aufzuzählen, möchte ich mir an dieser Stelle sparen. Es sind vielmehr die Ergebnisse, die schlichtweg sprachlos machen.

Nach ungezählten Nächten, die Schreiber geduldig vor seiner flimmernden Bildröhre verbrachte, und weiteren Stimmen, die ihm den Rat gaben, nur mit schwarz-weißer Einstellung des Fernsehers zu arbeiten, kam an einem Wintertag Mitte der 1980er Jahre endlich der ersehnte Durchbruch. Auf dem Bildschirm tauchte ein winziger Punkt auf, der sich nicht veränderte. Mehrmals ließ Schreiber das Videoband zurücklaufen, bis er das Bild eines weiblichen Wesens erkannte. Es war Karin. Deutlich konnte er die Gesichtszüge seiner verstorbenen Tochter ausmachen. Auf der Videoaufnahme trug sie eine schwarze Bluse und einen weißen Rock, sowie lange dunkle Haare wie in ihrem letzten Lebensjahr. Dabei blickte sie mit einem leicht geneigten Kopf über ihre linke Schulter. Es war ein Standbild und bewegte sich nicht, und es war auch nur für einen kurzen Augenblick auf dem Videoband aufgetaucht.

Karin Schreiber (1960 – 1978) war damit der erste Mensch, der aus einem nicht zu beschreibenden Jenseits auf dem Bildschirm ihres Vaters sichtbar geworden ist. Später sollte sie sogar in einer

Bildsequenz auftauchen, die sie in Bewegung zeigte – was deutlich an ihrer Körperhaltung und den Armen zu erkennen war. Auf dieser Bildfolge war zu sehen, wie sie sich erst abwandte, dann aber noch einmal zurückblickte.[67]

In der Folgezeit sollten sich noch mehr Angehörige aus der Familie des Aachener Rentners auf Video zeigen. Im Laufe seines Lebens musste Klaus Schreiber eine Familientragödie erleben, die weit über die Grenzen dessen ging, was ein Mensch überhaupt zu ertragen fähig ist. Seine erste Frau Gertrud war bei der Geburt ihrer Tochter Karin gestorben, die zweite Ehefrau Agnes überlebte einen Herzinfarkt nicht. Sohn Robert war mit 22 Jahren wegen einer unglücklichen Liebe, buchstäblich an gebrochenem Herzen, gestorben. Und der Sohn seiner Schwester Maria war im Urlaub in Italien mit dem Auto tödlich verunglückt. Kurze Zeit später brach die Mutter tot an seinem Grab zusammen. Ihr Mann, der schwer kriegsversehrt und pflegebedürftig war, nahm sich nur wenige Monate später aus Verzweiflung das Leben. Sie alle, ebenso Schreibers Eltern, tauchten auf seinen Videobändern auf.[49,67]

Auftritt des „Märchenkönigs"

Und noch etliche Menschen mehr, die in jenen Tagen längst das Zeitliche gesegnet hatten, manifestierten sich auf den Videoaufnahmen. Darunter waren bekannte, aber auch unbekannte Gesichter, die bis dato noch keiner Person zugeordnet werden konnten. Bleiben wir deshalb bei jenen Menschen, deren Zuordnung uns keine Probleme bereitet.

Da wurde beispielsweise aus einem anfänglichen Lichtbündel ein Kopf sichtbar, dessen Konturen immer deutlicher hervorstachen. Zum Schluss war das unverwechselbare Gesicht der Schauspielerin Romy Schneider (1938 – 1982) im Halbprofil zu sehen. Auf dem Video war die Filmschauspielerin, die durch ihre Paraderolle der österreichischen Kaiserin Elisabeth („Sissi") im wahrsten Sinne unsterblich wurde, so abgebildet, wie sie zu Lebzeiten mit etwa 35 Jahren ausgesehen hat.[67] Aber auch andere Schauspieler und Prominente tauchten auf diesen Videobändern auf. Zuerst meldete sich auf einer Tonbandkassette eine sonore Männerstimme mit den markigen Worten: „Ich bin des Teufels General!" Nur wenige Tage später erschien auf dem Band der markante Kopf des berühmten Film- und Bühnenschauspielers Curd Jürgens (1915 – 1982), wie er im Alter von 45 Jahren ausgesehen hatte. Auch eine Uniform war zu erkennen: Es war die des General Harras aus dem 1955 nach dem Drama von Carl Zuckmayer gedrehten Streifen „Des Teufels General".[2,67]

Und sogar der bayerische „Märchenkönig" Ludwig II. (1845 – 1886) erschien auf den Videos des unermüdlichen Aachener „Jenseitsforschers" Schreiber. Die traurige Geschichte und vor allem das Ende des Monarchen sind noch heute in aller Munde. Er war leidenschaftlicher Verehrer und Förderer des Komponisten Richard Wagner (1813 – 1883). Noch unvergleichbar höhere Geldsummen aber investierte er in seine prachtvollen Schlossbauten Neuschwanstein, Linderhof und Herrenchiemsee. Nebenbei bemerkt, war dies eine geradezu visionäre Investition in die Zukunft des Freistaates, die jedes Jahr viel Geld in seine Kassen spült. Damals jedoch lieferte sie einen der Hauptgründe für Ludwigs Entmündigung.[2]

Um Ludwigs tragisches Ende ranken sich noch heute zahllose Legenden und Spekulationen. Mit knapp 41 Jahren starb er am 13. Juni 1886, es war gegen 19 Uhr, unweit der Ortschaft Berg am Ostufer des Starnberger Sees. Gemeinsam mit seinem Leibarzt Dr. Bernhard von Gudden, dessen Rolle bei dieser ganzen Geschichte recht undurchsichtig war. War es Selbstmord oder fiel er einem Mordkomplott zum Opfer? Der Geheimbund der „Gugelmänner" ist noch heute davon überzeugt, dass der entmachtete Monarch durch eine Pistolenkugel starb, und nicht etwa wie von offizieller Seite verlautbart, durch Ertrinken.

Szenenwechsel. Es war der 9. Juni 1986. Fast auf den Tag genau 100 Jahre nach dem Tod des „Märchenkönigs" manifestierte sich auf dem Monitor von Klaus Schreiber eine Gestalt, die in Haltung und Gesichtszügen ganz frappierend den Bildern gleichsah, wie sie König Ludwig II. zu dessen Lebzeiten darstellten. Ein ursprünglich dunkler Fleck auf dem Fernsehgerät entwickelte sich zu einem schmalen Männerkopf mit Bart. War dies schon der König, oder vielleicht dessen Arzt Dr. von Gudden, der ja bekanntlich die tragischen Geschehnisse des 13. Juni 1886 am Starnberger See ebenfalls nicht überlebt hatte? Dann veränderte sich das Videobild, und im Halbprofil erschien ganz unverwechselbar das schmale Gesicht des Bayernkönigs, mit seinen dunklen Haaren, dem Schnauzer und charakteristischen Kinnbart.[67]

Keine ewigen Jagdgründe

Für Klaus Schreiber war das bildliche Erscheinen des Königs keine Überraschung, hatte dieser doch zwei Tage vorher auf dem Tonband sein „Kommen“ angekündigt. Da fanden sich Sätze wie „Schlag von hinten“ oder „Man fand mich am Abend“ und weitere, unvollständige Fragmente. Natürlich lassen diese keine schlüssigen Antworten zu auf die Frage nach der tatsächlichen Todesursache von König Ludwig, oder ob die Worte überhaupt von ihm stammten.

An jenem Tag, als sich der „Märchenkönig“ auf Video zeigte, war die Schriftstellerin Hildegard Schäfer in Klaus Schreibers Haus in Aachen zu Gast, und wurde Zeugin der Manifestation. Sie hatte sich gleichfalls seit Jahren mit Tonbandstimmen befasst und auch ein Buch zu dem Thema geschrieben.[77] Einmal hatte sie auf ihre Frage, womit sich ihr Gegenüber gerade beschäftige, die folgende Antwort erhalten: „Ich arbeite am Fernsehen.“ Aus dieser Bemerkung zog sie den Schluss, dass der Kontakt via Video von der anderen Ebene schon länger geplant gewesen sei.[67]

Dann wäre das Phänomen vielleicht doch nicht nur eine durch den Experimentierenden ausgelöste Projektion, wie der Parapsychologe Dr. Heinz Berendt im Vergleich mit den durch Ted Serios auf die Polaroid-Filme projizierten Gedanken vermutete.[73] Und eine nur selten vorkommende Ausnahme stellen die Tonbandstimmen ebenfalls nicht dar. Denn es gab Zeiten, in denen es weit verbreitet war, sich mit dem Einfangen der rätselhaften Äußerungen zu beschäftigen. Selbst die Volkshochschule Düsseldorf bot in ihrem Programm Kurse auf diesem Gebiet an.[48]

Klaus Schreiber verstarb plötzlich und unerwartet im Winter 1988. Und damit komme ich nun noch zu der dritten Variante der Instrumentellen Transkommunikation, wie ich sie anfangs dieses Kapitels aufgelistet habe. Ziemlich bald nach seinem Ableben tauchte Schreibers Bild im Drucker eines Computers im Großherzogtum Luxemburg auf. Bei einem Experiment, ausgeführt vom dortigen „Cercle d'Etudes sur la Transcommunication", hatte es offenbar geklappt, audiovisuellen Kontakt zu dem unermüdlichen Forscher herzustellen. Die Ereignisse in seinem Leben hatten ihn dazu angetrieben, unablässig nach Beweisen für das Fortbestehen eines unzerstörbaren Anteils unserer Persönlichkeit zu suchen. Wollte er mit seinem Erscheinen via Computer gewissermaßen von der anderen Seite aus ein Zeichen geben, dass er sein Ziel endlich erreicht hat?

Und das Jenseits? Es ist höchste Zeit, sich mit der spannenden Frage zu beschäftigen, ob es auch so etwas wie eine Rückkehr von dort geben kann. Dann wären es nämlich keine „ewigen Jagdgründe", in die wir uns nach unserem Tod begeben.

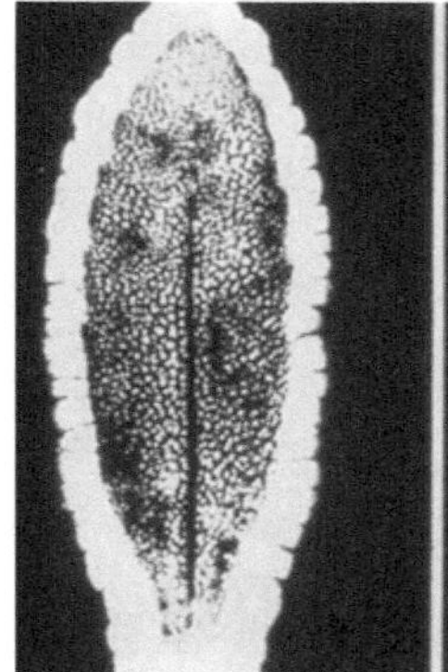

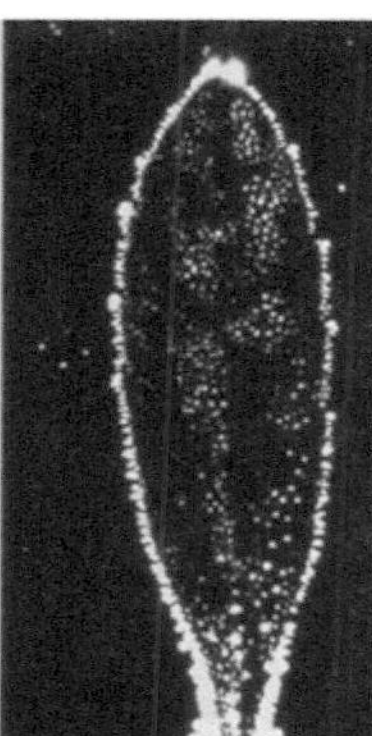

Abb. 1 (oben links): Reißt man ein Stück von einem abgetrennten Blatt ab, so ist auf dem Hochfrequenzfoto eine Art von „Energiebrücke“ auszumachen.

Abb. 2 (oben rechts): Dasselbe Blatt, aufgenommen im Abstand von etwa einer Stunde. Auf den Kirlian-Fotos ist deutlich zu erkennen, wie die Luminiszenz abnimmt. Ein Zeichen für das Schwinden der Lebenskraft?

Abb. 3 (rechts): Am 13. September 1847 trieb eine Explosion dem damals 25-jährigen Phineas Gage mit voller Wucht eine Eisenstange durch den Kopf – und er überlebte ohne größere Beeinträchtigungen. Die Nachbildung des grausigen Szenarios fotografierte ich als Wachsfigur in einem kleinen Museum in Hongkong.

Abb. 4: Nur wenige Meter entfernt starben Vater und Sohn an derselben Stelle bei Wasserburg/Inn.

Abb. 5 (rechts): Wie kommt ein Mädchen aus dem Jahre 1677 auf ein Foto von 1995? Sie wurde als Jane Churm identifiziert, die über 300 Jahre zuvor die Stadthalle von Wem (England) angezündet hat!

Abb. 6 (unten): Die unheimlichen Gesichter der „S.S. Watertown". Die Wellen bilden die Antlitze zweier Matrosen, die beim Reinigen der Schiffstanks ums Leben gekommen waren.

Abb. 7 (rechts): Er galt lange als „Pionier der Tonbandstimmenforschung“: Friedrich Jürgenson, der im Soimmer 1959 in Schweden auf das rätselhafte Phänomen stieß, als er im Wald Aufnahmen von Vogelstimmen machen wollte. Doch andernorts war man schneller ...

Abb. 8 u. 9: Die beiden Benediktinerpater Alfredo Ernetti (unten li.) und Agostino Gemelli (unten re.) unernahmen entsprechende Versuche bereits sieben Jahre vor Jürgenson – nämlich 1952. Und dies mit ausdrücklicher Duldung ihres obersten Dienstherren auf Erden, dem damaligen Papst Pius XII.

Abb. 10 (links): Einer der eifrigsten und erfolgreichsten Tonbandstimmenforscher war der in Lettland geborene Konstantin Raudive. Bei seinen Experimenten erhielt er Einspielungen in mehreren Sprachen, die er 1968 in einem Buch dokumentierte. Da Raudive selbst dieser Sprachen mächtig war, zogen etliche Parapsychologen eine animistische Erklärung für das Phänomen in Betracht.

Abb. 11 (unten): Transkommunikation – auf Video. Dem Rentner Klaus Schreiber aus Aachen gelangen zahlreiche Aufnahmen bereits Verstorbener, die er auf Video aufzeichnete. Dabei meldete sich unter anderem seine mit 18 Jahren tragisch ums Leben gekommene Tochter Karin. Das „Jenseits auf dem Bildschirm".

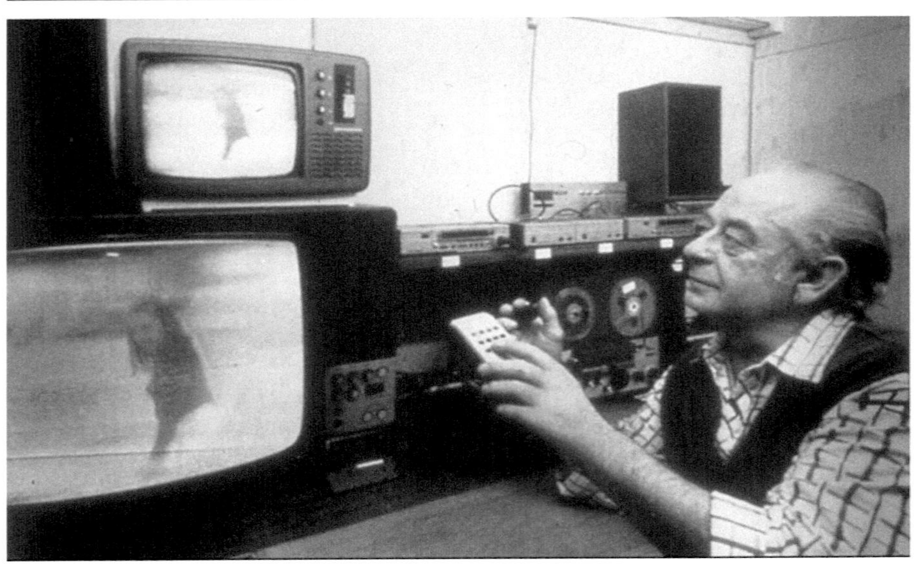

Abb. 12 (rechts): Bei den Video-Experimenten von Klaus Schreiber erschien auch das Antlitz des bayerischen „Märchenkönigs“, Ludwig II. An dessen noch immer mysteriösen Tod erinnert ein Holzkreuz am östlichen Ufer des Starnberger Sees.

Abb. 13 (unten): Parapsychologen, die als Erklärung für das Phänomen der Tonbandstimmen die animistische Hypothese vertraten, zogen Vergleiche zu einem anderen Phänomen: Sogenannte „Gedankenfotos“. Dem Amerikaner Ted Serios gelangen unzählige Fotografien, die er offenbar auf mentale Art auf Polaroid-Filme projizierte. Da die Versuchsreihen unter strengsten wissenschaftlichen Kontrollen stattfanden, ist ihre Existenz unumstritten.

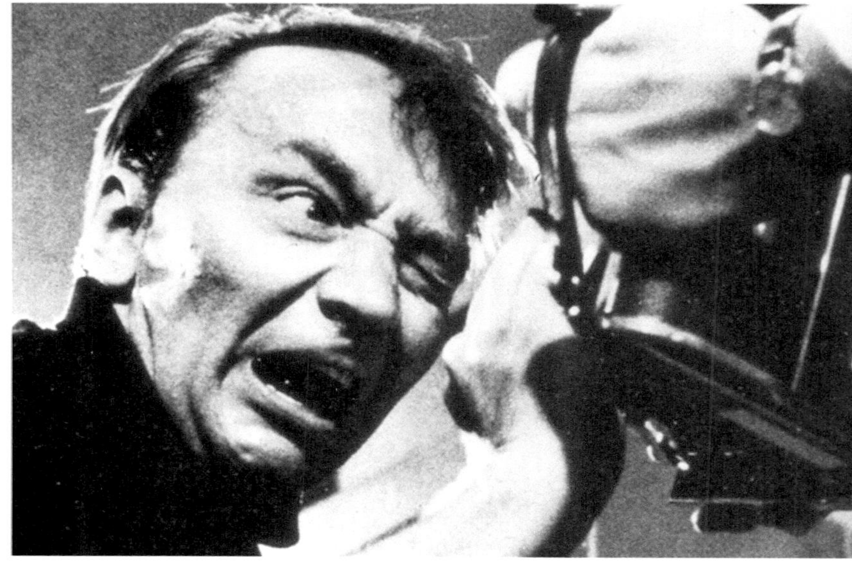

Abb. 14 u. 15: Ein Beispiel für die Gedankenfotos des Ted Serios: Auf dem oberen Bild lautet die Aufschrift „Cainadain Moun". Trotz dieses eklatanten Rechtschreibfehlers – Serios war Legastheniker – konnte das Vorbild für die Gedankenfotografie als ein Hangar der kanadischen Polizei identifiziert werden. Korrekt lautet die Aufschrift „Air Division, Royal Canadian Mounted Police". Das Foto bildete also die echten Gedanken des Mannes ab – Manipulation ausgeschlossen!

Abb. 16 (oben): Für die meisten Inder gehört die Wiedergeburt, auch Seelenwanderung oder Reinkarnation, zu den Grundfesten ihres Weltbildes. Dieses Miniatur aus dem 16. Jahrhundert zeigt, wie sich die Menschen ihre Wiederkunft – zuweilen auch als Tier – vorstellen.

Abb. 17 (rechts): Auch im Kanon der christlichen Kirche war ursprünglich der Gedanke an Wiedergeburt enthalten. Doch auf dem 5. Ökumenischen Konzil zu Konstantinopel 553 n. Chr. wurde dieser als Irrlehre verdammt. Der Kirchenlehrer Origines, der darüber geschrieben hatte, wurde gar posthum als Ketzter verunglimpft.

Abb. 18 (links): Professor Dr. Ian Stevgenson (1918-2007) galt als der Welt größte Kapazität auf dem Gebiet der Reinkarnationsforschung. Ich durfte ihn noch persönlich kennenlernen und erfuhr spektakuläre Neuigkeiten zu einigen klassischen Fällen.

Abb. 19 (unten links): Professor Hans Bender hatte von 1956 bis 1975 den ersten Lehrstuhl in Deutschland für Parapsychologie an der Universität Freiburg/Br. inne.

Abb. 20 (unten re.): Kryotechnik: Immer wieder gibt es Menschen, die sich in der Hoffnung auf eine Heilung in der Zukunft einfrieren lassen. Sinnlos, denn die Seele wurde sicher längst wiedergeboren!

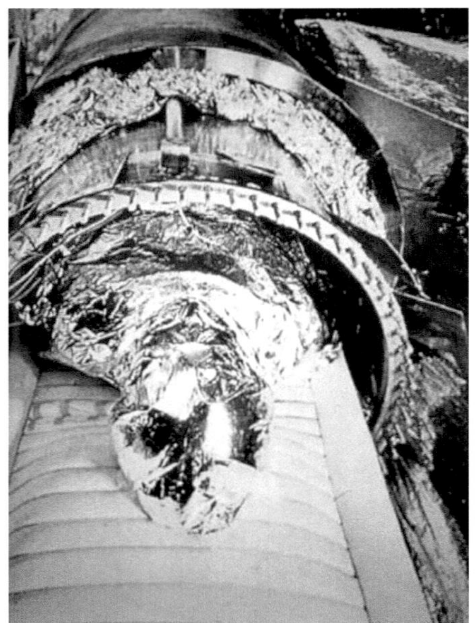

6. „Da drin liege ich begraben“

Dejä vu: Wiedererlebte Realität?

In einschlägigen Interviews fällt stets eine Frage mit nachgerade todsicherer Regelmäßigkeit: Es ist jene, wie ich überhaupt zu den Themen gekommen bin, über die ich seit mittlerweile nahezu 30 Jahren Bücher schreibe, Vorträge halte oder wie auch sonst immer präsent bin.

Man könnte die Frage auch so formulieren, was für spezielle „Initialzündungen“ in den frühen Jahren meines Lebens stattgefunden haben, welche meine Interessen so nachhaltig in eine ganz bestimmte Richtung zu lenken vermochten.

Da gab es genaugenommen drei solche Ereignisse, die mir im Grunde wirklich keine andere Wahl ließen als den Weg zu gehen, den sie mir vorgezeichnet haben. Ohne jede Option, diesen auch je wieder zu verlassen. Da war zum einen das „Erstlingswerk“ – ebenso die nachfolgenden – eines jungen Schweizer Autoren, das mich und Millionen weiterer Leser weltweit in seinen Bann zog. Dieser Mann behauptete doch allen Ernstes, in der Vorzeit hätten Raumfahrer von fremden Sternen unsere Erde besucht. Und auf diese Besuche würden zahllose Spuren in aller Welt unübersehbar hinweisen.[78]

Ich war damals ein Schüler von gerade einmal zwölf Jährchen und kann heute zugeben, dass die Idee auf mich einen so tiefen Eindruck gemacht hatte – weil ich sie schon kannte. Denn zwei Jahre zuvor hatte ich in einer Ausgabe des „Russischen Digest“ über den sowjetischen Mathematiker und Physiker Dr. Matest Agrest gelesen, der vorzeitliche Besuche Außerirdischer aufgrund gewisser „Kulturkuriosa“ für wahrscheinlich hielt.[79]

Dem Jungen von damals ging ein sehnsuchtsvoller Gedanke durch den Kopf: Er wollte irgendwann auch einmal etwas zu dieser spannenden Thematik beitragen können. Und wie ging es dann weiter? Machen wir einen Zeitsprung von drei Jahrzehnten: Den oben erwähnten Professor Agrest, der sich etliche Jahre später zur Emigration in die Vereinigten Staaten entschlossen hatte, durfte ich im Jahr 1997 im Verlauf einer Konferenz in Orlando/Florida noch höchstpersönlich kennenlernen. Was den Schweizer Autor angeht, der 1968 die Welt mit seinen gewagten Thesen schockierte, so bin ich mit diesem schon seit vielen Jahren befreundet. Und ich selbst habe zu dem Thema mittlerweile eine ganze Reihe von Büchern beitragen dürfen.

Es kam, wie es kommen musste

Die zweite „Initialzündung" lässt sich zeitlich wie örtlich ebenfalls recht gut festmachen. Gerade einmal 60 Kilometer von meinem Heimatort entfernt liegt die oberbayerische Kreisstadt Rosenheim. Diese wurde um die Jahreswende 1967/68 buchstäblich „mit Gepolter" aus ihrer provinziellen Beschaulichkeit geweckt Da machte die Kanzlei eines Rechtsanwalts in der Königsstraße Nummer 13 – ein Altbau schräg gegenüber dem Rathaus, das als Kulisse für die so erfolgreiche ZDF-Serie „Die Rosenheim-Cops" dient – weit über Stadt und Land hinaus Schlagzeilen. Was war in jener Kanzlei so Spektakuläres geschehen?

Eine 18jährige Auszubildende wurde zum Auslöser des berühmten „Poltergeistfalles von Rosenheim". Was dort abging, füllte bereits ganze Bibliotheken. Die Vorgänge, die sich mehrere Monate hinzogen und von dem erwähnten Professor Bender akribisch untersucht wurden, gelten noch immer als einer der bestdokumentierten, echten Poltergeistfälle weltweit. Ihre Authentizität ist unumstritten.[71,80] Und weil die Ereignisse noch immer unvergessen sind, habe ich am Originalschauplatz des Unfassbaren, schon mit verschiedenen TV-Sendern Dokumentationen gedreht.

Und damals wurde auch mein Interesse für all jene Phänomene geweckt, die unter der Sammelbezeichnung PSI – die steht für außersinnliche Wahrnehmungen und weitere physikalisch nicht erklärbare Vorgänge – zusammengefasst werden. Was war schließlich der dritte dieser Auslöser, die mein Interesse bis zum heutigen Tag in eine ganz bestimmte Richtung lenken sollten?

Es mutet fast schon „überirdisch" an, was damals an rätselhaften und außergewöhnlichen Eindrücken auf mich eingestürzt sein musste. Den genauen Zeitpunkt dieses dritten Zündfunkens kann ich heute leider nicht mehr bestimmen, und für eine bibliographische Anmerkung reicht es ebenfalls nicht. Aber es muss in etwa zur selben Zeit gewesen sein, als ich eine der wöchentlich erscheinenden Magazine jener heute als „Yellow Press" betitelten Sparte in meine frühjugendlichen Finger bekam. In einem spannend aufgemachten Artikel ging es um das Phänomen, dass vielen Menschen Orte, an denen sie nachweislich noch nie zuvor gewesen waren, sonderbar vertraut erschienen.

So etwas wird für gewöhnlich als „Déjà-vu-Erlebnis" bezeichnet. Der Ausdruck stammt aus dem Französischen, und heißt wörtlich übersetzt „schon (einmal) gesehen". In besagtem Artikel wurde anhand einiger Beispiele die Frage gestellt, ob diese Menschen früher schon einmal an diesen Plätzen gelebt hatten. Jedoch in einer Existenz, die nichts mit ihrer aktuellen zu tun hatte, sondern zeitlich weit vor dieser lag.

Es kam, wie es kommen musste. Das Interesse für die rätselhaften Dinge „zwischen Himmel und Erde" – es hält mich bis heute fest in seinem Bann. Und das ist auch gut so. Der Gedanke an ein ruhiges Leben, mit ganz banalen Interessen, hätte ohnehin etwas ungemein Abschreckendes für mich.

Und die sonderbare Sache mit den Déjà-vu-Erlebnissen möchte ich auf den nachfolgenden Seiten etwas genauer beleuchten.

Erklärung der Skeptiker

Das unbestimmte Gefühl der Vertrautheit, obgleich man nie zuvor an einem bestimmten Platz, in einer fremden Stadt oder in einem fernen Land gewesen ist: Es kommt ungleich öfter vor, als man denkt. Oft ist es auch eine unerklärliche Angst vor Orten und Situationen. Ebenso ein unerklärlicher Drang, der sich bis zur unstillbaren Sehnsucht steigert, an einen gewissen Ort oder in ein bestimmtes Land zu reisen. Hier und da kommen noch unerklärliche Sprachkenntnisse dazu.

Neben weiteren normalen oder paranormalen Ursachen scheinen solche Eindrücke und Erlebnisse tatsächlich durch Erinnerungen an eine frühere Existenz bewirkt zu werden. Die in derartigen Fällen meist unverändert gebliebene Örtlichkeit bildet dann spontan eine „Assoziationsbrücke" zu den Begebenheiten, die sich einst dort abgespielt haben.[1]

Aber kann man deshalb Déjà-vu-Erlebnisse durch die Bank als Hinweis auf eine Wiedergeburt nach einem vorangegangenen Leben werten? Sozusagen als „Beweis light" für die Reinkarnation? Fälle von „schwererem Kaliber", deren Beweiskraft deutlich höher ist, werde ich ohnehin später präsentieren.

Nicht zu Unrecht warnen Psychologen, dass in manchen Fällen ein völlig normales, jedoch primär vergessenes Sinneserlebnis zu der Einschätzung führen kann, einen Ort oder eine prägnante Situation zu kennen. Es ist dann nur noch ein kleiner Schritt, dieses untrügliche Gefühl mit einem Reinkarnationsszenarium zu verknüpfen. Wie bei folgendem Beispiel.

Ein britischer Armeeoffizier und dessen Frau reisten durchs Land und kamen dabei an einen unweit der Straße gelegenen Weiher, den sie beide gleichzeitig erkannten. Sie waren auch fest davon überzeugt, ihn schon einmal gesehen zu haben. Aber ihnen war genauso klar, dass sie noch niemals zuvor in dieser Region von Großbritannien gewesen waren. Daraus folgerten sie, in einem früheren Leben dort gewesen zu sein. Der Gedankengang erschien ihnen zudem vollkommen plausibel. Da sie sich bereits aus einer früheren Existenz kannten, war es nur logisch, dass sie sich auch in diesem Leben kennengelernt und geheiratet haben. Aber Vorsicht!

Zurück in London, besuchten sie bald darauf eine Kunstgalerie. Vor der erwähnten Reise in den für sie neuen Landesteil hatten sie diese Galerie schon einmal besichtigt. Nun stieß das Ehepaar auf ein Gemälde mit dem bewussten Teich, das sie vermutlich schon während ihres ersten Besuches gesehen, jedoch völlig vergessen hatten. Als sie endlich an den Ort kamen, spürten sie ein unbestimmtes Gefühl der Vertrautheit in ihrem Gedächtnis. Selbiges war so intensiv, dass sie glaubten, sie hätten den Ort bereits in einer früheren Existenz gesehen.[25]

Die Psychologen sprechen in Fällen wie diesem von Kryptomnesie – dies sind verschüttete oder vergessene Bewusstseinsinhalte, die ganz plötzlich und unvermutet wieder zum Vorschein kommen.

Die unheimlichste Erfahrung ihres Lebens

Mit anderen Worten: Das Langzeitgedächtnis, das nicht immer mit höchster Perfektion arbeitet, gaukelt uns die Erinnerungen an eine angeblich vorangegangene Existenz nur vor. Wir alle nehmen viel mehr in unserem täglichen Leben wahr, und speichern an Informationen und Eindrücken auch weitaus mehr ab, als wir ahnen. Nur einen winzigen Bruchteil davon behalten wir in unerem Gedächtnis. Doch das, was einmal gespeichert ist, geht nicht verloren und kann durch einen ganz banalen Anlass wieder in unser Bewusstsein gelangen. Und schon ist da angeblich eine „Erinnerung“ an etwas, das wir mit dem Verstand gar nicht zur Kenntnis genommen hatten.[81]

Es gibt aber noch eine andere, parapsychologische Erklärung für das plötzliche Wiedererkennen von fremden Orten oder Situationen: Präkognition, auch Hellsehen oder Vorauswissen genannt. Hierunter versteht man die außersinnliche Wahrnehmung von Begebenheiten oder Zuständen, die zum Zeitpunkt ihrer Wahrnehmung noch nicht eingetreten sind, aber später eintreten werden. Von Präkognition spricht man auch in dem Fall, wenn Vorausgesehenes nicht eintritt, weil es durch dieses vorzeitige Wissen abgewendet werden kann.[1]

Im nachfolgenden Fall kommen wir allerdings weder mit

Präkognition noch mit Kryptomnesie weiter. Der widerfuhr einem Ehepaar aus dem Mittelwesten der USA bereits vor einigen Jahrzehnten. Zum ersten Mal im Leben unternahmen Mr. und Mrs. Bralorne eine Kreuzfahrt, in deren Programm sie auch in der indischen Hafenstadt Bombay an Land gingen. Dort machten sie die unheimlichste Erfahrung ihres Lebens.

Später schilderte Mr. Bralorne die so aufwühlenden Erlebnisse: „Da wir in all unseren gemeinsamen Jahren noch niemals die USA verlassen hatten, war uns die Stadt Bombay natürlich alles andere als vertraut. Kaum waren wir jedoch dort gelandet und von Bord unseres Schiffes gegangen, beschlich mich ein ganz und gar eigenartiges Gefühl. Als meine Frau und ich später die Straßen dieser quirligen Metropole entlang schlenderten, sagte ich auf einmal – vollkommen zusammenhanglos – zu ihr: 'Wenn wir an dieser Stelle um die Ecke biegen, dann kommen wir zur afghanischen Kirche.' Und ein paar Minuten später, nachdem sich diese Ankündigung exakt bewahrheitet hatte, meinte ich: 'Zwei Straßen weiter werden wir auf die De-Lisle-Straße stoßen.' Meine Frau war über alle Maßen erstaunt, warf mir einen kritischen Blick zu, dann bemerkte sie spöttisch: 'Du scheinst dich hier ja tatsächlich gut auszukennen. Womöglich hast du auch noch das Gefühl, dass du irgendwann schon einmal hier gewesen bist.'

Über diese Bemerkung war ich absolut perplex, denn genauso und nicht anders kam es mir in diesem Augenblick auch vor. Ich kann es mit Worten kaum beschreiben, wie groß unsere Verwunderung an diesem seltsamen und denkwürdigen Tag noch wurde. Wir spazierten geradewegs in dieser für uns fremden und exotischen Stadt umher, als würden wir jede einzelne Straße, jeden Platz und jedes alte Gebäude schon unser Leben lang kennen. Oder aus einem anderen Leben ...“

Als das Ehepaar Bralorne tags darauf ein weiteres Mal diese für sie nicht mehr fremde Stadt erkundete, fragte Mr. Bralorne einen Polizisten, ob es am Fuß des Malabar Hill ein großes Gebäude gäbe, vor dem auch ein hoher Baum steht. Die Antwort war nicht wirklich überraschend. An jenem Platz habe es früher ein prächtiges Herrenhaus gegeben, das aber bereits vor 90 Jahren abgerissen worden war, um einem anderen Bau Platz zu machen. In dem Haus, das einer wohlhabenden indischen Familie mit Namen Bhan gehört hatte, war der Vater des Polizisten Diener gewesen.[21]

Ein Déjà vu in China

Doch nun wurde es dem Ehepaar aus dem Mittelwesten der USA vollends unheimlich. Hatten sie doch einen bereits erwachsenen Sohn, der einen in ihrer Heimat wirklich ungewöhnlichen Vornamen trug: Bhan. Die Eltern hatten sich in all den Jahren zuvor nie besondere Gedanken über dessen Herkunft gemacht. Bei der Geburt des Sohnes war ihnen dieser Vorname nur ganz spontan eingefallen.[21]

Aus meiner eigenen Erfahrung kann ich ebenfalls eine sehr persönliche Geschichte mit dem Déjà-vu-Phänomen beitragen, die mir im „Reich der Mitte“ widerfuhr. Es geschah im November des Jahres 1992. Ich war nicht unfroh darüber, wieder einmal jenem tristen und ungemütlichen Wetter entronnen zu sein, das zu dieser spätherbstlichen Zeit in unseren Gefilden oft Einzug hält. Mit einer bunt zusammengewürfelten Gruppe reiselustiger Zeitgenossen war ich in China unterwegs, und das nicht zum ersten Mal. Denn auf eine höchst eigentümliche Weise fühlte ich mich von jeher überraschend wohl in dem ostasiatischen Kulturkreis. So spielte ich mal wieder den Tourguide – und weil ich damals noch hauptberuflich in der Touristikbranche tätig war, war das überhaupt nichts Ungewöhnliches.

Aus Hongkong angekommen, war unsere erste Station in der Volksrepublik Hangzhou, die Hauptstadt der ostchinesischen Provinz Zhejiang. Die Stadt liegt am malerischen „Westsee“, einem heutzutage überwiegend von der Stadt umschlossenen, künstlich angelegten Gewässer. Bereits die Dichter der T'ang- und der Song-Dynastie beschrieben den im Durchschnitt nur zwei Meter tiefen

See mit blumigen Worten. In der näheren Umgebung von Hangzhou erwarten mehrere sehenswerte buddhistische Tempel den Besucher. Es kann nur als großes Glück bezeichnet werden, dass die alten Bauwerke weitgehend unbeschadet die unsäglichen Wirren der „Großen proletarischen Kulturrevolution“ überlebten. Diese brachte zwischen 1966 und 1969, zum Teil auch bis in die 1970er Jahre hinein, Zerstörung und Tod über das Reich der Mitte. Im Umkreis der Stadt findet man zudem einige idyllische Gartenanlagen. Nimmt man sich viel Zeit, findet der gehetzte Geist dort Ruhe und Entspannung, und bald geht man voll und ganz in der kleinen, überraschend heilgebliebenen Welt auf.

Südlich von Hangzhou, auf einer Anhöhe über dem Fluss Qian Tangjiang, thront majestätisch die Pagode Liuhe Ta, zu Deutsch „Tempel der sechs Harmonien“. Ursprünglich im Jahr 970 n. Chr., also zur Zeit der Song-Dynastie erbaut, stammt dieser 60 Meter hohe Tempel in seiner heutigen Form aus einer uns näheren Periode, nämlich aus dem Jahr 1899. Das Besondere an dieser Pagode ist, dass sie von außen betrachtet sechs Stockwerke erkennen lässt. Von innen jedoch sind es derer dreizehn. Erklimmt man all diese dreizehn Stockwerke, bietet sich ein grandioser Blick über den Fluss Qian Tangjiang und die weitere Umgebung von Hangzhou.

Unwiderstehliches Gefühl

Weit reicht die Bucht von Hangzhou an dieser Stelle in das Land hinein. Über das beginnende Mündungsdelta des zum mächtigen Strom angeschwollenen Qian Tangjiang erstreckt sich in einer Länge von mehr als 1.300 Metern eine zweistöckige Brücke mit Namen „Qian Tangjiang Daqiao“. Oben fahren Autos, Busse sowie das Heer der Radfahrer über den Strom, während in der unteren Etage die Eisenbahn die Metropole am Ostchinesischen Meer erreicht.

Die anderen Reiseteilnehmer stiegen noch immer munter durch den erwähnten „Tempel der sechs Harmonien“. Mich aber zog ganz plötzlich ein ebenso unbestimmtes wie unwiderstehliches Gefühl geradewegs an den Rand des Abhangs zum Fluß hin. Es war so stark und übermächtig, dass ich ihm, obwohl in meinem Inneren widerstrebend, nachgab und mich dem Hang näherte. Ein paar Meter im Baumbewuchs waren abgeholzt und gaben den Blick frei, zum Qian Tangjiang hinunter.

Ein Déjà-vu durchzuckte mich wie ein Blitz. Denn dort unten am Ufer lag, friedlich vertäut in einer Reihe anderer Schiffe, ein uralter Dampfer von jener Bauart, wie sie einstmals in den 1930er und 1940er Jahren modern gewesen waren. Einer jene „Seelenverkäufer", wie sie noch lange Zeit die Route zwischen Hongkong und Shanghai abschipperten und auch die großen Flüsse hinauffuhren. In diesem eigenartigen, aufwühlenden Augenblick kam mir das untrügliche Gefühl, früher schon einmal dort gewesen zu sein. Hartnäckig bohrte sich die Gewissheit in meine Gedanken, dass meine Existenz – aber nicht die jetzige – mit diesem alten, graugrün gestrichenen Seelenverkäufer zusammenhängen könnte. Gleichzeitig beschlich mich aber noch ein anderes, beunruhigendes Gefühl, schon beinahe so etwas wie Panik. Es war die unterschwellige Angst vor etwas Unbestimmtem, etwas Unheimlichem, das jedoch nicht konkret zu fassen war.

Déjà vu! War ich hier schon einmal gewesen? War ich am Ende in einer vorausgegangenen Existenz auf diesem Schiff, fuhr ich womöglich einst als Matrose durch das Ostchinesische Meer? Ich gebe zu, dass dieser Gedanke im ersten Augenblick reichlich „abgefahren" klingt. Und jeder, der mit dieser Thematik nicht vertraut ist, schüttelt nicht ganz zu Unrecht den Kopf darüber. Haben mir hier gleichfalls abgespeicherte Informationen aus meinem Unterbewusstsein eine „Erinnerung" vorgespiegelt, die auf ganz andere Ursachen zurückgeht, als auf ein früheres Leben?

Ich muss ganz ehrlich zugeben: Ich weiß es nicht. Und ich würde das Ganze ohne Bedauern als Musterbeispiel für Kryptomnesie ablegen. Wären da nicht ein paar Aspekte in meinem Leben, die mich doch etwas nachdenklich stimmen.

Wiederholt habe ich mich gefragt, weshalb ich eine so deutlich ausgeprägte Affinität zum „Reich der Mitte“ besitze. Mehrmals habe ich schon China bereist und kam dabei an Orte, die Normaltouristen und selbst Chinesen verwehrt waren. Mittlerweile habe ich nicht nur ein Buch über mögliche außerirdische Kontakte in dieser Region im Osten Asiens geschrieben.[9,10,82]

Unheimliches aus Hexham

Auch mit der Seefahrt stehe ich nicht unbedingt auf Kriegsfuß. Oft schon war ich auf Schiffen unterwegs. Ob nun über das Mittelmeer nach Nordafrika, oder durchs Kattegat in den hohen Norden, doch ebenso gerne auch selbst am Ruder eines Kabinenkreuzers über bretonische Flüsse und Kanäle. Und stets fiel meinen Mitreisenden auf, dass ich noch felsenfest auf den Beinen stehe, wenn sich andere schon längst nicht mehr in guter Verfassung befinden. Gottseidank ist Seekrankheit kein Übel, unter dem ich leide. Hoher Seegang vermag mich nicht aus der Ruhe zu bringen, und ich habe auch noch keine Fische über die Reling gefüttert. Scheinen da vielleicht doch irgendwelche Erinnerungen an eine frühere Existenz durch?

Wie gesagt, ich weiß es nicht. Ausschließen aber möchte ich nichts, und halte es mit dem Ausspruch des berühmten Literaten Thomas Mann (1875 – 1955), der da kundtat: „Das Positive am Skeptiker ist, dass er alles für möglich hält.“ Außerdem war ich vor 1992 noch nicht in Hangzhou.

Und ich habe keine Schwierigkeiten mit der Meinung von manchen Psychologen, die viele Déjà-vu-Erlebnisse auf Kryptomnesie, dem spontanen „Aufsteigen“ abgespeicherter Informationen aus dem Unterbewusstsein, zurückführen. Was soll man aber von solchen Fällen halten, die kleine Kinder betreffen, deren Unbewusstes von Natur aus noch gar nicht über so viele gespeicherte Inhalte verfügen kann als bei Erwachsenen? Zu alledem sollte nicht unerwähnt bleiben, dass Kryptomnesie in größerem Ausmaß wissenschaftlich sehr umstritten ist.[1]

Hexham ist ein Marktflecken im Tal des Flusses Tyne, nah an der Grenze zu Schottland und westlich der Stadt Newcastle-upon-Tyne gelegen. Das Städtchen schaffte es 1972 zu einem größeren Bekanntheitsgrad, als die beiden Söhne der Familie Robson zwei seltsame, bearbeitete Steine von der Größe eines Tennisballes im Garten des elterlichen Anwesens ausgruben. Diese Steine, die bald darauf nur noch als die „Hexham-Köpfe" bezeichnet wurden, stellen offenbar zwei verschiedene Typen dar. Der erste ähnelt einem Totenschädel. Und da er männliche Züge zu tragen scheint, wurde er „der Junge" genannt. Der andere Kopf, „das Mädchen", ähnelt frappierend einer Hexe mit Glotzaugen sowie am Hinterkopf zu einem Knoten verschlungenen Haaren.

Nicht lange, nachdem die Brüder Robson die steinernen Köpfe ins Haus geholt hatten, begann eine unheimliche Serie von Poltergeistphänomenen und etlichen weiteren, furchteinflößenden Erscheinungen. Man hörte Schreie und krachende Geräusche, und wiederholt wurden unheimliche Gestalten gesichtet. Eine Archäologin, die die Artefakte näher unter die Lupe nahm, attestierte ihnen ein Alter von wenigstens 1800 Jahren. Sie hätten in keltischer Zeit bei Ritualen Verwendung gefunden und seien auch mit einem Fluch belegt, was dann zu diesen beunruhigenden Phänomenen geführt hätte.[83]

Bestimmt kein böser Fluch aus uralten Zeiten war bei einer nicht weniger mysteriösen Angelegenheit beteiligt, die sich 14 Jahre zuvor in der gleichen Kleinstadt abgespielt hatte. Im Jahre 1958 wurde Mrs. Florence Pollock aus Hexham von zwei gesunden Mädchen entbunden. Die Geburt des Zwillingspärchens bereitete den Eltern umso größere Freude, als diese nur 17 Monate vorher einen herben Schicksalsschlag zu verkraften hatten. Die beiden Töchter der Familie waren nämlich bei einem tragischen Unfall ums Leben gekommen.

Als die jetzt geborenen Zwillingstöchter ein paar Jahre alt waren, bemerkte die Mutter an beiden Mädchen etwas sehr Ungewöhnliches. Die Kleinen kannten sich nämlich überraschend gut in dem

Städtchen aus. Mit geradezu schlafwandlerischer Sicherheit erkannten sie alle Straßen, Plätze und Gebäude in Hexham, als hätten sie dort schon viele Jahre gelebt. Déjà vu.[84]

Das Schlaflied

Ähnliches musste eine Hausfrau aus der Kreisstadt Merzig im Saarland vor mittlerweile mehr als 30 Jahren erleben. Sie ging mit ihrer kleinen Tochter in der Nähe des dortigen Friedhofes spazieren. Plötzlich und ohne jeden Zusammenhang mit dem eben noch geführten Gespräch sagte das Mädchen: „Da drin liege ich begraben, in einem weißen Sarg."

Ihre Mutter war fassungslos, wie vom Donner gerührt. Tatsächlich lag in einem der Gräber auf diesem Friedhof ein kleines Mädchen. Es war die Tochter aus erster Ehe, die im Alter von nur zwei Jahren gestorben war. Die spontane Erzählung des Mädchens, das so quicklebendig an ihrer Seite lief, und eigentlich nicht das Geringste von dessen toter Halbschwester wissen konnte, war noch nicht zu Ende: „Ich habe einen Brummkreisel mit in meinem Sarg und meine blonde Puppe."

Auch mit dieser zweiten Bemerkung hatte die Kleine buchstäblich ins Schwarze getroffen. Die verstorbene Tochter war seinerzeit mit ihren liebsten Spielsachen begraben worden. Mit ihrer jetzigen Tochter hatten die Eltern jedoch nie darüber gesprochen.[48] Die Frage sollte nun erlaubt sein, woher das Mädchen die so unheimlich zutreffenden Informationen hatte.

Ein weiteres, beinahe noch spannenderes Beispiel für solch eine Déjà-vu-Erfahrung bei kleinen Kindern, die keineswegs mit Kryptomnesie erklärt werden kann, bekam ich von einer langjährigen und mir persönlich bekannten Leserin aus dem sächsischen Erzgebirge. Die Geschehnisse datieren weit zurück, bis in die 1930er Jahre. Meine Informantin erfuhr alle Einzelheiten, als sie ein junges Mädchen war, von ihrem Vater, der bereits im Jahre 1950 das Zeitliche gesegnet hatte.

Eine Familie aus dem Erzgebirge hatte eine kleine Tochter, der die Mutter abends immer ein bestimmtes Schlaflied vorsang. Leider fand die Idylle ein jähes Ende. Denn ganz plötzlich und unerwartet starb das Mädchen, und schon kurz nach der Tragödie entschlossen sich die Eltern, nach Amerika auszuwandern. Dort wurde ihnen wieder eine Tochter geboren.

Als die Kleine ungefähr vier Jahre alt war, sang ihr die Mutter zum ersten Mal dasselbe Schlaflied vor, wie der noch in Sachsen verstorbenen Schwester. Spontan folgte der Kommentar der Tochter: „Das ist doch das Lied, das Du mir schon früher am Abend vorgesungen hast!“[85]

All diesen drei Fällen scheint eines gemeinsam. Man kann sich des Eindrucks wirklich nicht erwehren, als hätte es so etwas wie einen neuen Versuch gegeben. Eine zweite Chance, weil die Mädchen beim ersten Mal nicht die Möglichkeit hatten, den irdischen Weg zu vollenden. Vielleicht lag die amerikanische Lebensberaterin Chris Griscom nicht falsch, als sie nachfolgende Feststellung traf: „Die Anwesenheit der Seele ist bei den Kindern stark spürbar. Dabei sind Babys ganz besondere Wesen. Es hat den Anschein, als ob deren Augen noch immer jene Dimension erblicken, aus der wir alle gekommen sind.“[49]

Sehr häufig stehen wir übrigens bei kleinen Kindern vor dem seltsamen Phänomen, dass sie mit unsichtbaren Spielkameraden oder Freunden sprechen. Doch kaum ein Erwachsener nimmt das ernst, und hält alles nur für frühkindliche Phantasien.

Wer vermag schon zu sagen, ob kleine Kinder nicht womöglich noch mit Bewusstseinsebenen in Verbindung stehen, deren Zugang wir Älteren längst verloren haben? Ziemlich häufig, wann immer ein möglicher Fall von Reinkarnation vorliegen könnte, scheint die Erinnerung an die vormalige Existenz umso frischer zu sein, je jünger die Betreffenden sind. Blicken wir in die Augen der Kinder: Womöglich handelt es sich ja wirklich um uralte, weise und wiedergeborene Seelen, die das harte Los auf sich genommen haben, diese unverbesserliche Welt mit uns zu teilen.

Wunderkinder

Es scheint nicht unmöglich, dass wir in ihnen dann auf einen Freund – oder Widersacher – aus einer lange vergangenen, aber deshalb nicht vergessenen und erst recht nicht bewältigten Sache treffen, die mit uns noch eine kleine Rechnung offen haben. Viele Forscher auf dem Gebiet glauben, durch die Anwendung regressiver Hypnose[3] Hinweise darauf gefunden zu haben, dass sich persönliche Kontakte häufig über mehrere Existenzen hinweg erhalten. Dabei kann sich das „Rollenspiel" ändern: Zum Beispiel kann ein Ehepartner beim nächsten Mal als Nachbar oder Vorgesetzter auftreten und auch selbst das Geschlecht wechseln. Liegen hier die wahren Ursachen für Identitätsprobleme mit dem eigenen Geschlecht, die oft auf der Couch des Psychologen landen?

Die Seele: Ist sie ein begnadeter Schauspieler, der in verschiedene Rollen mit verschiedenen Kostümen bei verschiedenen Vorstellungen schlüpft? An dieser Stelle kommt einmal mehr das sogenannte Karma ins Spiel – die Gesamtsumme aller Taten einer Person im Verlauf ihres gegenwärtigen Lebens. Gutes, böses oder gar mieses Karma: Besonders in der fernöstlichen Glaubenswelt ist es der alles entscheidende Schlüssel, unter welchen Vorzeichen der Mensch wiedergeboren wird und unter welchen Prämissen seine neue Existenz ablaufen wird. Bei einer davon könnte es sich um den Grad der Intelligenz handeln.

Ich spiele hier auf die sogenannten „Wunderkinder" an. Das sind Kinder, die mit einem Intelligenzquotienten (IQ) geboren werden, der den eines durchschnittlichen Erwachsenen (zwischen 90 und 110) schon bei Weitem übertrifft. Man geht davon aus, dass derzeit ungefähr zwei Prozent der Neugeborenen mit einem IQ zwischen 130 und 150 auf die Welt kommen. Natürlich gibt und gab es schon immer Genies, die noch deutlich über diesem Wert liegen: Wie etwa den deutschen Dichterfürsten Johann Wolfgang von Goethe (1749 – 1832), dessen IQ bei 168 lag, oder auch Albert Einstein (1879 – 1955), der die Physik revolutionierte, mit 172 Zählern.[49]

Manche Parapsychologen halten das Phänomen der Wunderkinder, die schon im frühesten Alter ungewöhnliche Talente wie für Musik, Sprachen oder Mathematik entwickeln, auch tatsächlich für einen Hinweis auf die Wiederkunft der Seele in einem anderen Körper. Da war beispielsweise der kleine Nicolas MacMahon aus einem kleinen Dorf unweit von London. Als dieser ein Jahr alt war, konnte er bereits fließend sprechen und lesen. Im Alter von nur vier Jahren sprach er Französisch, kannte die korrekten lateinischen Namen von eintausend Insektenarten und spielte virtuos auf der Geige. Obwohl er noch viele Jahre bis zum Erwerb seines Führerscheins hatte, kannte er die gesamte Straßenverkehrsordnung auswendig, und verbesserte seine oft genervten Eltern bei Fehlern in der Rechtschreibung.[49]

In Fällen wie diesem ist es kaum vorstellbar, dass Kinder ihre herausragenden Stärken ausschließlich in den wenigen Jahren seit ihrer Geburt erlernt haben sollen.[1] Um einiges naheliegender wäre da schon die Vermutung, dass sie die Fähigkeiten aus einer vormaligen Existenz „herübergerettet" haben.

Genau diesen Gedankengang nahm die Autorin Joanne Klink für ihr Buch „Früher, als ich groß war" auf. Dafür sprach sie mit Hunderten von ungewöhnlich intelligenten Mädchen und Jungen im Alter zwischen zwei und vier Jahren. Den jungen Erdenbürgern war eines gemeinsam: Wie selbstverständlich sprachen sie über ihre Erlebnisse aus einer Zeit, in der sie keine kleinen Kinder, sondern vielmehr erwachsene Leute waren.[86]

Bach und Mozart

Eine frühere Arbeitskollegin, die mit dem Thema der Wiedergeburt so gar nichts anfangen konnte, pflegte ich gelegentlich – und ich gebe es ja zu, sehr genüsslich – mit einem zum Glück nicht eingetroffenen Szenario zu verunsichern. Falls ich eines Tages unvorhergesehen aus dieser Welt herausgerissen würde, so könnte ich ja als ihr erstgeborenes Kind wiederkehren. Und das erste Wort, welches dem Baby über dessen Lippen käme, wäre dann der Spitzname, mit dem ich sie stets ansprach.

Mit ziemlicher Sicherheit waren die Eltern des Mitte der 1980er Jahre geborenen David Gregory aus Hannover genauso verunsichert, wie es meiner damaligen Kollegin erspart geblieben ist. Denn das erste Wort, das dieser noch in der Wiege sprach, galt nicht den Eltern. Es war „Bach". Kaum dem Kleinkindalter entwachsen, zog es den Jungen auf Ausflügen mit den Eltern in jede Kirche, wo er auf der Orgel zu spielen begehrte. Genau wie Johann Sebastian Bach (1685 – 1750) komponierte er Barockmusik und wurde ein begeisterter Pianist.[49]

Sollte sich in David wirklich das Musikgenie Bach zu einem weiteren Erdendasein inkarniert haben, dann hat Letzterer womöglich ein paar Jahre nach dessen Ableben noch eine „kurze Zwischenstation" eingelegt. Denn die Musikgeschichte weiß von einem Wunderkind zu berichten, das genau fünfeinhalb Jahre nach dem Tod Bachs das Licht der Welt erblickte.

Am 27. Januar 1756 wurde dem Hofkomponisten Leopold Mozart aus Salzburg und dessen Gattin Anna Maria ein Sohn geboren: Der kleine Wolfgang Amadeus. Selbst die einschlägige Fachliteratur kommt nicht umhin, ihn als ein offensichtliches Wunderkind zu titulieren. Bereits mit vier Jahren begann Wolfgang Amadeus zu komponieren. Und im Alter zwischen sechs und zehn Jahren unternahm er mit dem Vater ausgedehnte Konzertreisen, die ihn durch Österreich und das damals noch in etliche Kleinstaaten zersplitterte Deutschland führten. In den wenigen Lebensjahren, die ihm vergönnt waren - Mozart starb mit gerade einmal 35 Jahren und ist in einem Armengrab in Wien bestattet – schuf er über 600 Werke weltlicher und geistlicher Musik.

Wenn Klein Wolfgang Amadeus im zarten Alter von nur vier Jahren unvergleichlich zu komponieren begann, um mit acht Jahren meisterhafte Sinfonien zu schaffen, sollte da nicht die Frage erlaubt sein, ob er seine Fähigkeiten nicht von irgendwo „herübergerettet" haben könnte? Womöglich von einem vormaligen und nicht minder begabten Musikgenie, welches nur fünfeinhalb Jahre vor seiner Geburt gestorben war.

Die Rede ist von Johann Sebastian Bach, der nach wie vor als größter Meister der evangelischen Kirchenmusik gilt. Von ihrem jeweiligen Naturell waren Mozart und Bach so weit auseinander, wie zwei von Grund auf unterschiedliche Menschen dies nur sein können Auf der einen Seite haben wir den 1723 zum Kantor (Bezeichnung für den mit dem Organistenamt verbundenen Leiter eines Kirchenchores; HH) der berühmten Leipziger Thomaskirche berufenen Perfektionisten, der einen bürgerlichen, fast pedantischen Lebensstil pflegte. Auf der anderen Seite das genaue Gegenteil des oft schwermütigen Bach: Der immer ruhelose und ausschweifende Frauenliebling, Verschwender und Lebemann Mozart. Er tat sich unsäglich schwer mit jeglichen bürgerlichen Konventionen. Aus dem Grund beschrieb ihn der österreichische Sänger Falco in seinem großen Hit „Rock me Amadeus" ganz passend als einen Pop-Star des 18. Jahrhunderts.

Mozart fühlte sich gerade in seinen jungen Jahren sehr stark zur Musik von Bach hingezogen, der zu jener Zeit nahezu in Vergessenheit geraten war. Erst später löste er sich erkennbar vom Stil und der Tradition der barocken Musikkunst.

Fast zu Tode erschrocken

Hat der berühmte Komponist justament an dem Punkt weitergemacht, wo Johann Sebastian Bachs Schaffen am Ende seines Lebens abbrach? Als sich auch Mozarts Erdendasein dem Ende zuneigte, schien dieser in unheimlicher Weise noch einmal „zurück zu den Wurzeln" gefunden zu haben. Drei Jahre vor seinem Tod – man schrieb das Jahr 1788 – besuchte Wolfgang Amadeus Mozart die Thomaskirche in Leipzig, wo Bach bis zu dessen Lebensende gewirkt hatte. Mozart lauschte dort gerade einer Motette (eine mehrstimmige vokale Komposition, meist in der Kirchenmusik) des Kantors. Von dem Werk war er plötzlich so stark ergriffen, dass er sich spontan an die Orgel setzte und zu improvisieren begann. Sein virtuoses Spiel zog eine ebenso unerwartete wie unglaubliche Wirkung nach sich. Ein greiser Kirchendiener erschrak sich beinahe zu Tode. Einige Augenblicke lang war er sogar sicher, sein vor bald 40 Jahren verstorbener Lehrmeister Bach sei kurz aus dem Reich der Toten zurückgekommen, um noch einmal auf seiner geliebten Orgel zu musizieren.[87]

Es ist gut möglich, dass der alte Mann mit seiner spontanen Empfindung viel näher an der Wahrheit lag, als ihm dies in seinem grenzenlosen Schrecken bewusst geworden war.

Sollte das geniale „Enfant terrible“ Mozart wirklich die Wiedergeburt des Komponisten Bach gewesen sein, wie sollen wir uns dann einen Reim auf die doch überaus krassen Unterschiede im Wesen der beiden machen? Wir kommen sicher nicht umhin, die zwei im Kontext ihrer jeweiligen Zeit zu betrachten, in welcher sie gelebt und gewirkt haben. Es erscheint dadurch plausibel, dass jede Wiederverkörperung in die herrschenden Verhältnisse eingebunden wird, und sich selten als genau derjenige manifestieren kann, der er in seiner vorangegangenen Existenz war. Was von letzterer bleibt, ist eine Art Persönlichkeitskern, welcher durch Erziehung und Erfahrungen mit neuen Wesenszügen angereichert wird. Damit betreten wir auch schon den Boden religiöser Vorstellungen: Ein Hindu oder ein Buddhist glauben felsenfest daran, dass man genauso oft wiederkommen muss, bis man seine „Lektion“ gelernt hat. Und wie steht es mit dem Christentum?

„... der sei verflucht!“

Im Gegensatz zum Wiedergeburtsgedanken, die Seele würde im Lauf einer Vielzahl von aufeinanderfolgenden Inkarnationen „gereinigt“, dadurch endlich aus diesem Geburtenkreislauf befreit und in das Nirwana eingehen, steht die Auffassung des Christentums. Deren zentraler Glaubenspunkt ist der „Jüngste Tag“, jenes grausame und unerbittliche Weltgericht, von dem uns die Offenbarung des Johannes in düsteren Farben schildert, was die Verstorbenen zu erwarten haben. Nachzulesen in jeder Bibel.

Doch das war nicht immer so. Interessanterweise streift das Alte Testament an ein paar Stellen den Gedanken an eine Wiederverkörperung. Dann aber brachte das fünfte ökumenische Glaubenskonzil – es fand im Jahre 553 unter der Herrschaft des byzantinischen Kaisers Justinian I. (482 – 565) in Konstantinopel statt - die entscheidende Wende in der Haltung des damals noch ungeteilten Christentums zur Reinkarnation. Da wurde folgendes Dogma erlassen: „Wer eine Präexistenz der Seele und die daraus folgende monströse Restauration behauptet, der sei verflucht".

Dieses Dogma spiegelte nicht so sehr die allgemeine Denkweise des 6. Jahrhunderts wider, als vielmehr die persönliche Meinung Kaiser Justinians, der das Konzil stark beeinflusste.[1]

Wie kam es überhaupt dazu? Im Mittelpunkt des Konzils stand der griechische Kirchenschreiber Origenes (um 185 – 254 n. Chr.), der noch heute als größter Bibelexeget der Ostkirche gilt. Der wurde in Konstantinopel volle 300 Jahre nach dessen Tod angeklagt, eine Reihe von Lehren verteidigt zu haben, die „mit der wahren Kirchendoktrin unvereinbar" seien. Da die Schriften des Origenes, soweit sie heute noch vorliegen, äußerst umfangreich und weitschweifend, aber auch abwägend waren, unterschoben ihm seine Kritiker Ansichten, die er fraglos diskutiert haben mag, aber sicher nicht in jedem Fall gebilligt hätte.[21] Posthum als Ketzer verunglimpft, wurden seine Schriften als Irrlehre abgestempelt.

Nun war besagter Kaiser Justinian ein blutrünstiger Despot, der nur noch von seiner Gemahlin und Mitregentin Theodora übertroffen wurde. Mit geradezu fanatischem Eifer ließ sie alles, was sie auch nur im Entferntesten als heidnisch und ketzerisch ansah, unerbittlich und mit grausamer Härte ausrotten.[88]

Im Grunde wurde das Christentum während der ersten Jahrhunderte unserer Zeitrechnung mehr oder weniger „zusammengezimmert". In den ersten fünf ökumenischen Konzilen wurden alle Weichen für den Inhalt und die Organisation dieser noch jungen

Religion gestellt. Da wurden Glaubenslehren definiert, die bis heute ihren dogmatischen Charakter, den Anspruch auf Unfehlbarkeit, behalten haben. Und das Pikante: Maßgeblichen Einfluss hatten nicht selten Leute, die mit dem christlichen Glauben de facto nichts am Hut hatten. Genau betrachtet, wurde damals ein phänomenales Täuschungsmanöver in Gang gesetzt, das – beinahe schon wieder bewunderungswürdig – seit dieser Zeit konsequent durchgezogen wird.[88,89]

„Mut zeiget auch der Mameluck (arab.: Sklave), Gehorsam ist des Christen Schmuck." Zum Machterhalt der katholischen Kirche ist es natürlich opportun, ihre gläubigen Schäflein ständig mit grausigen Szenarien ins Bockshorn zu jagen. Bei Nichtbeachtung der Regeln folgen unsagbare Qualen wie das Schmoren im Fegefeuer und der Hölle. Wie unglaublich kontraproduktiv wäre es doch für diese Institution, müsste sie eingestehen, dass es auch ganz anders sein könnte. Dann lieber weiterhin den himmelschreienden Unsinn verkaufen, den sie seit vielen Jahrhunderten feilhält.

Von Papst Pius XII. – das war jener, der über die Versuche der Padres Gemelli und Ernetti auf dem Gebiet der Tonbandstimmenforschung seine schützende Hand gehalten hatte – wird berichtet, es habe seinerseits ernsthafte Überlegungen gegeben, in der römisch-katholischen Kirche die Annahme der Reinkarnation offiziell zu gestatten. Doch seither hat man aus dieser Ecke nichts mehr gehört.[89]

Anders in der fernöstlichen Glaubenswelt, wo man nicht auf die Verbreitung von Angst und Schrecken setzt, um das gläubige Volk „bei der Stange" zu halten. Dort stehen hohe Würdenträger im Mittelpunkt von Jahrhunderte währenden Geburtenkreisläufen, die uns ein ungläubiges Staunen abnötigen.

7. Einmal Rinpoche, immer Rinpoche

Jahrhunderte währende Inkarnationen

In der fernöstlichen Zeitrechnung schrieb man das „Jahr des Wasservogels“, für die restliche Welt war das schicksalshafte Jahr 1933 angebrochen. Nach langer und glücklicher Herrschaft hatte Thub-Idan-rgya-mtsho das Zeitliche gesegnet. Dieser Mann mit dem für westliche Zungen schwer auszusprechenden Namen war der 13. Dalai Lama (tibet. „Ozean des Wissens“) gewesen, weltliches und geistliches Oberhaupt der Tibeter.

Im Potala-Palast auf dem heiligen Tempelberg zu Lhasa hatte der Gyalwa Rinpoche, wie dieser „Gottkönig“ von seinen Landsleuten genannt wird, seine Augen für immer geschlossen. Sein Tod löste, wie bei allen seinen Vorgängern, eine lange, komplizierte und unglaublich aufwendige Suche nach jenem Kind aus, von dem die Tibeter überzeugt waren, dass es schon bald als der reinkarnierte und rechtmäßige Nachfolger des Dalai Lama für den „Löwenthron“ geboren werde.

Seit dem Jahr 1391, als Dge-`dun-grub-pa als erster Gyalwa Rinpoche diesen Thron bestiegen hatte, soll sich das Oberhaupt der Tibeter in einer ununterbrochenen Linie bis in die heutige Zeit wiederverkörpert haben.

Bis der neue, also der 14. und noch immer – jedoch im Exil – regierende Dalai Lama gefunden war, übernahm ein Interimsherrscher die politische und religiöse Führung jenes Landes auf dem „Dach der Welt“. Die lamaistischen Würdenträger, deren Aufgabe darin bestand, ihren neuen „Gottkönig“ ausfindig zu machen, befragten erst einmal ihre seit alters her bewährten Orakel. Zudem hielten sie Ausschau nach auffälligen Hinweisen und Vorzeichen, die ihnen die Suche erleichtern sollten. Diese ließen auch nicht lange auf sich warten. Der eben Verstorbene war, mit nach Süden gerichtetem Gesicht, in einem Pavillion des Potala-Palastes auf einen Thron gesetzt worden. Als wollte er ein Zeichen geben, hatte sich schon wenige Tage später sein Gesicht in östliche Richtung gedreht. Dorthin, wo plötzlich ein großer, sternförmiger Pilz auf einem hölzernen Pfeiler an der Nordostecke dieses Pavillions gewachsen war.

Was hatte das zu bedeuten? Für die Vertreter des Hofstaates und die religiösen Würdenträger bestand kein Zweifel. Denn die beiden Omen wiesen darauf hin, dass der kleine Junge, in welchem sich schon bald die Seele des verstorbenen Gyalwa Rinpoche reinkarnieren würde, exakt in nordöstlicher Richtung von Lhasa zu finden sei. Doch das war erst ein bescheidener Anfang, es gab noch viel zu tun. Es mussten eine ganze Reihe weiterer Omen und Anzeichen ermittelt werden, um die Suche nach dem legitimen Nachfolger besser eingrenzen zu können.

Die goldenen Dächer von Kumbum

Aus diesem Grund reiste der Interimsregent 1935 zum Bergsee Lhamo Latso, in der Hoffnung, beim meditativen Betrachten der Wasseroberfläche eine erhellende Vision zu erleben. Dieser See gilt den Tibetern als heilige Orakelstätte, zu vergleichen mit dem griechischen Delphi in antiker Zeit. Schon der allererste Dalai Lama hatte an dessen Ufern eine Vision, welche ihm mitteilte, dass die Göttin Pandan Lhamo alle seine zukünftigen Inkarnationen unter ihren persönlichen Schutz stellen würde.[21,23]

Als der Regent mehrere Tage lang intensiv meditiert und gebetet hatte, erschienen vor seinem geistigen Auge ein Kloster mit jadegrünen und goldenen Dächern, sowie ein Haus mit türkisfarbenen Ziegeln. Er konnte dieses Haus, dessen Umgebung, selbst den Hund der dort lebenden Familie deutlich erkennen und auch verblüffend genau beschreiben. Die so erstaunlich detaillierte Vision vom Bergsee half den Lamas und hohen Würdenträgern, die sich als getarnter Suchtrupp auf den weiten Weg gemacht hatten und den gesamten Landesteil nordöstlich von Lhasa durchkämmten, entscheidend weiter. Immerhin verfügte man hiermit über eine Reihe von

Anhaltspunkten, die die örtlichen Gegebenheiten erschöpfend genau beschrieben.

Drei Jahre nach dem Ableben des 13. Dalai Lama, es war inzwischen das Jahr 1936 angebrochen, stieß einer der Suchtrupps nach langem Umherziehen endlich auf den Ort, auf den sämtliche Einzelheiten der Vision des Interimsregenten am Lhamo Latso zutrafen. Das waren die grünen und goldenen Dächer des Klosters von Kumbum und ein Haus mit türkisfarbenen Ziegeln im nahegelegenen Dorf Taktser. Tatsächlich liegt besagter Ort genau in nordöstlicher Richtung von der Hauptstadt Lhasa. Das Omen in Form eines sternartigen Pilzes hatte nicht getrogen. Was jedoch noch wichtiger war: In dem Haus lebte ein Ehepaar mit einem kleinen Jungen, der knapp zwei Jahre alt war.

So suchten die Abgesandten die Familie auf, ohne jedoch den wirklichen Grund für ihr unvermitteltes Auftauchen zu offenbaren. Losang Tsewang, ein jüngeres Mitglied des Suchtrupps, gab sich dabei als Regent des Landes aus. Der wirkliche Interimsregent aber – der Lama Kewtsang Rinpoche – hatte sich ganz bescheiden wie ein Diener gekleidet. Während der gesamten Kontaktaufnahme hielt er sich nur beobachtend im Hintergrund.

In seiner Autobiographie „My Land and my People" („Mein Land und mein Volk") beschrieb der spätere 14. Dalai Lama den genauen Ablauf dieses Besuches: „Meine Eltern empfingen die Fremden an unserer Pforte und baten Losang, den sie für den Herrn hielten, ins Haus. Der verkleidete Lama jedoch und die anderen wurden in die Räume der Dienstboten geführt." Dort entdeckten sie dann den Zweijährigen.

Als der kleine Junge den – echten – Lama erblickte, lief er voller Freude auf diesen zu und begehrte, auf dem Schoß dieses Würdenträgers sitzen zu dürfen. Als Verkleidung diente dem Lama Kewtsang Rinpoche ein alter und abgetragener Lammfellmantel über dessen normalen Gewändern. Um den Hals trug er einen Rosenkranz, der aus dem Besitz des verstorbenen 13. Dalai Lama stammte.[90]

Konversation in höfischer Sprache

Es schien, als würde das Kind diesen wieder erkennen. Denn es griff ohne zu zögern danach und wollte ihn auf der Stelle zurückhaben. Kewtsang Rinpoche versprach dem Jungen den Rosenkranz, wenn der ihm sagen könne, wer er sei. Hierauf erwiderte ihm der Knabe, er sei Sera-aga, was im dortigen Dialekt so viel bedeutet wie „ein Lama von Sera".[91]

Lama Kewtsang Rinpoche stammte tatsächlich aus dem Kloster von Sera. Zwischen den beiden entspann sich nun ein angeregtes und ausführliches Gespräch, wobei der Junge eine große Anzahl Begriffe aus der offiziellen Sprache des Tibetischen Hofes gebrauchte. Doch niemand aus der Familie des Kindes wusste sich in der gewählten Hofsprache auszudrücken. Auch wurden keine einzelnen Ausdrücke hieraus im Umfeld der Familie gesprochen. Woher der Kleine die speziellen Worte kannte, blieb fürs Erste völlig schleierhaft.

Doch das Interesse war geweckt, deshalb verbrachte der Lama Kewtsang Rinpoche den gesamten restlichen Tag mit dem kleinen Jungen. Dessen Verhalten betrachtete er mit zunehmendem Wohlwollen. Die kommende Nacht über blieben alle Teilnehmer des Suchtrupps im Hause der Familie. Als sie am darauffolgenden Morgen in aller Frühe aufbrechen wollten, war der kleine Sohn schon hellwach. Er stieg aus dem Bett und bat sie zu warten, da er mit ihnen gehen wollte. Dafür war die Zeit jedoch noch nicht reif. Denn es galt, noch eine Reihe von Prüfungen zu bestehen.[90]

Um endgültig sicher gehen zu können, ob man bei dem Jungen wirklich auf die Wiederverkörperung des Dalai Lama gestoßen war, konsultierte der Interimsregent vorsichtshalber noch das Orakel von Nachung. Hinter diesem Orakel steht ebenfalls eine alte tibetische Gottheit, die – wie bereits die Göttin Pandan Lhamo am Bergsee von Lhamo Latso – ein Versprechen abgegeben hatte. Und zwar die Versicherung, für die Inkarnationen des Gyalwa Rinpoche Sorge zu tragen. Die Befragung verlief zufriedenstellend: Auch dieses Orakel bestätigte zweifelsfrei die Ergebnisse der Nachforschungen im Dorfe Taktser.[21,23]

Doch bald kam Gegenwind aus unvermuteter Richtung. Die Anhänger eines rivalisierenden Anwärters auf Thron und Würden des Dalai Lama äußerten den Verdacht, das Orakel von Nachung könne nicht ganz unparteiisch sein. Darum einigte man sich nach zähen Verhandlungen darauf, noch eine zusätzliche, eine letzte Prüfung abzuhalten. Man bat das Orakel um die Beantwortung einer Reihe von Fragen, die dieses nicht einsehen konnte, da sie auf versiegelten Schriftrollen niedergeschrieben waren.

Einzug in Lhasa

Doch auch diesen abschließenden Test bestand das Orakel mit Bravour, was die Gruppe um Kewtsang Rinpoche endgültig in deren Überzeugung bestärkte. Und so kam noch einmal jene Abordnung, die die Familie des Jungen im Dorfe Taktser besucht hatte, zusammen, um nun auch das Kind selbst letzten Prüfungen zu unterziehen. Dabei konnten sie beobachten, wie der inzwischen Vierjährige unter einer Auswahl verschiedener Rosenkränze genau den „richtigen“ auswählte sowie auf eine Trommel und einen Stock deutete. Die besagten Gegenstände hatten einst dem verstorbenen 13. Dalai Lama gehört, und wurden offenbar von dessen Wiederverkörperung erkannt.

Endlich gehörten all die langwierigen Beratungen und sorgfältigen Abwägungen unter den Teilnehmern der Suchaktion der Vergangenheit an. Der neue Gyalwa Rinpoche, der 14. Dalai Lama, das geistliche und weltliche Oberhaupt aller Tibeter, war gefunden. In Begleitung einer Karawane, bestehend aus 50 Menschen sowie 150 Pferden und Maultieren geleitete man den kleinen Jungen im Jahre 1939 nach Lhasa. Dort befand die Versammlung hoher Priester und Würdenträger, dass „die mühevolle Suche nach dem neuen Gyalwa Rinpoche in völliger Übereinstimmung mit dem Rat der obersten Orakel und Lamas stattgefunden habe, und mit den Hinweisen des

13. Dalai Lama auf den Ort, an dem dieser wiedergeboren zu werden wünschte."[90]

Solche Ausführungen und Erklärungen mögen für unsere westlichen Ohren ein wenig seltsam anmuten. Doch war das geheimnisumwobene Land auf dem „Dach der Welt" zu dem Zeitpunkt ein autonomer Staat theokratisch-lamaistischer Ordnung, dessen geistliche Führer auch die politische Macht ausübten.[2]

Am 14. Tag des ersten Monats im „Jahr des eisernen Drachen" – die übrige Welt schrieb das Jahr 1940 und befand sich in einem weltumspannenden Völkergemetzel – war es dann schließlich so weit. In festliche Gewänder gehüllt, wurde der Fünfjährige als Bstan'-dzin-rgya-mtsho auf den Löwenthron im Potala-Palast gesetzt. Die Jahre des Interims, jene Zeitspanne zwischen zwei Wiederverkörperungen Dalai Lamas, waren nach Ablauf der Feierlichkeiten vorbei.[21]

Das durchschnittlich 4.000 Meter hoch gelegene Land Zentralasiens, dessen größter Teil aus unwirtlichen Steppen, kahlen Bergen und ewigem Eis besteht, doch auf eine umso faszinierendere Kultur blicken kann, hatte wieder einen Regenten. Und für die kommenden zehn Jahre sollte die Welt dort noch in Ordnung sein. Doch dann zogen mit einem Mal dunkle Wolken über Tibet und seine Bewohner auf.

Flucht ins Exil

Bereits zum wiederholten Male hatten es die mächtigen Nachbarn im Osten, die Chinesen, auf das kleine Land abgesehen. In den vergangenen Jahrhunderten waren sie mehrmals daran gescheitert. Doch nach wie vor war es ihr erklärtes Ziel, Tibet ihrem eigenen Riesenreich einzuverleiben. So auch 1950, im Jahr nach der Gründung der Volksrepublik China durch den „Großen Vorsitzenden" Mao Zedong (1893 – 1976}. In diesem Jahr marschierte die Volksbefreiungsarmee in Tibet ein, konnte allerdings nicht dem erhofften raschen Sieg erringen. Die Bewohner leisteten erbitterten

Widerstand, und lehnten sich noch einige Jahre lang gegen ihre ungeliebten Besatzer auf. Erst 1959 würde der Staat Tibet endgültig besiegt, und in der Folge unter der Bezeichnung „Autonome Region Xizang“ in das Territorium der Volksrepublik China eingegliedert.

In diesem schicksalshaften Jahr 1959 kam es noch einmal zur Eskalation der Gewalt, die sich in einem Volksaufstand gegen die chinesische Besatzungsmacht entlud. Doch Tibet war hoffnungslos unterlegen. Aus diesem Grund musste der Dalai Lama mit wichtigen Gefolgsleuten – und weitere 70.000 Tibeter sollten ihm im Laufe der Jahre folgen – ins Ausland flüchten. Der Exodus führte ihn ins benachbarte Indien. Dort, in der Stadt Dharamsala im Distrikt von Nangra, residiert der 1989 mit dem Friedensnobelpreis ausgezeichnete Herrscher ohne Land noch heute.

Um seine Flucht, die buchstäblich „bei Nacht und Nebel“ vonstatten ging, ranken sich eine Reihe bizarrer Geschichten. Seltsame Dinge sollen sich dabei zugetragen haben. Als der Gyalwa Rinpoche gemeinsam mit seinen Begleitern endlich den rettenden Gebirgspass erreichte, der zur indischen Grenze führt, hüllte ganz plötzlich ein „wie aus dem Nichts“ gekommener, unnatürlich dichter Nebel die ganze Gegend ein. Suchflugzeuge der Chinesen, die man den Flüchtenden hinterhergeschickt hatte, mussten unverrichteter Dinge zu ihrem Stützpunkt zurückkehren. Auch die Soldaten am Boden, die die Gruppe verfolgten, hatten kein Glück. Ein ebenso unvermittelt eintretender, ungewöhnlich heftiger Schneesturm deckte alle Fußspuren zu und vereitelte die Gefangennahme des Gottkönigs.

Gefahrlos konnte der Dalai Lama seinen Verfolgern entkommen und die Grenze überwinden. Er ging, wie schon erwähnt, in sein selbstgewähltes Exil im nordindischen Dharamsala, das er seiner Freundschaft mit dem ehemaligen Premierminister Jawaharlal Pandit Nehru (1889 – 1964) verdankt. In diesem Zufluchtsort kann er nach wie vor auf die Unterstützung und Verehrung durch etwa 100.000 Tibeter zählen, die auch durch Flucht ihre Heimat verließen und ihr Schicksal freiwillig mit ihm teilen.

Allen internationalen Ehrungen und den Fürsprachen etlicher Staaten zum Trotz, ist dem „Gottkönig“ noch immer die Rückkehr in die Heimat und zu seinem Volk verwehrt. Zwar droht ihm sicher nicht mehr die Haft in einem chinesischen Gefängnis. Doch das Verhältnis zwischen ihm und der Zentralregierung in Peking ist alles andere als ungetrübt. In den vergangenen Jahrzehnten gab es zwar immer wieder Bemühungen der chinesischen Führung, doch noch mit dem Dalai Lama ins Gespräch zu kommen. Diese wechselten sich jedoch leider ab mit Phasen verstärkter Unterdrückung, bis hin zur Zerstörung lamaistischer Klöster.

Und zu einem von Peking nur geduldeten „Statthalter“ wollte er sich auf keinen Fall machen lassen. Einer anderen Autorität des heute als „Autonome Region Xizang“ eingegliederten Landes jedoch wurde seltsamerweise die Anerkennung Pekings als legitime Wiederverkörperung seiner vorangegangenen Inkarnationen zuteil. Doch alles der Reihe nach.

Die längste ununterbrochene Inkarnationslinie

Im tibetischen Buddhismus gilt der Mensch als die Schnittstelle zwischen seiner unsterblichen, geistigen Komponente – um nicht Seele zu sagen – und dem Produkt seiner Eltern. Und neben dem Dalai Lama, dem geistlichen und weltlichen Herrscher des Landes, gilt der Gyalwa Karmapa als höchste Autorität in der Glaubenswelt. Soll er doch die wahre Reinkarnation Gautama Buddhas, des „erleuchteten Boddhisattva“, darstellen. Die Linie der Karmapas stellt die längste, ununterbrochene Inkarnationsfolge Tibets dar. Sie hält seit Dusum Khyenpa (1110 – 1193), dem allerersten Karmapa, schon seit über 900 Jahren an. Keine andere Wiedergeburtslinie ist so alt und wurde so kontinuierlich und exakt dokumentiert. Selbst der Dalai Lama respektiert den Karmapa als die älteste aller bewussten Inkarnationen.

Der 16. Karmapa, Rangjung Rigpa Dorje, starb 1981 in Zion, einer Kleinstadt am Michigan-See nördlich von Chicago. „Er hat freiwillig das Los des Krebses auf sich genommen, um den Gläubigen in einer neuen Inkarnation seine Wiederkehr zu beweisen“, sagten seine Anhänger. Ähnlich wie beim Dalai Lama war es auch beim Karmapa üblich, dass dieser vor seinem Ableben eine Reihe deutlicher Hinweise auf seine Wiedergeburt gibt. Mit einem Brief, in welchem er die Namen von Vater und Mutter jenes Kindes, in dessen Körper er zurückzukehren gedachte, ebenso das Geburtsjahr („im Jahre des Ochsen“), sowie den Bezirk im Osten Tibets deutlich genannt hatte, verabschiedete sich der 16. Gyalwa Karmapa von unserer diesseitigen Welt.

Den traditionellen Sitten und Gebräuchen folgend, ergriffen nach seinem Tod vier „Linienhalter“ (Tulkus) alle geistlichen Funktionen. Diese trugen, genau wie der Interimsregent im Fall des Dalai Lama, in der Zeitspanne zwischen zwei Inkarnationen die Verantwortung, die auf den Schultern des eben Verstorbenen ruhte. Eine genau festgesetzte Zeit nach dessen Tod erbrachen sie die Siegel des Briefes mit den Hinweisen, die der Karmapa noch gegeben hatte, und verlasen den darin enthaltenen letzten Willen der Wiederverkörperung Boddhisattvas auf Erden. Daraufhin machte sich Jamgan Kontrul Rinpoche, der ranghöchste der vier „Linienhalter“, auf den weiten Weg nach Osten, um die Spur der zukünftigen Inkarnation Karmapas aufzunehmen. Inzwischen waren auch auf dem „Dach der Welt“ moderne Zeiten angebrochen, daher benutzte er statt Pferd oder Maultier einen Wagen. Tragischerweise kam er nicht allzu weit.

Als unerwartet eine Schar Vögel auf der Fahrbahn auftauchte, versuchte Jamgan Kontrul Rinpoche noch, ihnen auszuweichen. Er verriss dabei das Lenkrad, verlor die Kontrolle über sein Auto und verstarb noch an der Unfallstelle. Durch das Unglück wurde die Suche nach der Wiederverkörperung des Gyalwa Karmapa um mehrere Monate zurückgeworfen.

Wenden wir uns an dieser Stelle für einen Augenblick einem ganz anderen Schauplatz zu. Am 25. Juli 1985 gebar die Ehefrau eines Nomaden auf der unwirtlichen Hochebene in Osttibet einen

Sohn. Die Eltern gaben ihm den Namen Urgyen Thinley Dorje. Die ersten Jahre seines Lebens wuchs der Knabe im Zelt auf, musste bereits früh lernen, mit dem harten Dasein in der Region klarzukommen. Die strenge Kälte der langen Winter in dieser kargen Gegend machte das Überleben alles andere als einfach. Meist gab es nur das tibetische Nationalgericht Tsampa: Geröstetes Gerstenmehl mit ranzig schmeckendem Buttertee. Für die Wanderhirten, die mit ihren Herden oft wochenlang im Hochland umherziehen, ist Tsampa Kraftspender, Erwärmung und Heilmittel in einem. Abwechslungsreich essen jedoch geht anders.

Szenenwechsel. In der Zwischenzeit war es unter den bereits erwähnten Linienhaltern des 16. Gyalwa Karmapa zum erbitterten Streit gekommen. Einer der restlichen drei erkannte auf einmal die Echtheit des hinterlassenen Briefes mit den Hinweisen auf die Wiederverkörperung nicht mehr an. Doch die beiden verbliebenen, nunmehr letzten Vertreter Karmapas gaben nicht auf, und begaben sich ihrerseits auf die Suche nach ihrem wiedergeborenen Meister. Zeitgemäß mit einem allradgetriebenen Jeep ausgerüstet, aber ebenso inkognito wie ihre Vorfahren, setzten sie unverdrossen ihre Suchaktion fort. Wilde und urwüchsige Landschaften bildeten die Kulisse für ihre ungewöhnlichen Nachforschungen. Von dem erfolgreichen Ausgang ihrer Mission waren sie ohnehin felsenfest überzeugt.

In zwei Leben erlebt

Dem tibetischen Buddhisten ringt es allerhöchste Bewunderung ab, wenn der Geist seinen Triumph über den Tod dergestalt beweist, indem er gezielt in einem anderen Körper wiederkehrt. Deshalb lohnte die Aussicht, schließlich doch auf die neue Inkarnation des Karmapa zu stoßen, die langwierige und zuweilen lebensgefährliche Expedition.

Langer Rede kurzer Sinn: Die Suche war zu guter Letzt von Erfolg gekrönt! Genaue Einzelheiten erspare ich mir an dieser Stelle, denn das hochkomplizierte Prozedere habe ich ja schon am Beispiel des Dalai Lama hinreichend beschrieben. Die aufwendige und ungemein zeitraubende Fahndung führte am Ende sogar dazu, dass wir einen Menschen in zwei Leben er-leben konnten!

In seinem filmischen Meisterwerk „Living Buddha“ berichtete der deutsche Dokumentarfilmer Clemens Kuby in opulenten Szenen und atemberaubenden Bildern eine schier unglaubliche Geschichte. Selbst von Natur aus kritische und skeptische Gemüter wurden sprachlos im Angesicht dieses Epos, das so nahe an die Realität heranreichte. Und uns mit einer seltsamen Klarheit das Gefühl vermittelte, selbst dabei gewesen zu sein.

Volle sieben Jahre arbeitete der Regisseur an seinem Film, und die harte Arbeit hat sich mehr als gelohnt. Geradezu sensationell mutete eine Szene an, die Kuby in perfektem Understatement als ein „kleines Experiment mit bemerkenswertem Resultat“ bezeichnete:

„In einem Zelt hatten sie einen Fernsehapparat nebst Videorecorder aufgestellt. Selbstverständlich von einem Notstromaggregat angetrieben, denn in Tsurphu (dem Amtssitz des Karmapa; HH) gibt es noch keinen elektrischen Strom. Ich hatte meinen Videofilm 'Tsurphu - Home of the Karmapa' dabei. Hierin kommt eine Passage mit dem 16. Karmapa vor, welche aus dem Streifen 'The Lions Roar' stammt. Ich dachte mir noch, was wird er wohl für ein Gesicht machen, wenn er plötzlich seiner vorangegangenen Inkarnation auf dem Bildschirm begegnen würde? Unauffällig brachte ich meine beiden Kamerateams in die richtige Position, und schärfte ihnen ein, drehbereit zu sein, komme was da wolle. Dann legte ich wortlos die Kassette ein und wartete.

Im gleichen Augenblick, als der 16. Karmapa auf dem Bildschirm erschien, reagierte der kleine Urgyen Thinley Dorje nachgerade wie elektrisiert. Gespannt beugte er sich vor, und betrachtete mit wahrhaft selbstvergessener Intensität diese Zeremonie, die da vor seinen Augen ablief. Und es wurde ganz deutlich, dass ihm zwar die laufenden Kameras bewusst waren, er sich aber völlig spontan verhielt. Er machte eine Geste zu uns herüber, die so aussah wie 'Da, seht her, der Karmapa. Das ist es, worum es geht.' Und wann immer ich diese Szene am Schneidetisch wiederholte, entstand stets der gleiche Eindruck. Der Eindruck einer überwältigenden und vollkommen erwachten Bewusstheit.“[92]

Politische Pointe

Clemens Kubys bildgewaltiger Monumentalfilm begleitete den 17. Gyalwa Karmapa über eine Zeitspanne, die mehrere Jahre seiner Kindheit bis hin zur Einführung in sein religiöses Amt umfasste. Am 27. September 1992 wurde der mittlerweile siebenjährige Urgyen Thinley Dorje im Kloster von Tsurphu inthronisiert. Die letzten Zweifel an seiner Identität waren ohnehin schon lange ausgeräumt. Auch der gegenwärtige, 14. Dalai Lama hatte ihn aus seinem indischen Exil offiziell als die wahre Wiederverkörperung seines Vorgängers anerkannt. Von der religiösen Seite her waren somit alle erforderlichen Voraussetzungen erfüllt.

Für die mit Abstand pikanteste Pointe aber sorgte die „hohe Politik“. Zu den Feierlichkeiten in Tsurphu entsandte die Zentralregierung in Peking einen hohen Minister mitsamt seinem Stab von Funktionären. Mit dieser Geste erkannte das kommunistische Regime den Karmapa gleichfalls offiziell an, „legalisierte“ damit gewissermaßen die zuvor erfolgte Rekognition durch den Dalai Lama. Die politischen wie weltanschaulichen Konsequenzen sind jedoch noch um einiges weitreichender. Indirekt erkannten die Chinesen damit auch die Autorität des Dalai Lama an – nach mehr als 30 Jahren in seinem nordindischen Exil. Ebenso die Tradition der bewussten Wiedergeburt, die absolut konträr zur materialistischen Doktrin des Kommunismus steht. Da prallten im wahrsten Sinn des wortes Weltbilder aufeinander.

Denn die auf dem Marxismus basierende Weltanschauung lässt weder den Begriff der Gottheit zu, noch über- oder gar außerirdische Manifestationen. Alles ist erklärbar, alles irdisch. Die Gesamtheit des Wirklichen wird als Erscheinungsform beziehungsweise Auswirkung der Materie aufgefasst, oder auf Kräfte, die deren Bedingungen unterliegen.[2,82]

Buddha lebt und wirkt heute in Tibet. Im Jahre 2021 ist er 36 Jahre alt und nennt sich „der 17. Gyalwa Karmapa“. Er soll, gemäß einer uralten Prophezeiung, insgesamt noch vier Mal wiedergeboren werden. In dieser seit mehr als 900 Jahren ununterbrochenen Reinkarnationslinie wurden insgesamt 21 Wiederkünfte vorausgesagt. Dann sei sein irdischer Weg erfüllt.[92]

Er provozierte mit „Wundern“

Eine nicht minder geheimnisumwobene Gestalt war der im südindischen Puttaparthi geborene Sathya Narajana Raju Ratnakaram (1926 – 2011), der sich als Wiedergeburt des im Jahre 1918 verstorbenen Hindu-Heiligen Sai Baba bezeichnete. Jenem eilte ein ungewöhnlicher Ruf voraus. Denn ihm wurde nachgesagt, er könne die verschiedensten Gegenstände und Nahrungsmittel geradewegs „aus dem Nichts“ entstehen lassen, Kranke heilen und selbst Tote zu neuem Leben erwecken. Letzteres ist aufgrund bald einsetzender Verwesungsprozesse eigentlich physiologisch unmöglich. Und dies nicht nur in seiner Heimat Indien, wo das feuchtheiße Klima noch in verstärkter Weise dazu beiträgt.

Wer war dieser Sai Baba, wie er sich in Anlehnung des 1918 Verstorbenen nannte? War er nichts als ein dreister Betrüger oder Scharlatan - oder was war an den Taten des spektakulär auftretenden indischen Gurus wirklich dran? Der geneigte Leser möge diese Frage für sich selbst entscheiden.

Seine Geschichte dreht sich um offenkundige „Wunder“ und natürlich auch um das Thema Wiedergeburt. Ein kleiner, untersetzter Mann mit krausen, schwarzen Haaren, bekleidet mit einem leuchtend roten Gewand, erschien vor einer dichtgedrängten Menschenmenge. Dann streckte er eine Hand aus, wendete diese nach unten und begann sie kreisförmig zu bewegen. Als er sie wieder umdrehte, hielt er eine goldene Halskette darin fest. Die Menge jubelte voller Begeisterung – ihr „Meister“ Sai Baba hatte wieder einmal eins seiner berühmten Wunder vollbracht.[61]

Die in diesem Beispiel materialisierte Goldkette war gerade mal einer von geschätzten 10.000 Gegenständen, die offensichtlich „aus dem Nichts“ zu ihm kamen. Sathya Sai Baba ließ Goldringe, Perlen, Bücher, Götterbilder und auch Nahrungsmittel auf ebenso spektakuläre wie unerklärliche Weise entstehen. Waren das nur billige Taschenspielertricks, wie skeptische Naturen schon bald argwöhnten?

In der Parapsychologie wird das beschriebene Phänomen als „Apport“ bezeichnet: Das plötzliche Dasein oder der Transport von Gegenständen, die geradezu aus dem Nichts aufzutauchen scheinen. Strenggenommen ist so ein Apport das Heranschaffen von Objekten auf psychokinetische Weise. Insbesondere in den Anfangsjahren des Spiritismus sowie in den Jahren vor Begründung der Parapsychologie war dies eine beliebte Vorführung bei abendlichen Séancen, stellte sich aber häufig als plumper Schwindel heraus.[1,19]

Möglicherweise aber lag die Sache bei dem kleinen Mann aus Puttaparthi ein wenig anders. Die von ihm hervorgebrachten „Wunder“ erschienen so unglaublich, dass sie manche Zeitgenossen provozierten, ja regelrecht vor den Kopf stießen. Doch das Phänomen als arglistige Täuschung und Schwindelmanöver abzutun, dafür reichten die Indizien auch nicht. Denn eine große Anzahl vertrauenswürdiger Augenzeugen – darunter befanden sich promovierte Wissenschaftler, Mitglieder namhafter Forschungsgesellschaften und Universitätsprofessoren – bestätigten die Realität der Erscheinungen mit einem hohen Grad an Glaubwürdigkeit.

Lange Passagen aus heiligen Texten

Bereits vom ersten Tag seines Erdenlebens an schien der am 23. November 1926 geborene Sathya Narajana Raju über äußerst ungewöhnliche Fähigkeiten zu verfügen. Zahlreiiche Zeugen wussten zu berichten, dass an dem Tag in seinem Geburtshaus in Puttaparthi, das ungefähr 180 Kilometer von Bangalore entfernt ist, Seltsames vor sich ging. Wie von unsichtbaren Händen gespielt, ertönten plötzlich Musikinstrumente. Und der Schreck war groß, als die Eltern unter dem neugeborenen Kind eine lebende Kobra entdeckten. In der indischen Tradition ist das tödlich giftige Reptil ein göttliches Symbol, dem große Verehrung entgegengebracht wird. Später verblüffte der Junge die Familie mit der hartnäckigen Weigerung, Fleisch zu verzehren. Dafür brachte er Tag für Tag die Ärmsten der Armen nach Hause, damit sie in der Küche etwas zu essen bekamen. Seine Kameraden in der Schule begeisterte er mit seiner Fähigkeit, aus seinen leeren Taschen Süßigkeiten, Bleistifte oder Spielsachen zu materialisieren.[61]

Die Eltern des Jungen gaben seinen ungewöhnlichen Fähigkeiten zum Trotz die Hoffnung nicht auf, dass dieser eine solide Ausbildung machen und später als Regierungsbeamter arbeiten könne. Doch in der Folge geschahen immer weitere, überaus seltsame Dinge. Sathya saß gerade mit einigen Freunden zusammen, als er ganz plötzlich aufsprang und sich ganz heftig die Zehen seines rechten Fußes zu reiben begann. Die Anwesenden fürchteten dass Sathya von einem Skorpion gestochen worden war, doch zum Glück war dies nicht der Fall. In der Folge stellten sich auch keine der dafür typischen Symptome ein, wie etwa hohes Fieber. Alles schien wieder in bester Ordnung.

Doch am Abend desselben Tages fiel er in eine tiefe Bewusstlosigkeit. Eltern und Freunde befürchteten schon das Schlimmste. Als der Junge nach bangen Stunden des Wartens und Hoffens tags darauf wieder die Augen aufschlug, da war er wie ausgetauscht. Er sang und rezitierte lange Passagen aus uralten und heiligen Sanskrittexten. Alles Dinge, welche weit über seinen damaligen Wissensstand hinausreichten.

„Ich bin Sai Baba“

Die beunruhigten Eltern suchten daraufhin Rat bei verschiedenen Ärzten. Doch in ihrer Hilflosigkeit verschrieben die nur Heilmittel, die keinerlei Wirkung zeigten. Nichts half. Einzig Sathya Narajana Raju wiederholte unablässig, einer Gebetsmühle gleich, die uralten Texte. Wen wundert es, dass die besorgten Eltern glaubten, ihr Sohn wäre von einem bösen Dämon besessen. Als sie um geistliche Hilfe nachsuchten, wurde ein Exorzismus eingeleitet, doch die Prozedur war natürlich vergeblich.

Einige Zeit später, während sein Vater bei der Arbeit war, rief Sathya den Rest der Familie wie auch einige Nachbarn und Freunde zu sich. Vor deren Augen winkte er mit einer Hand, und zauberte wie aus dem Nichts Blumen und Süßigkeiten hervor. Die Nachricht von dem „Wunder“ ging in der Stadt wie ein Lauffeuer herum. So erfuhr auch Vater Raju von dieser Vorstellung. Noch am Abend desselben Tages stellte er seinen Sprössling zur Rede: „Das ist zu viel, genug damit! Was bist du, sprich! Bist du ein Geist, ein Gott oder ein Narr?“ Vater Raju war außer sich vor Zorn und Erregung. Der Junge aber blieb ganz ruhig und antwortete: „Ich bin Sai Baba. Ich bin gekommen, um euch eure Sorgen zu nehmen. Haltet eure Häuser sauber und rein.“[61]

Mit dieser Antwort konnte niemand etwas anfangen. Eine Person mit Namen Sai Baba war allen Mitgliedern der alteingesessenen Kaufmannsfamilie Raju unbekannt. So fragte man Nachbarn und Freunde, später noch weitere Bewohner der Stadt. Und tatsächlich: Einige von ihnen hatten schon einmal von einer Person dieses Namens gehört. Es handelte sich hierbei um einen legendenumwobenen Heiligen, von Hindus und Moslems gleichermaßen verehrt, der zahllose Wunder vollbracht und Menschen geheilt haben soll. Besagter Sai Baba lebte in Shirdy, einer kleinen Stadt in der Mitte Indiens, etwa 150 Kilometer östlich von Bomba. Dort war er im Jahr 1918 gestorben, nachdem er seinen Anhängern prophezeit hatte, dass er bereits bald wiedergeboren werde.

Mit der Geburt des kleinen Sathya Narajana Raju Ratnakaram am 23. November 1926 hatte sich diese Vorhersage nach einer verhältnismäßig kurzen Zeitspanne erfüllt.[93]

Indien ist das Land auf Erden, wo der Glaube an die Wiederkunft eines Menschen respektive dessen Seele in einem anderen Körper am weitesten verbreitet ist. Darum verwundert es nicht, dass sich die Neuigkeit wie ein Lauffeuer über die Grenzen von Puttaparthi hinaus verbreitete. Von dem Jungen wurden fortan immer wieder neue Beweise für die Echtheit seiner „neuen Identität" gefordert. Und er lieferte sie auch:

„Bring mir diese Jasminblüten dort", verlangte Sathya von einem Kritiker, und warf sie dann schwungvoll in die Luft. Die einzelnen Blüten fielen genau so, dass sie den Namen Sai Baba gut lesbar auf dem Boden bildeten. Zeit seines Lebens forderte der Mann, der sich für die Wiedergeburt des 1918 gestorbenen Heiligen hielt, die Menschen dazu auf, zu ihm zu kommen und sein Tun einer kritischen Prüfung zu unterziehen.

Im Laufe der Jahre traf er sich auch wiederholt mit Weggefährten des verstorbenen Sai Baba aus Shirdy. Und es war jedes Mal ein echtes Wiedersehen. Ausnahmslos und auf Anhieb erkannte er die Anhänger aus früheren Tagen wieder.

„Heilige Asche"

Reichte man ihm Fotografien von diesen Gefährten, so konnte Sathya sofort und problemlos den Namen der darauf abgebildeten Person benennen. So kommentierte er das Foto eines Mannes, es würde sich um den Onkel jener Person handeln, die ihm das Bild überreicht hatte: „Es ist deines Vaters Bruder, mein getreuer Anhänger aus Shirdy."[61]

Für viele seiner Gefolgsleute war es genau genommen ziemlich unwichtig, ob Sathya Narajana nun wirklich die Wiedergeburt des 1918 verstorbenen Sai Baba war. Denn die zahllosen Wunder, die er über die Jahrzehnte hinweg vor den Augen einer großen Anzahl

Zeugen vollbrachte, waren ihnen Beweis genug für seine außergewöhnlichen Fähigkeiten. Ein von ihm ebenso gerne wie regelmäßig präsentiertes Schauspiel war die spontane Hervorbringung von „vibhuti", sogenannter „heiliger Asche". Sathya Sai Baba schien diese direkt aus der Luft zu schöpfen, dann streute er sie in die ausgestreckten Hände seiner begeisterten Gefolgsleute. Eine andere von ihm häufig angewandte Variante bestand darin, die Asche aus einer umgedrehten leeren Urne „herausregnen" zu lassen, in die er zuvor nur seine leere Hand hineingesteckt hatte. Jedoch nicht genug der „Wunder", soll diese mysteriöse Substanz zudem etliche Krankheiten und Leiden geheilt haben.[24]

Natürlich konnte es nicht ausbleiben, dass solche offenkundigen Materialisationen von Gegenständen oder besagter „heiliger Asche" bei Skeptikern starke Zweifel hervorriefen. Zugegeben: Manch einer dieser Gegenstände könnte durchaus auch von einem halbwegs geschickten Bühnenzauberer scheinbar aus dem Nichts hervorgeholt werden. Und als wollte er genau solche Einwände von vorneherein entkräften, forderte er die Umstehenden oft dazu auf, ihre Wünsche zu äußern. Um die verlangten Dinge daraufhin ganz spontan aus der Luft zu „pflücken". Oder aus den „Sai-Läden", wie er diese mysteriöse Dimension scherzhaft zu nennen pflegte, aus der die Objekte so unvermittelt auftauchten.[61]

Den australischen Schriftsteller Howard Murphet (1906 – 2004) fragte er nach dessen Geburtsjahr, um ihm anschließend eine in demselben Jahr geprägte Münze „aus dem Nichts" zu beschaffen. Dabei begann Sathya, mit seiner nach unten gedrehten Hand immer größere Kreise zu ziehen. Dazu murmelte er: „Es kommt, gleich kommt es ... es ist hier!" Dann streckte er Murphet die Hand entgegen und ließ etwas schweres Goldenes in dessen Hand fallen. Bei genauer Betrachtung stellte der Schriftsteller fest, dass es sich um eine echte 10-Dollar-Münze handelte, auf der tatsächlich sein Geburtsjahr – 1906 – eingeprägt stand.[94]

Und Dr. Karlis Osis (1917 – 1997), in jenen Jahren Forschungsdirektor bei der renommierten „American Society for Psychical Research“ (A.S.P.R.), unternahm zwei Reisen nach Indien, um die außergewöhnlichen Fähigkeiten Sai Babas zu dokumentieren. Was ihm dort widerfuhr, fasste er in dem nachfolgenden Statement zusammen:

„Ich bin nun bereits seit 25 Jahren aktiv in der Forschung tätig, doch nirgendwo habe ich Phänomene gefunden, welche so klar und überzeugend auf eine spirituelle Wirklichkeit verweisen, wie es diese täglichen Wunder Sri Sathya Sai Babas tun.“[95] Unter all den angesprochenen Wundern sollen sogar „Erweckungen“ von Verstorbenen sein. Vorgänge also, die medizinisch nicht nachvollziehbar erscheinen. Es sei denn, die Macht des Geistes über die Materie ist noch ungleich stärker, als wir es in unseren kühnsten Vorstellungen für möglich gehalten haben ...

Kein Lebenszeichen mehr festzustellen

Hierbei stießen die Vorgänge rund um einen gewissen V. Radhakrishna, einem damals ungefähr 60 Jahre alten Fabrikbesitzer, weit über die Grenzen dessen hinaus, was unser „gesunder Menschenverstand“ zu erfassen vermag. Und vom medizinischen Standpunkt aus gesehen, stellen sie sowieso ein Ding der Unmöglichkeit dar.

Der Vorfall ereignete sich 1953. Vorgenannter Herr Radhakrishna suchte in Begleitung seiner Frau sowie seines Schwiegersohnes Sai Baba auf. Seine Hoffnung war, endlich von seinen quälenden Magengeschwüren geheilt zu werden. Nach seiner Ankunft in Puttaparthi wurde ihm ein Zimmer angewiesen, wo er ungeduldig den Besuch Sai Babas erwartete. Als dieser nach einer gefühlten Ewigkeit endlich erschien, lachte er nur, anstatt dem Leidenden zu helfen. Der von weither angereiste Radhakrishna wurde zornig und meinte, lieber würde er sterben als weiter so zu leiden. Daraufhin verließ Sai Baba den Raum, ohne dem Mann auch nur die geringsten Versprechungen auf Heilung gemacht zu haben.

Diesem ging es auch von Minute zu Minute schlechter, und in

kürzester Frist verfiel er in ein tiefes Koma. Als Sathya Sai Baba davon erfuhr, beruhigte er die Frau Radhakrishnas nur: „Sorge dich nicht, denn alles wird gut!" Als auch am darauffolgenden Tag nicht der Hauch einer Besserung eingetreten war, zog der Schwiegersohn des Fabrikbesitzers einen Krankenpfleger hinzu. Der war fest davon überzeugt, dass der Patient im Sterben lag. Bereits eine Stunde später fühlte sich Radhakrishna ganz kalt an, und dabei röchelte er nur noch ganz schwach.

Am Morgen des dritten Tages schließlich schien alles verloren. Auf seinem Körper hatten sich mittlerweile dunkle Leichenflecken gebildet. Er war eiskalt, und begann deutlich nach Verwesung zu riechen. Bei dem Mann war kein Lebenszeichen mehr zu erkennen. Alle rieten den Hinterbliebenen, den Leichnam fortzuschaffen und sofort sämtliche Vorbereitungen für dessen Bestattung zu treffen. Als Radhakrishnas Frau Sai Baba die traurige Nachricht brachte, beruhigte dieser sie abermals: „Höre nicht auf sie und ängstige dich nicht, denn ich bin noch immer da."

Als nächstes forderte er die trauernde Familie auf, sich zu entfernen, und betrat das Zimmer des eben Verstorbenen. Dort blieb Sathya Sai Baba eine ganze Zeitlang mit dem Toten. Nach einer gefühlten Ewigkeit öffnete er die Tür und rief die Trauernden wieder herein.

Für Herrn Radhakrishnas Angehörige war es wie ein Schock: Der Totgeglaubte war wach und lächelte seine Familie an. Bereits am nächsten Tag konnte er wieder aufstehen und herumlaufen, als sei nichts geschehen. Und seine quälenden Magengeschwüre? Die waren vollkommen verschwunden![61]

Was soll man eigentlich von solchen „abgefahrenen" Geschichten halten? Bei uns im Westen, der dominiert ist vom Rationalismus, wären wir nur allzu schnell versucht, das Ganze im Mülleimer von Schwindel und Täuschungen zu versenken. Gäbe es nicht zahllose verlässliche Zeugen – unter ihnen renommierte Wissenschaftler –, welche die Authentizität seiner paranormalen Fähigkeiten bezeugen konnten. Auch dem Begründer des Christentums sagt man nach, vergleichbare Wunder bewirkt zu haben. Waren diese authentischer, und warum? Messen wir nicht vorschnell mit zweierlei Maß?

Sathya Narajana Raju Ratnakaram, der sich selbst als die Wiedergeburt des 1918 verstorbenen Sai Baba aus Shirdy sah, schloss seine Augen im Jahre 2011. Zu Lebzeiten bezeichnete er seine paranormalen Fähigkeiten etwas abfällig als eine „pure Nebensächlichkeit". „Wunder", ließ er verlauten, „haben an sich keinen eigentlichen Wert. Doch die Erfahrung eines Wunders vermag die Menschen so sehr zu erschüttern, dass sie aus ihrer Selbstzufriedenheit aufgeweckt werden."[61]

Vollendete Mission

Seine vordringlichste Aufgabe sah er vielmehr darin, allen Menschen seine spirituellen Lehren näherzubringen. Auch wollte er die Menschheit von den allgegenwärtigen Geißeln Hass und Gewalt befreien, und sie zu Frieden, Mitgefühl sowie zu einem höheren Bewusstsein führen. Dieses Ziel fasste Sai Baba in folgende Worte: „Ich gebe dir, was du wünschst, damit du wünschen mögest, was dir zu geben mein Anliegen ist."

Hehre und edle Ziele, ganz zweifellos. Doch kommen wir hier wieder zu unserem eigentlichen Thema zurück. Werden die beiden Inkarnationen als Sai Baba von Shirdy und Sathya Sai Baba aus Puttaparthi zu solch hochgesteckten Vorhaben – es geht um nicht mehr und nicht weniger als um die Rettung der Menschheit – überhaupt ausreichen? Zu Lebzeiten hatte letzterer bereits angekündigt, im 21. Jahrhundert als Prema Sai wiedergeboren zu werden, um seine irdische Mission endlich vollenden zu können.[61]

Seit seinem Ableben ist bereits eine ganze Dekade vergangen. Warten wir einfach ab. Womöglich werden wir in absehbarer Zeit wirklich zu Zeugen einer erneuten Reinkarnation, wie wir diese vom Dalai Lama und dem Gyalwa Karmapa aus der Glaubenswelt der Tibeter kennen. Doch fürs Erste verbleiben wir noch ein wenig auf dem Indischen Subkontinent. Dort, von wo uns die Kunde von den wohl erregendsten Zeugnissen des phantastischen Phänomens der Wiedergeburt erreichte.

8. „Sie waren es, die mich getötet haben“

Spannende Nachforschungen in Indien

Es gibt sicher kein Thema auf dem weiten Terrain ungelöster Rätsel und Phänomene, das nicht mit besonders guten und schwer angreifbaren Fallbeispielen aufwarten kann. Jene „Paradefälle“ werden immer dann herangezogen, wenn es gilt, die Glaubwürdigkeit des betreffenden Mysteriums herauszustreichen. Und viele dieser Fälle sind auch noch so genau recherchiert, dass Kritiker sich richtig schwertun, die unbequemen Fakten einigermaßen elegant aus der Welt zu schaffen. Und wie das mit den voreilig Totgesagten nun mal so ist, feiern die dann fröhliche Urständ' – als wollten sie die Skeptiker ganz bewusst Lügen strafen. Und werfen im Endeffekt nur noch mehr Fragen auf.

Am Beispiel des UFO-Phänomens etwa fallen mir hier spontan solche Begebenheiten ein, bei denen es zu exakt messbaren physikalischen Wechselwirkungen kommt. Oder zu bestimmten Einwirkungen, die sich als unvereinbar mit unserem heutigen Stand von Wissen und Technik erweisen. Obwohl eine sehr blutrünstige Angelegenheit, halte ich zum Beispiel die „Unheimlichen Begegnungen der 5. Art“ für ungemein aussagekräftig. Die lassen nämlich keinen Interpretationsspielraum bei der Schlussfolgerung, dass irgendjemand „nicht von dieser Welt“ sich in äußerst bedrohlicher Weise an einigen Spezies auf diesem Planeten betätigt.

Da werden schon seit langer Zeit tierische Kadaver und selbst menschliche Leichen in freier Wildbahn aufgefunden, mit denen Schreckliches geschehen sein muss. Ihnen allen gemeinsam ist, dass sie vollkommen blutleer waren, und mittels Schnitten durch eine Art Laser regelrecht „ausgeschlachtet“ wurden. Speziell Brasilien hat sich in den vergangenen Jahrzehnten zu einem wahren Hotspot für diese verstörenden „Human Mutilations“, den Menschenverstümmelungen, entwickelt. Und stets berichteten Zeugen, dass sie im Bereich der späteren Leichenfunde regelmäßig unidentifizierte Flugobjekte beobachten konnten.

Die Urheber dieses Grauens aber können schwerlich Wesen von diesem Planeten sein. Im Vorfeld einer ARD-Talkshow mit dem bekannten Moderator Jürgen Fliege zu dem Thema, an der ich teilnahm, hatte ich reichlich Gelegenheit, mich mit einem Chirurgen aus Berlin auszutauschen Der Mediziner Dr. Koch, der damals in seinem klinischen Alltag mit Lasertechnik arbeitete, machte mir unmissverständlich klar, dass wir zum gegenwärtigen Zeitpunkt noch gar nicht über solch eine ausgefeilte Technik verfügen, um Monstrositäten dieser Art zu realisieren. Und dies auch noch abseits von Siedlungen, gewissermaßen „auf freier Wildbahn".[96] Hier tun sich ein paar bestens dokumentierte „Paradefälle" auf, um Eingriffe durch mutmaßlich nicht von dieser Welt stammende Wesen zu belegen.

Der „Klassiker"

Den sprichwörtlichen Paradefall für ein weiteres Phänomen - diesmal im Bereich der PSI-Forschung - habe ich schon in einem der vorangegangenen Kapitel erwähnt. Was die „Unheimlichen Begegnungen der 5. Art" für das UFO-Mysterium darstellen, waren die Ereignisse von Rosenheim für die Untersuchung des Poltergeist-Phänomens.[71,80] Man kennt keinen Fall aus neuerer Zeit, der so gut dokumentiert und dadurch bestens geeignet ist, die letzten Zweifel am Wahrheitsgehalt dieser rätselhaften Spukserie auszuräumen. Was mich angeht, wurde der Fall zu einer echten „Initialzündung" für mein Interesse an den Rätseln dieser Welt.

Und was das Gebiet der Reinkarnationsforschung betrifft, vermochte uns das an bestens recherchierten Begebenheiten ganz außergewöhnlich reiche Indien den sicher berühmtesten Fall zu präsentieren. Ein echter „Klassiker", der uns noch heute, bald 70 Jahre später, noch immer sprachlos macht.

Am 17. Januar 1944 kam in der indischen Hauptstadt Neu Delhi ein Mädchen zur Welt, das den Namen Shanti Devi erhielt. Es war kaum des Sprechens mächtig, da protestierte es auch schon ganz vehement: Nein, dies konnte nicht ihr Name sein! Und wie verzweifelt die Eltern dem kleinen Hindumädchen auch immer deren Namen beizubringen versuchten, schüttelte es voller Trotz den Kopf. Mit ureigener Selbstsicherheit behauptete sie, ihr wahrer Name sei Annes, und sie sei mit dem Stoffhändler und Kaufmann Ahmed Lugdit verheiratet.

An dieser Stelle möchte ich kurz einwerfen, dass einige der Quellen zu diesem Fall unterschiedliche Namen nennen. So heißt sie verschiedentlich Dugdie, und ihr Mann Kedar Nath.[21] Da die anderen Angaben aber zumeist identisch sind, verwende ich die erstgenannten Namen Annes und Ahmed Lugdit weiter.

Ihren erstaunten Eltern eröffnete Shanti Devi, dass sie einen Sohn habe und in der Stadt Muttra (heute: Mathura, ungefähr 150 Kilometer südlich von Delhi im Bundesstaat Uttar Pradesh gelegen) gelebt hätte. Zuerst schenkten Vater und Mutter den Beteuerungen des Kindes keinen Glauben, sondern wollten ihr nötigenfalls mit „sanfter Gewalt“ beibringen, dass man nicht lügen darf. Den Eltern war, obschon nicht allzu weit von Neu Delhi entfernt, eine Stadt namens Muttra kein Begriff. Und ein Kaufmann mit Namen Ahmed Lugdit, der dort leben sollte, noch weniger.

So verging die Zeit. Shanti Devi war inzwischen neun Jahre alt, seit ihrem ersten „Outing“ war jedoch kein Tag vergangen, an dem sie nicht flehentlich darum gebeten hatte, endlich nach Muttra reisen zu dürfen. Sie sprach im Übrigen auch nicht den für Delhi typischen Dialekt. Erst viel später sollte man feststellen, dass dieser in Muttra gesprochen wird. Dabei war das Mädchen bis zu diesem Zeitpunkt kein einziges Mal aus Neu Delhi herausgekommen.

Die Eltern wurden mit der Zeit immer verzweifelter und suchten mit der Tochter verschiedene Ärzte auf. Zu guter Letzt wurde das Kind einem brahmanischen Arzt vorgestellt, der dieses auf möglichen Wahnsinn hin untersuchen sollte. Der hatte aber einen ganz anderen Verdacht. Er sonderte Shanti von ihren Eltern ab und unterhielt sich lange mit ihr, stellte dabei immer wieder neue Fragen. Eine geistige Störung, wie sie die Eltern befürchtet hatten, konnte er ausschließen. Dafür machte er sich für weitergehende Untersuchungen stark.

Nägel mit Köpfen

Die Aktivitäten des brahmanischen Arztes umfassten auch die Kontaktaufnahme zu den Standesämtern und Meldebehörden des Landes. Bald konnten einige konkrete Ergebnisse vorgewiesen werden. Es stellte sich heraus, dass in der Stadt Muttra tatsächlich ein gewisser Ahmed Lugdit wohnte, der dort mehr als 30 Jahre lang als Stoffhändler tätig gewesen war. Mehr noch: Den amtlichen Melderegistern zufolge war dieser am 25. Oktober 1928 Witwer geworden. Seine an jenem Tag verstorbene Gattin hieß Annes, und war kurz nach der Geburt ihres Sohnes am Kindbettfieber gestorben. Ein weiteres Ergebnis dieser ersten Recherchen war, dass sich Shanti Devi an sehr persönliche Einzelheiten im Haus sowie bei Ahmed Lugdit genau erinnern konnte. Sogar gewisse Speisen, die Herr Lugdit bevorzugte, konnte sie angeben. Kann man hier noch guten Gewissens von Zufällen sprechen? Das Mädchen konnte auch „ihren Mann" verblüffend genau beschreiben. Dieser würde einen Oberlippenbart tragen und hätte eine sehr hohe Stirn, außerdem eine Narbe an seinem rechten Oberarm.

In der Zwischenzeit hatten sich ein paar namhafte Professoren der Universitäten von Benares, Lucknow und Allahabad (alle in Indien) in den Fall eingeschaltet, der immer spannender zu werden versprach. Die setzten nun alles daran, „Nägel mit Köpfen" zu machen. Auf Staatskosten wurde Ahmed Lugdit, dessen zweite Gattin und der Sohn aus seiner ersten Ehe mit Annes nach Delhi gebracht. Dort angekommen, arrangierte man auch gleich eine Gegenüberstellung.

Zu diesem Zweck wurde der Stoffhändler in eine Reihe mit 15 anderen Männern gestellt – dann führte man Shanti Devi herein. Einige Augenblicke lang, als ihre Blicke über die Männergruppe wanderten, herrschte zum Zerreißen gespannte Stille. Dann lief das Mädchen zielstrebig auf Ahmed Lugdit zu und umarmte diesen ganz herzlich. Ihre Freude war grenzenlos, dass er nach Delhi gekommen war und sich ihrer erinnert hatte. Auch Lugdit selbst war wirklich tief erschüttert, erkannte er doch in den Worten des Mädchens die Stimme seiner nunmehr vor bald 25 Jahren verstorbenen ersten Ehefrau. Zwischen den beiden entwickelte sich nun eine lange und ausführliche Unterhaltung. Diese bezog sich auf vertraute und intime Gemeinsamkeiten, wie sie einzig zwei Menschen teilen konnten, die einander sehr nahe standen, aber die der Tod plötzlich und unerbittlich voneinander getrennt hatte.

Im gesamten Verlauf dieser berührenden Begegnung sprach die Neunjährige in dem Dialekt, wie er in Muttra verbreitet ist. Ahmed Lugdit kam indes aus dem Staunen nicht mehr heraus. In voller Überzeugung, dass sie die Wiederverkörperung seiner so früh dahingeschiedenen Frau ist, schloss er Shanti Devi in seine Arme. Bei ihm waren alle Zweifel wie weggewischt, ebenso bei den bei diesem Treffen anwesenden Wissenschaftlern. Inzwischen war der gemeinsame Sohn von Annes und Ahmed hinzugekommen. Das Mädchen kümmerte sich um diesen wie eine richtige Mutter und ließ ihn kaum noch aus den Augen. Sie wollte den mittlerweile Erwachsenen bei sich behalten und auch ihre jetzigen Eltern verlassen, um zu Ahmed Lugdit und „ihrem Sohn“ zurückzugehen und künftig gemeinsam mit diesen zu leben.

Bestätigung für echte Reinkarnation

Obwohl die anwesenden Professoren mittlerweile davon überzeugt waren, einen wirklichen Fall von Reinkarnation vor sich zu haben, entschlossen sie sich zu einem Gegenexperiment. Damit wollten sie letzte Unsicherheiten ausräumen. Zehn Tage nach der ersten Begegnung fuhren sie mit Shanti Devi sowie deren Vater mit der Eisenbahn nach Muttra. Kaum dort angekommen, wanderte das

Mädchen ungezwungen in der Stadt umher. Im Voraus bezeichnete sie Straßen und Plätze, kleine Gassen und markante Gebäude. Schließlich ging sie zielstrebig auf die Straße zu, in welcher sich Geschäft und Wohnung von Ahmed Lugdit befanden. Schon auf dem Weg dorthin grüßte sie viele Menschen, die ihr begegneten, mit deren Namen, einschließlich des hochbetagten Vaters ihres einstigen Gatten. All dies waren Personen, die bereits 25 Jahre zuvor in Muttra gelebt hatten.

Im Hause angekommen, ging sie ohne zu zögern in das Zimmer, das früher ihres gewesen war. Über dieses und jede Ecke, jeden Winkel des Hauses wusste sie genau Bescheid. Dann hob sie ganz plötzlich ein Bodenbrett in ihrem früheren Zimmer hoch, suchte nach Geld, das sie einst als heimliche Notreserve dort „gebunkert“ hatte. Doch das Versteck war leer. Hatte sich damit die ganze Geschichte als ad absurdum erwiesen?

Sichtlich bewegt erklärte Ahmed Lugdit, der die Szene beobachtet hatte, dass er nach dem Tode von Annes an dieser Stelle ein Bündel Banknoten gefunden hatte. Er hatte den unverhofften Geldsegen für den Ausbau seines Stoffgeschäfts verwendet. In diesem Augenblick war für alle Beteiligten auch der letzte Anflug von Zweifeln zerstreut.

Zu guter Letzt erkannte Shanti Devi die hochbetagten Eltern von Annes, die ebenfalls in Muttra lebten. Ganz herzlich schloss sie diese in ihre Arme – sie hatten noch einmal „ihre“ Tochter zurückbekommen.

Mit dem Abschluss dieses Vor-Ort-Experiments gaben die Professoren der Universitäten von Benares, Lucknow und Allahabad eine offizielle Verlautbarung heraus. Das geschah unter der Federführung von Professor Hemendra Banerjee, der bereits eine ganze Reihe von Fällen dieser Art in Indien untersucht hatte[19]. Professor Banerjee war der Gründer des Indischen Instituts für Parapsychologie und war später, in den 1970er Jahren, nach Los Angeles gegangen, wo er sich ebenfalls der Erforschung des Phänomens der Reinkarnation widmete. Die offizielle Verlautbarung zum Fall der kleinen Shanti Devi hatte folgenden Wortlaut:

„Nach allen uns vorliegenden Erkenntnissen, welche sich aus der Untersuchung der Angaben Shanti Devis ergeben haben, dürfen wir hier die Bestätigung für eine echte Reinkarnation sehen. Die Rückerinnerungen dieses neunjährigen Mädchens an ein mittlerweile 25 Jahre zurückliegendes Leben sind keinesfalls mit normalen wissenschaftlichen Mitteln zu erklären.“[97]

Dieser wohl mit Abstand berühmteste Fall rief mehrere Jahre nach dem zitierten Kommuniqué einen amerikanischen Psychiater und Arzt auf den Plan, der in der Folge zur größten Kapazität weltweit auf dem Gebiet der Reinkarnationsforschung avancierte. Es war Professor Dr. Ian Stevenson (1918 – 2007), ordentlicher Inhaber eines Lehrauftrages für Psychiatrie an der Universität von Virginia in Charlottesville. Seit 1960 befasste sich Stevenson, den ich noch persönlich kennenlernen durfte, intensiv mit diesem faszinierenden Mysterium. In seiner mehr als 45 Jahre langen Forscherlaufbahn untersuchte er an die 2.500 Fälle aus aller Welt. Ab 1964 war er beinahe ständig auf Reisen, um sich selbst vor Ort ein genaueres Bild zu machen.

Seine blitzsauber recherchierten Forschungsergebnisse legte er in mehreren Dokumentationen vor.[97,98,99] Und zu einigen Fällen konnte er mir sogar anlässlich unseres Treffens vollkommen neue und spektakuläre Informationen, wie es mit diesen weiterging, liefern. Fakten, die nie den Weg in die Öffentlichkeit fanden. Doch darüber etwas später mehr.

Standesdünkel auf Indisch

Im Jahre 1956 wurde in Neu Delhi ein Knabe geboren, den man auf den Namen Gopal Gupta taufte. Eines Tages, als der Kleine vier Jahre alt war, hatten die Eltern einen Gast im Haus. Nach dem Essen befahl Vater Gupta seinem Sohn, das leere Glas, aus dem der Gast getrunken hatte, in die Küche zu tragen. Doch der kleine Gopal dachte nicht im Traum daran. Er stampfte mit dem Fuß auf und bekam einen heftigen Wutanfall. Entrüstet schrie er, dass er das Glas nicht berühren werde, weil er ein Brahmane sei.

Nach der damals noch viel strenger befolgten, in Indien gültigen sozialen Einteilung in Kasten[3] war es Brahmanen untersagt, Gegenstände zu berühren, die zuvor ein Angehöriger einer niedrigeren Kaste in der Hand gehabt hatte.

Oder war der Standesdünkel des kleinen Trotzkopfes nur der für dieses Alter charakteristischen Phase geschuldet, die nach Ansicht der Entwicklungspsychologen symptomatisch für solch infantile Persönlichkeitszüge ist?[2] Kurze Zeit später erzählte Gopal Gupta seinem Vater, dass er in dem Städtchen Mathura, etwa 150 Kilometer von Neu Delhi entfernt, geboren wurde, und den Namen Suhk Shamckark trägt (diese Stadt, das ehemalige Muttra, ist uns ja schon im Fall Shanti Devi begegnet). Er sei Brahmane, und bewohne mit seinen beiden Brüdern in Mathura ein großes Haus mit vielen Dienern. Einer seiner Brüder hätte ihn dort im Verlauf eines heftigen Streits getötet.

Natürlich fand Vater Gupta die Geschichte ziemlich unglaublich. Er kannte in Mathura keinen einzigen Menschen und er war dort auch noch nie gewesen. Da er die ganze Sache jedoch nicht einfach auf sich beruhen lassen wollte, fuhr er heimlich dorthin und stellte eigene Nachforschungen an. Zu seiner nicht geringen Überraschung hatte es dort wirklich einen Brahmanen mit Namen Suhk Shamckark gegeben, der einst durch die Hand seines Bruders vom Leben zum Tode befördert worden war. Und das große Haus mit einer zahlreichen Dienerschaft existierte gleichfalls; auch die Anordnung der Räume und das Mobiliar darin entsprachen genau den Schilderungen von Söhnchen Gopal.[100]

Austauschmanöver

Werden denn, wie es den Anschein hat, mehr Menschen auf dem indischen Subkontinent wiedergeboren, als in anderen Regionen dieser Welt? Ich denke nicht. Indien ist jedoch, einmal abgesehen von Tibet, das Land auf dieser Welt, in dem der Gedanke an eine Wiedergeburt am weitesten verbreitet, im Bewusstsein der Menschen tief und fest verankert ist.

Einen ganz speziellen Fall aus Indien untersuchte Professor Stevenson in einem Ort namens Rasulpur. Das Besondere an diesem Fall war, dass es sich um eine sogenannte „Austauschreinkarnation“ handelte – mithin etwas ungemein Seltenes. Die Parapsychologen verstehen hierunter die Wiedergeburt eines Verstorbenen in den Körper einer anderen Person, die dadurch bleibend aus ihm verdrängt wird.[1] In der uralten indischen Yoga-Tradition ist dieses Phänomen unter der Sanskrit-Bezeichnung „Parakayapravesha“ nur wenigen Eingeweihten bekannt, und als eine Art Geheimwissen zu verstehen. Wörtlich übersetzt bedeutet dieser Zungenbrecher so viel wie „in den anderen Körper eintreten“.

Den mit dieser exotischen Technik Vertrauten soll es möglich sein, bei einem plötzlichen und unnatürlichen Tod sehr schnell im Körper eines jung Verstorbenen zu reinkarnieren. Dabei wäre es offenbar möglich, eine Leiche wiederzubeleben, um dann in diesem zu neuem Leben erweckten Körper weiterzubestehen. Die wichtigste Voraussetzung für den erfolgreichen Eintritt ist dabei, einen „noch warmen“ Körper eines unmittelbar zuvor dahingeschiedenen Menschen zu finden.[101]

Doch nun zu dem von Professor Stevenson nachgeprüften Fall, dessen Geschehen sich in den beiden nicht sehr weit voneinander entfernten Orten Vehedi und Rasulpur abgespielt hat. Es drehte sich um einen Brahmanen mit Namen Sobha Ram, und sorgte selbst in Indien, wo das Phänomen der Wiedergeburt bekanntlich große Akzeptanz genießt, für mächtiges Aufsehen.

Die Ereignisse nahmen am 22. Mai 1954 nahe dem Dorf Vehedi ihren Lauf. Auf einem Ochsenkarren fuhr der Brahmane Sobha Ram von einer Hochzeitsfeier nach Hause. Der Tag hatte für ihn bereits alles andere als gut begonnen. Als sich Sobha Ram bei einem Nachbarn eine Matte für die Hochzeitsfeier ausleihen wollte, wurde er von einem Hund gebissen. Doch es kam noch schlimmer. Plötzlich wurde ihm auf dem Karren schlecht. Er verlor das Gleichgewicht und fiel auf den gepflasterten Weg. Eine schwere Kopfverletzung war die Folge, an der er noch am selben Abend starb.

Szenenwechsel. Im Haus der Familie Tyagi, die im 35 Kilometer entfernten Rasulpur lebte und wie die meisten der dortigen Einwohner einer niederen Kaste angehörte, herrschte große Sorge und Aufregung. Jasbir Singh, der einzige Sohn, war im Alter von dreieinhalb Jahren schwer an Pocken erkrankt. Der Arzt hatte längst alle Hoffnung für ihn aufgegeben. Das Kind lag schon in den letzten Zügen, der Atem war kaum noch spürbar und der Puls nur noch zu erahnen.

An diesem Maiabend trat das Unabwendbare ein: Jasbirs Leben war nicht mehr zu retten. Vater Tyagi wollte die traurige Botschaft gleich seinem Bruder überbringen und diesen dabei bitten, ihn bei den Vorbereitungen zum Begräbnis zu unterstützen. Doch weil die Nacht bereits hereingebrochen war, beschloss er, mit seinem Besuch bis zum nächsten Morgen zu warten.

Schock am Totenbett

Die ganze Nacht hindurch hielt die Mutter am Bett des kleinen Jasbir Totenwache. Doch plötzlich, als bereits der Morgen graute, schreckte sie aus ihrem unruhigen Schlaf. Hatte sich da gerade der Leichnam ihres Kindes bewegt? Oder hatten ihr Verzweiflung und Erschöpfung nur einen bösen Streich gespielt? Sofort legte sie ein Ohr an die Brust des Jungen. Und tatsächlich: Es war keine Täuschung. Jasbirs Herz schlug wieder, der tote Sohn war unvermittelt ins Leben zurückgekehrt!

In den darauffolgenden Wochen erholte sich der Junge außergewöhnlich gut von seiner schweren Krankheit. Für den Arzt jedoch war die wundersame Genesung absolut rätselhaft. Seine Wissenschaft, die Medizin, hatte hierfür keine schlüssige Erklärung. Die Familie dagegen war glücklich, und opferte im nahen Tempel den

Göttern, was sie nur entbehren konnte. Nicht lange danach mussten die Eltern jedoch eine befremdliche Feststellung machen. Ihr so überraschend genesenes Kind hatte sich in einer äußerst merkwürdigen Weise verändert. Der Dreikäsehoch behauptete nämlich mit einem Mal, verheiratet zu sein und mehrere Kinder zu haben. Außerdem würde er der Kaste der Brahmanen, also der Priesterschicht, angehören. Fortan weigerte er sich hartnäckig, die Speisen einer niedrigeren Kaste anzunehmen, wie sie ihm bis dahin seine Eltern vorgesetzt hatten. Seinem Stande gemäß dürfte er nur aus Metallschalen essen, keinesfalls aber aus irdenen Gefäßen. Die Eltern waren fassungslos und mit der neuen Situation schlichtweg überfordert.

Wenigstens konnten sie nach einiger Zeit eine Brahmanin dazu überreden, für Jasbir zu kochen, weil der sich nach wie vor weigerte, Speisen einer niederen Kaste zu essen. Lieber zog er es vor, zu hungern. Doch das war erst der Anfang.

Jasbir sträubte sich, mit den anderen Kindern seines Ortes zu spielen, die ausnahmslos den niedrigeren Kasten angehörten. Zudem drückte er sich in der gehobenen Sprache der Brahmanen aus, die er aber im Hause seiner Eltern nie zuvor gehört hatte. Und eines Tages erklärte er dann seinen ratlosen Eltern: „Ich heiße Sobha Ram, und bin der Sohn des Shankar, aus dem Dorf Vehedi. Ich will zu meinem Vater zurück!"

Wie bereits angedeutet, liegt zwischen Rasulpur und Vehedi eine Entfernung von etwa 35 Kilometern. Für das ländliche Indien seinerzeit noch mehr als heute eine große Entfernung, zumal es weder eine Straße, noch eine direkte Zugverbindung zwischen den beiden Orten gab. Zwischen den Bewohnern existierten auch keine Beziehungen verwandtschaftlicher Art. So konnte man nur rätseln, woher Jasbir all diese Einzelheiten über Vehedi und „seine" Familie wissen mochte.

Richtig unglaublich aber klang seine nachfolgende Behauptung: „Ich wurde in meinem Leben als Brahmane Sobha Ram während der Rückkehr von einer Hochzeitsfeier mit vergifteten Pralinen ermordet. Mir wurde schlecht, und dann stürzte ich von einem fahrenden Wagen. Mit dem Kopf schlug ich auf dem Pflaster auf und verstarb noch an dieser Stelle."

Mord wegen 600 Rupien

Auch den Grund für den heimtückischen Mordanschlag blieb er nicht schuldig. Jasbir nannte sogar den Namen des Mörders. Dem hätte er – Sobha Ram – die Summe von 600 Rupien geliehen. Doch der Mann wollte die Summe nicht zurückzahlen und bot ihm stattdessen vergiftete Pralinen an. Nach seinem Tod sei seine Seele zu einem Mahatma („Große Seele") gegangen, der ihm den Weg zu dem am gleichen Abend an Pocken verstorbenen Jasbir Singh Tyagi gewiesen habe.

Selbst in einem Land wie Indien, in dem der Glauben an eine Einbindung des Menschen in einer Kette von Karma und Wiedergeburt ein fester Bestandteil des religiösen Lebens ist, erregte der Fall Jasbir großes Aufsehen. Bald wurden indische Wissenschaftler darauf aufmerksam, besuchten den Jungen und stellten ihm jede Menge Fragen. Sie fuhren auch nach Vehedi und konnten feststellen, dass dort in der Tat am 22. Mai 1954 ein Brahmane mit Namen Sobha Ram durch den Sturz von einem Ochsenkarren ums Leben gekommen war. Eine Zeitlang habe sogar der Verdacht auf Mord im Raum gestanden. Doch aus Mangel an Beweisen hätte man die Sache auf sich beruhen, und den toten Sobha Ram in Frieden ruhen lassen. Bis der sich aus Rasulpur meldete.

Als nächstes brachten die Wissenschaftler Jasbir Tyagi nach Vehedi. An der Bahnstation setzten sie ihn ab. Zu ihrem großen Erstaunen fand der Junge den kürzesten Weg zu dem Haus, in dem der verstorbene Sobha Ram mit seiner Familie gelebt hatte. Die Angehörigen begrüßte er mit Namen, und konnte sogar exakt die Verwandtschaftsverhältnisse angeben.

Auch dieser Fall kam eines Tages dem amerikanischen Professor Dr. Ian Stevenson zu Ohren. Der setzte sich alsbald in ein Flugzeug nach Indien, um dort persönlich alle Einzelheiten zu überprüfen. Hierbei sprach er mit 15 Zeugen und ging insgesamt 39 verschiedenen Angaben des kleinen Jasbir – der mittlerweile sechs Jahre alt geworden war – nach. Der Junge hatte erzählt, dass vor dem Hause des Sobha Ram ein seltener tropischer Baum stand (zutreffend), und dass es einen Brunnen gab, der jeweils zur Hälfte innerhalb und außerhalb des Hauses stand (ebenfalls zutreffend). Der Karren, von dem Sobha Ram gestürzt war, wurde von einem weißen und einem schwarzen Ochsen gezogen (gleichsam richtig), und vor der Fahrt zur Hochzeit sei er von einem Hund gebissen worden, als er sich bei einem Nachbarn eine Sitzmatte ausleihen wollte (auch zutreffend). Dies sind nur ein paar von jenen Angaben, die sich bei der Überprüfung durch den amerikanischen Forscher als richtig erweisen sollten.

Geld zurück im nächsten Leben

Angesichts so vieler positiver Hinweise zweifelte Professor Stevenson keinen Augenblick mehr daran, dass es sich um einen authentischen Fall von Reinkarnation handelte. Und die Familie des getöteten Brahmanen akzeptierte den kleinen Jasbir als ein vollwertiges Mitglied ihres Hauses. Als ein paar Jahre später ein Sohn Sobha Rams heiratete, wurde der inzwischen zum jungen Mann herangewachsene Jasbir um Rat befragt und zu der Hochzeit eingeladen. Dieses Mal ging es zum Glück ohne die tragischen Folgen ab, welche ihm bei der vorhergegangenen Feier das Leben gekostet hatten. Jasbir sollte indes noch eine weitere unverhoffte Überraschung erleben.

Eines Tages erhielt er den Besuch jenes Mannes, den er seit seiner damaligen Wesensveränderung stets als den Mörder Sobha Rams bezeichnet hatte. Selbiger drückte ihm voller Reue ein kleines Bündel Geldscheine in die Hand und sagte: „Das sind die 600 Rupien, die ich Sobha Ram geschuldet habe. Sie gehören Dir!“ Was bedeutet, dass selbst der mutmaßliche Mörder absolut überzeugt davon war, dass die Seele seines Opfers im Körper Jasbirs noch einmal zur Welt gekommen war.[97,102]

Unter Experten gilt dieser Fall noch immer als das bekannteste und am besten recherchierte Beispiel für eine Austauschreinkarnation. Nach der Pockenerkrankung für tot gehalten, erlebte Jasbir eine vollkommene Persönlichkeitsveränderung, wurde zum ermordeten Sobha Ram. Was jedoch aus dem „ursprünglichen" Jasbir geworden war, konnte nie geklärt werden.[1]

Oft, wahrscheinlich viel zu oft, stehen solche Fälle offensichtlicher Wiedergeburt in Verbindung mit dem Szenarium eines gewaltsamen Todes in der vorangegangenen Existenz. Dann stellt es auch keine Ausnahme dar, wenn ein Mordopfer im Laufe seiner nächsten „Erdenrunde" den Mörder benennen kann, oder diesem gar auf der Straße begegnet.

Einen Hauch von Orient brachte ein Luftpostbrief, frankiert mit einer exotischen Briefmarke, der im Büro von Professor Dr. Stevenson an der Universität von Virginia eintraf. Er kam aus Benares, der heiligen Stadt im Osten Indiens am Flusse Ganges. Der Inhalt des Briefes aber elektrisierte den Gelehrten regelrecht. Ein Knabe von sechs Jahren sei ermordet worden, hieß es in dem Schreiben. Doch sechs Monate später sei in einer anderen Familie (in derselben Stadt; HH) ein Junge mit einem ziemlich merkwürdigen „Muttermal" geboren worden. Das seltsame Mal habe die Form einer gezackten Linie und sei in etwa zwei englische Zoll - also fünf Zentimeter - lang. Es befände sich zudem genau an jener Stelle am Hals, an welcher die Täter einst den Kopf des anderen Kindes von dessen Rumpf getrennt hatten.

Unheimliches Gefühl einer drohenden Gefahr

Das Kind hätte, kaum dass es sprechen gelernt hatte, genaue Einzelheiten über die Mordtat berichtet – wie und durch wen es in seiner vorhergehenden Existenz ums Leben gebracht wurde. Es schilderte jedoch nicht nur das blutrünstige Verbrechen, vielmehr erkannte es sogar die Mörder auf der Straße wieder, denen man die Tat leider nicht nachweisen konnte.

Mit geradezu panischer Aufregung hatte der Junge beim Anblick der beiden Männer geschrien: „Sie waren es, die mich getötet haben!"

Einmal mehr deuteten alle Anzeichen darauf hin, dass man es mit einem echten Fall von Reinkarnation zu tun hatte. Außerdem stammte der eingangs zitierte Brief nicht von einem Laien. Jeden Tag erhielt Professor Stevenson Briefe aus aller Welt, und oft genug waren die Angaben darin recht vage, enthielten wenig Greifbares. Doch hier war der Absender ein gewisser B.L. Atreya - seines Zeichens Professor der Philosophie an der Universität von Benares und somit ein Gelehrter von internationalem Ruf. So entschloss sich Stevenson auch hier, spontan nach Indien zu fliegen. In Begleitung zweier weiterer Wissenschaftler suchte er das kleine Provinzstädtchen Kannauj auf, jenen Ort im Flusstal des Ganges, wo der im Brief geschilderte Mord an einem Knaben mit Namen Munna Prasad geschehen war. Stevenson befragte dazu eine große Anzahl Zeugen und sah amtliche Dokumente ein. Danach begann sich vor seinen Augen ein Drama zu enthüllen, das am 19. Januar 1951 seinen unheilvollen Lauf nahm.

Schon seit dem frühen Morgen dieses Tages wurde der Friseur Jageshwar Prasad, Vater des sechsjährigen Munna, das unheimliche Gefühl einer drohenden Gefahr nicht los. Inzwischen war es Mittag geworden, und ein neuer Kunde betrat den kleinen Laden. Plötzlich hatte Jageshwar Prasad das dringende und unerklärliche Bedürfnis, nach seinem Sohn zu sehen. So entschuldigte er sich bei dem wartenden Kunden und trat vor die Türe. Dort, am Straßenrand, hatte Munna noch vor einer Viertelstunde gespielt. Jetzt aber lag die Straße verlassen in der hellen Mittagssonne. Von dem Sechsjährigen aber war weit und breit keine Spur. Voll Unruhe vergaß Prasad seinen Kunden, und lief in seine Wohnung, wo seine Frau in der Küche stand. Auch sie hatte den gemeinsamen Sprößling nirgendwo gesehen.

Ein schlimmes Gefühl stieg in Jageshwar hoch, und zusammen mit seiner Frau lief er zu Nachbarn und Freunden, suchte seine gesamten Verwandten und Bekannten auf. Wohin sich die Eheleute auch wandten, kein Mensch hatte den abgängigen Jungen gesehen. Dann trafen sie auf einen Straßenhändler. Der konnte sich entsinnen, einen kleinen Jungen gesehen zu haben, auf welchen die Beschreibung der verzweifelten Eltern passte. Mit zwei Männern sei dieser Richtung zum Fluss gegangen, dabei habe er einen ausgelassenen Eindruck gemacht. Die drei hätten miteinander gelacht und gescherzt. Deshalb habe er keinen Argwohn gehegt. Doch als Munnas Eltern zum Fluss hinunterliefen, fand sich erneut keine Spur von ihrem Sohn.

Gegen 18 Uhr an diesem 19. Januar 1351 nahm eine Frau nahe des Chintamini-Tempels den Weg vom Fluss herauf. Was sie dann sehen musste, ließ ihr buchstäblich das Blut in den Adern gefrieren. Vor ihr im Sand lag der abgeschnittene Kopf eines Jungen, und nur ein paar Schritte weiter ein verstümmelter kleiner Körper in einer großen Blutlache. Wenige Minuten später war es Gewissheit: Kopf und Körper gehörten dem vermissten Munna Prasad. Die unheimliche Vorahnung seines Vaters hatte sich auf tragische Weise bestätigt. Sein kleiner Sohn war auf bestialische Art und Weise vom Leben zum Tode befördert worden.

Ravi Shankar erinnert sich

Auf den ersten Blick war nicht das geringste Motiv für das verabscheuungswürdige Verbrechen zu erkennen. Wer sollte denn auch Jageshwar Prasad, dem armen aber aufrechten Friseur, ein solches Unglück zufügen wollen? Immerhin hatte man eine Beschreibung jener zwei Männer, die von dem aufmerksamen Straßenhändler stammte. So fiel es nicht allzu schwer, die beiden für diese grausame Bluttat in Frage kommenden Männer zu identifizieren und festzunehmen. Einer von ihnen war sogar mit der Familie Prasad eng verwandt. Sein Name war Chaturi, und er half gelegentlich in dem Friseurladen aus. Zweiter im Bunde war ein Wäschereiarbeiter namens Jawahar. Ein halbwegs nachvollziehbares Motiv für den Mord hatte eigentlich nur Chaturi besessen, denn nach dem Tode des kleinen Munna wäre er als Jageshwar Prasads nächster Erbe zum Zug gekommen.

Nach einem längeren Verhör legte Chaturi schließlich ein Geständnis ab. Gemeinsam mit seinem Komplizen Jawahar, dem er eine großzügige Beteiligung zugesagt hatte, lockte er das arglose Kind zum Fluss hinunter. Die beiden scherzten erst mit dem Kleinen. Mit einem Mal waren die Männer dann über den wehrlosen Sechsjährigen hergefallen und hatten ihn mit einem Rasiermesser brutal enthauptet.

Doch bereits am nächsten Morgen widerrief Chaturi das Geständnis. Angeblich wäre es aus ihm herausgepresst worden, erklärte dieser seinen plötzlichen Sinneswandel. Als Glücksfall für beide Verdächtigen erwies sich auch die Tatsache, dass das Städtchen Kannauj ein kleines Provinznest ist und die wenigen Polizisten schon damals mit ihren Aufgaben schlichtweg überfordert waren. Man sicherte keine Spuren, nahm nicht einmal Fingerabdrücke, und konnte dem Gericht keine unwiderlegbaren Beweise vorlegen. Darum musste man die Verdächtigen wieder auf freien Fuß setzen und laufen lassen. Aus Mangel an Beweisen.

Juli 1951. Inzwischen war ein halbes Jahr seit dem heimtückischen Mord an Munna Prasad vergangen. Im Haus des Babu Ram herrschte große Freude, denn der lange ersehnte Stammhalter war endlich zur Welt gekommen. Auch Babu Ram und dessen Familie wohnten in dem Städtchen Kannauj, jedoch in einem anderen Stadtteil. Zwischen dieser Familie und den Prasads hatte es nie irgendwelche Kontakte gegeben. Der neue Erdenbürger erhielt den Namen Ravi Shankar; er war ein gesundes und kräftiges Kind. Die einzige Auffälligkeit an ihm war ein reichlich ungewöhnliches „Muttermal“ an seinem Hals, in etwa fünf Zentimeter lang, drei Millimeter breit und von seltsam ausgezackter Form. Das Mal machte beinahe den Eindruck eines Messerschnitts.

Anfangs dachten sich die Eltern noch nichts dabei. Dies änderte sich schlagartig, als der kleine Ravi Shankar sein drittes Lebensjahr erreichte. Da begann er plötzlich seltsame Dinge zu erzählen: „Ich heiße Munna, und habe hier schon einmal gelebt. Ich wurde ermordet, zwei Männer haben mich getötet. Sie haben mir mit einem Messer den Kopf abgeschnitten. Das war unten am Fluss, in der Nähe des Tempels."

Zwar ist der Gedanke an eine körperliche Wiederkunft in der indischen Glaubenswelt fest verwurzelt, doch Ravis Eltern wollten nichts von dessen abenteuerlicher Geschichte wissen. Ganz im Gegenteil: Vater Babu Ram drohte dem Dreijährigen sogar mit Schlägen, wenn er nicht bald mit diesem Unsinn aufhöre.

Einige Zeit lang wirkte die Drohung. Doch eines Tages nahm die Mutter den Jungen mit zu einem großen religiösen Fest. Hunderte gläubige Hindus drängten sich vor dem Chintamini-Tempel am Ganges. Aufmerksam sah der Kleine dem bunten Treiben zu, doch auf einmal zupfte Ravi seine Mutter aufgeregt am Arm. Irgendetwas schien ihn zutiefst beunruhigt zu haben.

„Komm zu mir, mein Kind"

„Siehst du die beiden Männer? Sie waren es, die mich getötet haben, damals am Fluss!" Die zwei Männer waren niemand anderes als Chaturi und Jawahar.

Die Mutter beschloss erst einmal, dem Vater nichts von dieser aufwühlenden Begegnung zu berichten. Denn nach einem alten indischen Volksglauben müssen Kinder, die sich an ein früheres Leben erinnern, schon in jungen Jahren sterben. Vielleicht war dies ja der Grund dafür, dass Babu Ram stets so ungehalten auf Ravis Erzählungen reagiert hatte. Immer deutlicher jedoch wurden die Anzeichen dafür, dass der Junge mehr über das Leben Munna Prasads weiß. Mit Nachdruck forderte er „sein" Spielzeug zurück - eine Kinderpistole, einen Ball an einem Gummiband, eine kleine Büchertasche sowie einen hölzernen Elefanten.

Es ist beinahe überflüssig zu erwähnen, dass sich in einer so kleinen Stadt wie Kannauj auf Dauer nicht verhindern ließ, dass sich das auffällige Verhalten Ravis herumsprach. Die Kunde verbreitete sich rasch, und schließlich hörte auch der Friseur Jageshwar Prasad davon. Darum nahm es kaum Wunder, dass Prasad darauf brannte, sich schleunigst selbst ein Bild von dieser ominösen Geschichte zu machen. Als Prasad am Haus des Babu Ram eintraf, suchte er erst einmal vergebens nach dem kleinen Ravi. So setzte er sich auf die Türschwelle und wartete, bis der Junge vor ihm stand.

„Komm zu mir, mein Kind", sprach Jageshwar, dabei streckte er die Hände nach dem Knaben aus. Ravi aber schwieg, er war sichtlich verlegen. Doch mit der Zeit brach das Eis. Ravi kletterte auf den Schoß von Prasad und nannte diesen plötzlich sogar „Vater". Dann erzählte er, dass er in die Schule von Chhipatti gegangen sei und fügte noch hinzu: „Meine Schiefertafel stand im großen Schrank in der Diele."

„Dort steht sie noch immer, mein Sohn", antwortete der Friseur sichtlich bewegt. Plötzlich bemerkte der Junge die Uhr am Handgelenk Prasads und stieß aufgeregt hervor: „Dies ist meine Uhr! Du hattest sie mir geschenkt." Tatsächlich hatte Prasad diese Uhr einst in Bombay gekauft, als Geschenk für Munna zum Schulanfang. Ebenso wie einen Ring, von dem Ravi Shankar noch wusste, dass er in einer Schublade lag.

Für den Friseurmeister waren alle Zweifel ausgeräumt. Dieser Junge, der sechs Monate nach dem Mord an Munna zur Welt gekommen war, war zuvor sein Sohn! Und jenes auffällige Mal an dessen Hals konnte nichts anderes als die Narbe des Schnittes sein, mit dem die Mörder das Haupt ihres Opfers vom Rumpf getrennt hatten. Ein untrügliches Zeichen, durch unbegreifliche Vorgänge in ein neues Leben gerettet, deutlich sichtbar geworden an der körperlichen Erscheinungsform dieser neuen Existenz.

Und dann war da noch eine beinahe krankhafte Furcht vor Messern und anderen scharfen Gegenständen, die Ravi Shankar erst in dessen späteren Jahren langsam ablegen konnte.

Professor Dr. Ian Stevenson, den der Brief eines bedeutenden Gelehrten nach Indien gelockt hatte, blieb dort allein für den „Fall Munna" mehrere Wochen lang. In dieser Zeit überprüfte er akribisch insgesamt 26 einzelne Angaben und konnte lückenlos deren Richtigkeit bestätigen. Nach Abschluss seiner Untersuchungen blieb für ihn nur noch eine logische Schlussfolgerung übrig: Nämlich, dass es keinerlei natürliche Erklärung für all die exakten Kenntnisse gab, welche Ravi Shankar vom Leben des ermordeten Munna Prasad besaß.[97]

Vom „richtigen" Zeitpunkt

Im Laufe der Jahre verblassten bei Ravi Shankar, wie dies offenbar in der Mehrzahl der Fälle vorkommt, die Erinnerungen an dessen Leben als Munna Prasad. Doch das körperliche Mal, das an sein tragisches Ende durch den Mord erinnerte, machte eine spektakuläre Veränderung durch. Deshalb wird uns der erwachsene Ravi später noch einmal begegnen.

Nach den Erfahrungen Professor Stevensons, der im Laufe seines Jahrzehnte währenden Forscherlebens an die 2.500 Fälle einer möglichen Wiedergeburt untersuchte, beträgt die durchschnittliche Zeitspanne zwischen zwei Inkarnationen ungefähr 15 Monate. Dies schließt nicht aus, dass natürlich auch Jahre, Jahrzehnte oder sogar Jahrhunderte bis zur Wiederkehr in einem neuen Körper verstreichen können. Die Frage, ob es hier so etwas wie eine Gesetzmäßigkeit geben könnte, führt uns nur viel zu weit aufs Glatteis der Spekulationen. Doch bei den vom Professor angedachten zeitlichen Abständen besteht immer die Möglichkeit, gezielte Nachforschungen zu führen. In der Regel sind all jene Menschen, welche die Aussagen eines Kindes über dessen früheres Dasein bestätigen können, dann noch am Leben.[100]

Eine weitere, nicht weniger spannende Frage kreist um den Zeitpunkt, an dem die Seele oder die Persönlichkeit eines Verstorbenen in den Körper eines Ungeborenen hineinschlüpft. Verfolgt man diese Fragestellung weiter, dann ergeben sich durchaus neue Schlussfolgerungen hinsichtlich des Prozesses der menschlichen Entwicklung in den neun Monaten seines Werdens. Wann überhaupt beginnt das Bewusstsein, das buchstäblich „bewusste Sein“ des Menschen? Zu welchem Zeitpunkt wird der Fötus beseelt? Gibt es auch hier sowas wie Gesetzmäßigkeiten, oder sind die Übergänge fließend?

Fragestellungen dieser Art vermögen sogar die oftmals recht hitzig geführten Diskussionen darüber zu beeinflussen, ab wann eine Abtreibung einen Mord an einem bewusst denkenden und fühlenden Menschen darstellt.

Ein wirklich heißes Eisen, das zu schmieden sich an vorderster Front die Religionen sowie deren Vertreter auf die Fahnen geschrieben haben. Je nach politischer Couleur treffen wir auf extrem konträre Ansichten. Und beschäftigt man sich nur lange genug mit derartigen Gedankenspielen, erscheint bald kein noch so weit hergeholtes Szenario mehr als unmöglich.

Bevor ich hier jedoch Gefahr laufe, mich zu tief in feinsinnige philosophische Betrachtungen zu verstricken, möchte ich zu dem Aspekt zurückkehren, der sich durch den Fall des kleinen Ravi Shankar herauskristallisiert hat.

Wenn das körperlose Bewusstsein zu irgendeinem Zeitpunkt in die physische Existenz eines kurz zuvor gezeugten Menschen eintritt, könnte dann dieser neue Körper auch von den Erfahrungen der Seele in ihrem früheren Dasein geprägt werden? Oder anders gefragt: Warum sollte das Trauma einer gewaltsamen, tödlichen Verletzung sich nicht in Form von Malen oder Narben im darauffolgenden Leben manifestieren? Mind over Matter – die vielbeschworene Beherrschung der Materie durch den Geist, welcher ihr den Stempel aufdrückt. Hinweise hierauf in Form von blitzsauber recherchierten Fällen, die genau dies nahelegen, gibt es mehr als genug. In ihrer Qualität reichen sie fast schon an einen definitiven Beweis für die Wiedergeburt heran, nach dem schon so lange gefahndet wird. Und da wird es richtig spannend ...

9. Nahe am endgültigen Beweis

Narben erinnern an tragische Schicksale

Es war ein Showdown, wie er jedem Western-Klassiker aus der „Traumfabrik" Hollywood zur Ehre gereicht hätte. In den Augen seines Kontrahenten blitzte die nackte Mordlust. In diesem Moment wurde dem jungen Mann, der mitten auf dem belebten Marktplatz stand, schlagartig bewusst, dass er die unheilvolle Begegnung auf keinen Fall überleben würde. Sein Gegner war sichtlich zu allem entschlossen, als er mit seiner Mauser „Neunlader"[3] das Opfer ins Visier nahm. Im nächsten Augenblick spuckte die Pistole Feuer und Verderben, und es wurde nur noch dunkel. Der Täter hatte das gesamte Magazin auf ihn leer geschossen.

Eine gefühlte Ewigkeit später – vermögen wir uns überhaupt eine halbwegs zutreffende Vorstellung zu machen, welches Zeitempfinden in einer anderen Daseinsebene herrschen mag? – wurde es wieder hell. Der soeben vom Leben zum Tode beförderte junge Mann hatte wieder das Licht der Welt erblickt.

Was hier anfangs wie eine jener „Pferdeopern" aus der Zeit historischer Revolverhelden vom Schlage eines Wyatt Earp oder Liberty Valance klingt, hat nichts mit diesem Genre der amerikanischen Unterhaltungsindustrie zu tun. Es war vielmehr die blutige Realität und der traurige Höhepunkt eines Eifersuchtsdramas. Später werde ich auf diesen spektakulären Fall detailliert eingehen – meines Wissens ist er der spannendste und aussagekräftigste in einer unüberschaubaren Anzahl ähnlich gearteter Fälle. Es geht nämlich im Folgenden über das Phänomen, dass sich Verwundungen, die in einer vorangegangenen Existenz abrupt zum Tode führten, als körperliche Besonderheiten in einem neuen Dasein manifestieren.

Erinnern wir uns: Der als Munna Prasad ermordete, dann als Ravi Shankar wiedergeborene Junge aus Indien zog vor allem durch die seltsame Narbe an seinem Hals die Aufmerksamkeit vieler Forscher auf sich. Gemeinsam mit unerklärlich genauen Erinnerungen stellen derartige Merkwürdigkeiten schon beinahe einen handfesten Beweis dar. Für die Realität der Wiedergeburt, aber auch für die unbändige Macht des Geistes, einem „neuen" Körper dauerhaft seinen Stempel aufzudrücken.

Suresh Vermas Rückkehr

Zum Zeitpunkt der nachfolgend geschilderten Ereignisse war Suresh Verma 35 Jahre alt und stolzer Besitzer eines kleinen Fernseh- und Radiogeschäftes in der indischen Großstadt Agra. Der Abend im August 1983 war noch immer drückend heiß, als der nicht unvermögende Verma gerade mit seinem kleinen Fiat in den Hof seines Hauses einbog, das in einem ruhigeren Vorort lag. Der Unternehmer freute sich schon auf das gemeinsame Essen mit Ehefrau Uma und den beiden Söhnen Ronu und Sonu, als plötzlich zwei Männer auf ihn zustürmten. Einer von ihnen hatte eine Pistole in der Hand und schoss ohne Vorwarnung. Eine Kugel traf Suresh in den Kopf. Der Geschäftsmann war auf der Stelle tot. Bis zum heutigen Tag wurde der Mord nicht aufgeklärt, und das Motiv blieb im Dunkeln.

Vier Monate nach dem Verbrechen, im Dezember 1983, kam etwa 50 Kilometer von Agra entfernt ein Junge zur Welt, der kleine Titu. Als dieser vier Jahre alt war, begann er immer öfter von seinem früheren Leben als Radiohändler zu erzählen. Er sei mit einer Frau namens Uma verheiratet gewesen, welche ihm zwei Söhne geboren hätte. Sein Name wäre Suresh Verma gewesen, und dessen Leben wurde durch einen feigen Mord beendet.

Nach und nach steigerte sich Titu immer weiter in diese Vorstellung hinein. Er bat seine genervten Eltern inständig darum, doch sein gewohntes altes Leben in Agra fortsetzen zu dürfen. Der ältere Bruder des Jungen fuhr schließlich in die Stadt, um nachzuforschen, ob an der Geschichte irgendetwas dran sei. Er war schlichtweg fassungslos, als er im Basarviertel von Agra tatsächlich einen „Suresh Radioshop" entdeckte. Der Laden wurde von einer Witwe namens Uma geführt, deren Ehemann vier Jahre vorher erschossen worden war.

Anders als bei uns im vom Rationalismus beherrschten Westen glauben in Indien 91 Prozent der Menschen an die Wiedergeburt. Erzählen Kinder seltsam klingende, „alte Geschichten", so wird dies mit wenigen Ausnahmen nicht als Hirngespinst abgetan.[24] Und so war natürlich auch Uma, die Witwe von Suresh Verma, extrem neugierig, ihrem möglicherweise erneut zur Welt gekommenen Ehemann zu begegnen.

Gemeinsam mit dessen Eltern und drei Brüdern suchte sie das Dorf auf, in dem Titu lebte. Dort angekommen, lief der Kleine sogleich freudestrahlend auf „seine Eltern" zu und umarmte diese ganz herzlich. Seiner früheren Frau indes näherte er sich eher schüchtern und zurückhaltend. Er schien auch etwas enttäuscht, dass sie nicht mit seinem alten Fiat, sondern mit einem anderen Auto gekommen waren, das sie kurze Zeit nach der Ermordung von Suresh gekauft hatten.

Mit vorsichtig formulierten Fragen „lockte" die Familie des Getöteten zahlreiche Details über dessen Leben aus Titu heraus. Der erzählte bereitwillig vom Aufbau des Ladens, seiner Arbeit als Radiohändler, sowie den Söhnen Ronu und Sonu. Maresh Verma jedoch, sein „früherer Bruder", blieb noch skeptisch und fragte ihn: „Sag mir doch, was während meiner Hochzeit geschehen ist." Wie aus der Pistole geschossen kam Titus Antwort: „Da habe ich mit Tellern um mich geworfen." Suresh Verma hatte sich damals sehr über irgendeine unbedeutende Kleinigkeit geärgert und das Fest durch seinen Ausbruch von Jähzorn gestört. In jenem Augenblick war Mareshs Mißtrauen geschwunden. Nun war auch der Bruder davon überzeugt, die Wiedergeburt des ermordeten Suresh Verma vor sich zu haben.

Einschussloch aus einem früheren Leben

Das verblüffende Wissen des kleinen Titu über Leben und Umfeld von Suresh, das der Junge keinesfalls auf „normalem“ Wege hätte erlangen können, rief Professor N.K. Chadha von der Universität in Neu Delhi auf den Plan. Als ordentlicher Professor für Psychologie hatte er bis zu jenem Zeitpunkt, gemeinsam mit seinen Assistenten, schon 25 ähnlich geartete Fälle überprüft. Elf davon konnte er zweifelsfrei als echte Wiedergeburten einstufen und bestätigen.

Begleitet von einem Fernsehteam der britischen BBC, brachte Professor Chadha den jungen Titu ins Geschäft des erschossenen Suresh Verma nach Agra. Fast verschämt näherte er sich bei dem Lokaltermin seinen „früheren Söhnen“ Ronu und Sonu, welche nun älter waren als er selbst. Sichtlich vergnügt kommentierte er dagegen ein Foto aus seinem ehemaligen Leben, das an der Wand des Ladens hing. Detailliert beschrieb er den erstaunten Beobachtern auch verschiedene bauliche Veränderungen im Geschäft, die „nach seinem Tode“ ausgeführt worden waren. Zu guter Letzt fand Titu sogar den Tresor, der hinter einem Gemälde verborgen lag. Nun waren wirklich alle davon überzeugt, dass Titu aus dem 50 Kilometer entfernten Dorf die Wiedergeburt von Umas früherem Ehemann Suresh war.

Wirklich dramatisch wurde es dann noch einmal, als ein herbeigerufener Friseur die Haare an Titus Schläfen abrasierte, und die Kamera in Großaufnahme eine perfekt runde Narbe zeigte: Eine auffällige Delle in seiner Schädeldecke. Ein Einschussloch aus einem früheren Leben? Sie befand sich haargenau an der Stelle, in die das auf Suresh Verma abgefeuerte Projektil eingedrungen war. Auch ohne diesen Hinweis war Titu davon überzeugt, der von Mörderhand ums Leben gebrachte Händler aus Agra gewesen zu sein.[24,49]

Damals, als der Fall nicht nur in Indien auf großes Interesse stieß, waren die Eltern des Jungen alles andere als begeistert über die Erinnerungen ihres Sprösslings. Wie kann, fragten sie sich, ihr Sohn mit den Umständen seines jetzigen Lebens klar kommen, wenn er sich ständig mit dem Leben des ermordeten Suresh Verma beschäftigt? Ein Übriges tat der Rummel, der durch die Präsenz des britischen Kamerateams entstand, und der den kleinen Titu zum Medienstar werden ließ.

Das Fernsehteam begleitete die Familie damals auch zu einem alten Dorfweisen, bei dem sie um Rat nachsuchte. Der nahm den kleinen Titu in den Arm, und belehrte ihn und dessen Vater mit den Worten: „Das Universum in seiner Erhabenheit und Weisheit sieht einen ewigen Kreislauf vor zwischen Tod und Wiedergeburt. Wir werden so lange auf diese Erde kommen, bis wir endlich erkennen, dass wir nicht immer wieder verschiedene Personen sind, sondern eine einzige Seele in vielen verschiedenen Rollen. Und erst dann wird sich das Karma auflösen.“[49]

Der Weise regte außerdem an, dem Jungen viel Liebe und Geborgenheit zu geben, auf dass er seine vormalige Existenz vergessen kann. Um endlich das sein zu dürfen, was er heute – im Jahr 2021 zählt Titu 37 Jahre – ist: Ein Mensch, der eine Aufgabe auch in einem neuen Leben gefunden hat.

Das Volk der Drusen

Gut recherchierte und dadurch belastbare Beispiele für eine Wiederkunft in einem neuen Körper kommen auch aus vielen anderen Regionen unserer Welt. Nicht immer sind es Spuren, die auf einen Tod durch Erschießen in der vormaligen Existenz deuten. Gibt es doch jede Menge Ursachen, die ein Leben vorzeitig und auf unnatürliche Weise beenden können.

Fährt man von Tel Aviv aus in nördlicher Richtung, so gelangt man zum Karmelgebirge. Dieser etwa 35 Kilometer lange Höhenzug ist landschaftlich sehr reizvoll und springt bei der Hafenstadt Haifa bis zum Meer vor. Ich kenne die besagte Gegend recht gut; an den Hängen dieses Bergrückens befinden sich einige archäologisch äußerst interessante Stätten. Allen voran das Naturreservat von Nahal Me'arot: Darin gefundene menschliche Fossilien reichen weit zurück, bis in eine Epoche vor etwa 500.000 Jahren.[16] Doch die überraschendste Erkenntnis, die die Ausgrabungen dort einbrachten, war, dass entgegen bisheriger offizieller Anthropologenmeinung Neandertaler und der „modernere" Cro-Magnon-Mensch viele Jahrtausende lang friedlich zusammen existierten.[103] Bisher war man immer davon ausgegangen, dass der Cro-Magnon-Mensch den Neandertaler verdrängte – wie immer man sich dies auch immer vorzustellen hat.

Fährt man auf der Überlandstraße, die in Richtung Tiberias am See Genezareth führt, über das besagte Karmelgebirge, liegen einige Dörfer der Drusen auf dem Weg. Die Drusen sind eine Minderheit in Israel, die anders als die Araber gerne in der israelischen Armee dienen, und sich auch sonst recht gut in das Staatswesen integrieren. Sie sind eine kleine, im 11. Jahrhundert aus dem Islam hervorgegangene Sekte, deren fast 300.000 Mitglieder auf den Libanon, Syrien und den Norden von Israel verteilt sind.[2]

Ihren Namen haben sie von Ismail ad Darazi, der als Gründer der Religionsgemeinschaft gilt. Die Grundlagen ihres Glaubens berufen sich auf 24 „heilige Bücher", von denen allerdings nur sechs allgemein zugänglich sind. Die übrigen Bücher gelten als Geheimlehre. Eine feste Konstante bei dieser Religion ist der Glaube an eine Wiedergeburt. Wobei zwischen der einen und der darauf folgenden Inkarnation kein langer Zeitraum angenommen wird. So soll die Seele des Verstorbenen noch am Tage, wenn nicht sogar genau in der Stunde seines Todes, in einem Neugeborenen wieder zur Welt kommen.[104]

Tödliche Schlangenbisse

Kein Wunder also, dass auch aus diesem Kulturkreis zahllose Fallbeispiele stammen, deren Wahrheitsgehalt bei genauer Überprüfung weitestgehend bestätigt werden konnte. Wie so häufig, stammen auch hier die zuverlässigsten Aussagen und Verhaltensweisen von noch vollkommen unbeeinflussten Kindern im Alter zwischen zwei und vier Jahren. Und beinahe regelmäßig tragen diese Kinder seltsame Male und Narben an ihrem Körper. Die verblüffend genau mit den Wunden und Verletzungen übereinstimmen, welche jene Verstorbenen davongetragen hatten, die sie zu sein behaupten. Wobei wir wieder bei solchen Vorfällen angekommen wären, deren Protagonisten eines unnatürlichen oder gewaltsamen Todes gestorben waren.

Es war noch einige Jahre vor der Gründung des Staates Israel (1948), als ein drusischer Bauer während seiner Feldarbeit von einer giftigen Schlange gebissen wurde. Deutlich waren die in solchen Fällen charakteristischen Bissmale der zwei Giftzähne an seiner rechten Hand zu erkennen. Alle ärztlichen Bemühungen waren vergebens. So führte der Schlangenbiss nach einer Woche mit qualvollen Schmerzen zum Tode. Noch am selben Tag wurde in dem Dorf ein Junge geboren, der klar erkennbar an seinem rechten Händchen die Spuren von Schlangenzähnen zeigte. Sobald der Kleine zu sprechen begann, sagte er, dass er der infolge dieses Schlangenbisses ums Leben gekommene Bauer wäre.

Und dessen Witwe vermochte er Details aus ihrem gemeinsamen Leben zu erzählen, die nur ihr und ihrem tragisch umgekommenen Gatten bekannt gewesen sein konnten.[104]

A propos intime Einzelheiten. Ein Druse, der eine englische Freundin hatte, war ganz plötzlich ums Leben gekommen. Als die Engländerin ein paar Jahre später eine Drusenfamilie besuchte, kam ein kleiner Junge auf sie zu und erklärte, er sei ihr verstorbener „Boy Friend". Dann packte er vor allen Anwesenden so intime Einzelheiten aus ihrem Leben aus, die nur er und sie wissen konnten. Und er wusste sogar über ein Muttermal – dieses befand sich an einer nicht ganz jugendfreien Stelle – seiner konsternierten Gesprächspartnerin bestens Bescheid. Der jungen Engländerin dürften mit Sicherheit keine Zweifel mehr darüber geblieben sein, mit wem sie es da zu tun hatte.[104]

In dieser ein wenig pikanten Geschichte befand sich das Muttermal ausnahmsweise nicht an der wiedergeborenen Person - was das Ganze aber nicht weniger plausibel macht. Der etwas früher erwähnte Fall des drusischen Bauern, der durch den Biss einer Giftschlange ums Leben kam, besitzt übrigens ein Pendant, das sich in der nahen Türkei ereignete.

Dort untersuchte ein Kollege Dr. Ian Stevensons, der Istanbuler Arzt Dr. Rezat Bayer, ebenfalls zahlreiche Reinkarnationsfälle von verblüffender Authentizität. Dieser Doktor Bayer wird uns in Kürze noch ein weiteres Mal begegnen. Und zwar in Zusammenhang mit dem wohl spektakulärsten Fall einer „Übertragung“ von Wundmalen in ein späteres Leben. Doch erst einmal zu dem angekündigten Beispiel, das uns nicht nur vor Augen führt, dass Schlangenbisse – weltweit – zu den relativ häufigen Todesursachen zählen.

Auf einem internationalen parapsychologischen Kongress, der gegen Ende der 1960er Jahre in den USA veranstaltet wurde, referierte der Arzt aus Istanbul auch über einen Jungen, welcher zwei winzige Male an der Innenseite des rechten Daumens besaß. Die Form und Anordnung dieser sonderbaren Male erinnerten verblüffend an die Spuren, wie sie beim Biss einer Schlange von den Giftzähnen hinterlassen werden.

Der tödliche Speerstoß

Der Junge stammte aus Antakya, Hauptstadt der Provinz Hatay im Süden der Türkei, am Fluss Orontes und nicht allzu weit von der syrischen Grenze gelegen. Akribische Nachforschungen in alten Patientenakten der dortigen Hospitäler brachten Dr. Bayer auf die Spur eines Mannes mit Namen Kaschamnasch. Selbiger war 20 Jahre zuvor verstorben - und zwar an den Folgen eines giftigen Schlangenbisses. Das todbringende Reptil hatte den glücklosen Mann genau in den rechten Daumen gebissen.

Überhaupt keine Male oder Narben an dessen Fingern waren bei einem Jungen zu sehen, der 1971 im indischen Bundesstaat Uttar

Pradesh zur Welt kam. Kein Wunder: Dem kleinen Lekh Pal Jatav fehlten nämlich sämtliche Finger an der rechten Hand. Sein Händchen sah aus, als wären alle Finger mit einem glatten Schnitt abgetrennt worden. Seine Eltern waren bestürzt, und die Ärzte sprachen von einer gravierenden Fehlbildung, wie sie immer wieder bei einem gewissen Prozentsatz der Neugeborenen vorkommt.

Nachdem Lekh Pal Jatav sprechen gelernt hatte, wurden seine Eltern noch fassungsloser. Er erklärte ihnen, dass er bereits ein früheres Leben hinter habe. Als Hukum Singh hätte er in dem Dorf Nagla Tal gelebt, das von seinem aktuellen Heimatort nur acht Kilometer entfernt liegt.

Im Laufe zeitnah eingeleiteter Nachforschungen konnte rasch festgestellt werden, dass wenige Monate vor Lekhs Geburt in Nagla Tal tatsächlich ein Junge dieses Namens erkrankt und gestorben war. Wiederum ein paar Monate davor war Hukum Singh mit seiner rechten Hand in eine Häckselmaschine geraten. Bei dem Unfall verlor er sämtliche Finger dieser Hand.[105]

Ein weiterer Kulturkreis auf dieser Welt, in dem der Gedanke an die Rückkehr in ein neues Leben eine weite Verbreitung gefunden hat, ist der Stamm der Tlingit. Dieser Name bezeichnet die bedeutendste Gruppe der Nordwestküstenindianer in Nordamerika. Deren Verbreitungsgebiet erstreckt sich von der Südostküste von Alaska bis hinunter zur nordwestlichen Küste der kanadischen Provinz British Columbia.[2]

Ethnologen halten es übrigens für plausibel, dass die Ahnen der Tlingit, die vor Jahrtausenden über die damals zugefrorene Beringstraße aus Asien eingewandert seien, den Glauben an eine Wiedergeburt aus ihrer alten Heimat mitgebracht hätten.[21] Professor Dr. Ian Stevenson stieß bei seinen Forschungen speziell bei dieser ethnischen Gruppe auf einige besonders spektakuläre Fälle. Bei den Tlingit herrscht übrigens die feste Überzeugung vor, dass Muttermale an Wunden erinnern, welche der Mensch in dessen früherer Existenz erlitten habe.[98]

In Alaska traf der Professor auf einen Indianer mit dem Namen

Derek Pitnow, der ein auffälliges, ungefähr zweieinhalb Zentimeter langes und zwei Zentimeter breites „Muttermal" unterhalb des Nabels aufwies. Pitnow informierte ihn darüber, dass einer seiner Vorfahren, Häuptling Chahni-Koo vom Stamm der Wrangell-Indianer - diese leben in den Wrangell-Mountains im äußersten Südosten Alaskas - eines gewaltsamen Todes sterben musste. Bei einem Friedenspalaver war dieser von seinem Erzfeind aus einem benachbarten Stamm, dem Sitka-Indianer Yak Wan, überfallen und mit einem Speerstoß in den Unterleib getötet worden.[98]

Lieber in den „Bau"

Der heimtückische Angriff hatte sich im Jahre 1852 ereignet. Derek Pitnow wurde 1918 geboren. Zeit seines Lebens litt Derek unter einer panischen Furcht vor Messern und anderen Stichwaffen. Als junger Soldat im Zweiten Weltkrieg riskierte er deshalb immer wieder Disziplinarmaßnahmen und Gefängnis wegen vorsätzlicher Befehlsverweigerung. Der rebellische GI sträubte sich mit aller Kraft dagegen, an der Ausbildung zum Nahkampf mit dem aufgepflanzten Bajonett[3] teilzunehmen. War die Erinnerung an den gewaltsamen Tod als Häuptling Chahni-Koo noch immer so lebendig, dass es Pitnow vorzog, für ein paar Tage „in den Bau", sprich: ins Militärgefängnis zu wandern?

Der Tlingit-Indianer Charles Porter, dessen Fall Stevenson gleichfalls unter die Lupe nahm, wies ein markantes Muttermal an seiner rechten Hüfte unterhalb des letzten Rippenbogens auf Dieses war ungefähr einen Zentimeter breit und drei Zentimeter lang. Schon als Kind hatte Porter behauptet, er sei in seinem früheren Leben durch den Speerstich eines Feindes getötet worden. Er nannte sogar seinen früheren Namen, den seines Mörders und den Ort des Geschehens. Die Recherchen ergaben: Ein Onkel seiner Mutter hatte diesen Namen getragen, und war auf die von Porter beschriebene Weise getötet worden.[98]

Das alles war geschehen, lange bevor Charles Porter geboren

wurde. Beim Auftreten solcher Narben fragt man sich ohnedies, wie es dazu kommen mag. So hielt etwa der türkische Mediziner Dr. Rezat Bayer eine Übertragung von Wundmalen auf den Körper eines Neugeborenen für eine physiologische Unmöglichkeit.[106] Und dennoch stehen wir vor einer immensen Anzahl von Fällen, wo genau dies offenbar geschehen sein muss. Professor Stevenson, der im Lauf seines Forscherlebens über 200 derartiger mysteriöser „Muttermale" untersucht hat, war überzeugt davon, dass diese wirklich aus einer vorherigen Existenz vererbt worden seien. Darüber hinaus wären sie sogar ein zuverlässiges Anzeichen für eine echte Reinkarnation. Nach dem, was der Arzt und Psychiater herausfand, sind solche Male für gewöhnlich viel größer als normale Sommersprossen und auch Leberflecken. Häufig ähneln sie den Narben von verheilten Wunden.[97,98] Und sie befinden sich zudem ganz genau an jenen Körperstellen, wo Stiche oder Projektile Menschen in einem früheren Leben, an das diese sich klar erinnern können, tödlich verwundeten.

Türkische Tragödien

In die südtürkische Stadt Antakya hat es uns bereits einmal verschlagen: Bei dem Fall des Jungen, der zwei Narben wie vom Biss einer Schlange an der Innenseite seines rechten Daumens aufwies. Im Jahre 1935 wurde Antakya dann zum Schauplatz eines blutigen Geschehens, das schier unglaubliche Folgen nach sich zog. Was war damals passiert?

Im Jahr 1935 saß der wegen Mordes zu lebenslänglicher Haft verurteilte Cemil Hayik im Gefängnis der Stadt ein. Hayik brach jedoch aus dem Kerker aus und flüchtete zu seinem Bruder. Rasch fand die Polizei das Versteck und umstellte es mit einem Großaufgebot, worauf es zu einer wilden Schießerei kam. Weil die beiden Männer sich in ihren Mauern verschanzt hatten und die Polizei keine Möglichkeit zu einem raschen Zugriff sah, wandte sie eine ebenso radikale wie wirkungsvolle Taktik an. Die Beamten übergossen das Dach des Hauses mit Benzin und setzten es kurzerhand in Brand. Als sie keinen Ausweg mehr aus dieser Lage sahen, schossen sich Cemil Hayik und sein Bruder in den Kopf. Denn lebend wollten sie der Staatsmacht nicht in die Hände fallen.

Die spätere Obduktion bei dem Mörder Cemil Hayik ergab sehr ungewöhnliche Details. Diese betrafen den Schusskanal. Der Mann hatte die Waffe an seiner rechten Halsseite unterhalb des Kieferknochens angesetzt und abgedrückt. Dort trat das Projektil ein, durchquerte dann den gesamten Schädel von vorne rechts unten nach oben links hinten, wo es dann an einem Scheitelwirbel wieder austrat.

Genau drei Tage nach dem Selbstmord der beiden Brüder wurde einem ganz in der Nähe lebenden Bauernehepaar ein Sohn geboren. Der Junge hieß Dahham Fahrici. Im Alter von zwei Jahren begann der Kleine auf einmal, unablässig von Cemil Hayik zu sprechen, und wusste erstaunlich gut Bescheid über Leben und Tod des beinahe schon legendären Verbrechers. Bald bestand er auch darauf, von seinen Eltern und seiner Umgebung nur noch mit dem Namen Cemil angesprochen zu werden. Von seinem sechsten Lebensjahr an wurde er außerdem des Nachts regelmäßig von demselben Alptraum geplagt. Er befand sich in einer ausweglosen Situation, von der Polizei umzingelt und in ein heftiges Feuergefecht verwickelt. Mit anderen Worten: Er erlebte die letzten Momente des Mörders Hayik hautnah in allen Einzelheiten mit!

Doch noch bemerkenswerter als die so detailreichen Erinnerungen an seine vormalige Existenz, die Dahham Fahrici in schöner Regelmäßigkeit heimsuchten, waren zwei körperliche Eigenheiten, mit denen er zur Welt gekommen war. Rechts unter seinem Kiefer schien der Neugeborene eine offene Wunde am Hals zu haben. Als sie sich nach einem Monat noch immer nicht geschlossen hatte, ließen die Eltern die Haut an dieser Stelle zusammennähen. Zurück blieb eine deutlich sichtbare, zirka 25 Millimeter lange sowie sechs Millimeter breite Narbe, die selbst im Erwachsenenalter nicht zu übersehen war.

Dies war der Einschuss. Doch auch jene Stelle, an der die tödliche Pistolenkugel Cemil Hayiks Kopf wieder verlassen hatte, findet sich bei Dahham Fahrici. An seinem Scheitelwirbel ist ein vernarbtes Mal: Exakt an jenem Ort, wo bei dem in die Enge Getriebenen das Projektil wieder ausgetreten war.[105]

Einwandfrei sichtbare Spuren

In der brasilianischen Stadt Araraquara, die in etwa 300 Kilometer von Sao Paulo entfernt liegt, gab es eine Juristin, die den Vornamen „Tina" trug. Diese vermochte sich in allen Einzelheiten daran zu erinnern, wie sie in ihrer vorangegangenen Existenz ihr Leben verloren hatte. Das Ganze soll sich während des Zweiten Weltkrieges im französischen Vichy ereignet haben, und zwar während der Jahre der deutschen Besetzung. Tina wurde offenbar grundlos von einem Soldaten erschossen, dem sie gerade zuvor arglos die Tür geöffnet hatte.

Genau wie Dahham Fahrici aus dem oben erwähnten Fall besaß auch sie zwei markante Muttermale. Eines auf der linken Seite ihres Oberkörpers. Das zweite auf ihrem Rücken. Und zwar haargenau dort, wo eine auf ihr Herz abgefeuerte Kugel ein- und wieder aus dem Körper ausgetreten wäre.[106]

Unglaublich? Oder gar unglaubwürdig? Oder sind dies nur die berühmt-berüchtigten, angeblich an einer Hand abzuzählenden „Einzelfälle", die man wohl besser kopfschüttelnd ignorieren und dann zur Tagesordnung übergehen sollte?

Zweifler dürften indes ziemlich ratlos dastehen und Skeptikern müsste es die Sprache verschlagen, wenn man die Forschungsergebnisse betrachtet, die der aus dem türkischen Istanbul stammende Mediziner Dr. Rezat Bayer auf dem bereits erwähnten Kongress von Parapsychologen in den USA präsentierte. Er hatte sich dort auf solche Fälle konzentriert, in denen die Patienten einwandfrei sicht- und überprüfbare Spuren aus einer mutmaßlich früheren Existenz trugen.

Der Arzt aus Istanbul hatte, ganz ähnlich wie sein amerikanischer Kollege, eine große Anzahl Menschen akribisch untersucht, deren auffällige Narben und Muttermale nur eine einzige Schlussfolgerung übrig ließen: Dass es sich um Spuren tödlicher Verletzungen in einer vormaligen Existenz handelt. Die eindrucksvollen Bilder und Beschreibungen, die er auf dem Kongress präsentierte, machten die meisten der versammelten Gelehrten schlichtweg ratlos.

Showdown in Adana

Der mit Abstand spektakulärste aller von Dr. Bayer untersuchten 150 Fälle ist zweifellos der des kleinen Ahmed, der aus einem Dorf im Süden der Türkei stammte. Im Gegensatz zum Mörder aus Antakya oder der erwähnten Juristin „Tina" aus dem brasilianischen Araraquara waren es insgesamt neun Kugeln, die er sich am Ende seines vorangegangenen Lebens „eingefangen" hatte. Und zwar im Verlauf jenes dramatischen „Showdowns", wie ich ihn zu Anfang dieses Kapitels mit einem ordentlichen Maß an Dramatik geschildert hatte.

Ahmeds Eltern waren eines Tages mit ihrem Sohn in die Ordination des Istanbuler Arztes gekommen, dem der Ruf vorauseilte, an ungewöhnlichen Phänomenen interessiert zu sein. Im Lauf der Untersuchung entdeckte Dr. Bayer auf Hals, Brust und Armen des Kleinen neun verschiedene, exakt kreisrunde Muttermale. Und es bedurfte keiner großen Phantasie, um festzustellen, dass diese beinahe wie die Einschüsse von Pistolenkugeln aussahen. Ahmeds Eltern bezeugten, dass ihr Junge mit diesen Malen auf die Welt gekommen war, diese also nicht erst später auftraten.

Damit war die Neugier des Mediziners geweckt, und er begann umfassende Nachforschungen anzustellen. Dr. Bayer verschickte an alle Polizeipräfekturen in der ganzen Türkei einen Rundbrief, in dem er um dringende Auskunft bat, ob sich vielleicht in deren Zuständigkeitsbereich in den vergangenen Jahrzehnten ein Mordfall ereignet hätte, bei dem das Opfer von insgesamt neun Kugeln getroffen worden war.

Ein Vierteljahr verging, darauf ein weiteres. Aus allen Himmelsrichtungen trafen nichts als Absagen ein. Und viele der angeschriebenen Präfekturen hatten ganz offensichtlich viel Wichtigeres zu tun, als auf das sonderbare Bittschreiben des Doktors aus dem fernen Istanbul zu antworten.

Der am Phänomen der Reinkarnation interessierte Arzt hatte bereits alle Hoffnung aufgegeben. Er stand kurz davor, den beeindruckenden Fall als unüberprüfbar zu den Akten zu legen. Da erreichte ihn ein Brief aus Adana, einer Provinzhauptstadt im Südosten Anatoliens, nahe der Grenze zu Syrien. Das dortige Kommissariat berichtete Dr. Bayer über einen ungefähr 15 Jahre zurückliegenden Mordfall. Das Verbrechen hatte sich auf offener Straße abgespielt, und die Menschen seinerzeit vor allem wegen seiner Brutalität schockiert.

Ein Streit unter zwei jungen Männern – selbstredend ging es hierbei um eine Frau – war komplett eskaliert. Das unheilvolle Geschehen endete damit, dass einer der beiden, ein Mann namens Mustafa, mitten auf dem Markt von seinem rasend eifersüchtigen Nebenbuhler mit neun Kugeln aus dessen Pistole niedergestreckt wurde. Kein Wunder, dass der Mord in jenen Tagen für mächtiges Aufsehen gesorgt hatte.

Dr. Bayer atmete auf. Und sofort nach Erhalt dieses Schreibens begab sich der Mediziner persönlich nach Adana. Dort erhielt er, nach überraschend kurzen Verhandlungen mit den Behörden, sogar die Erlaubnis zur Exhumierung der sterblichen Überreste des damals auf so spektakuläre Weise getöteten Mustafa. Die Überraschung konnte nicht größer sein: Anhand der Knochenverletzungen vermochte Dr. Bayer eindeutig nachzuweisen, dass die Lage der todbringenden Schüsse exakt mit den neun kreisrunden Muttermalen seines kleinen Patienten Ahmed übereinstimmten.

Bald darauf folgte eine weitere Reise nach Adana, und der Arzt aus Istanbul unternahm sie dieses Mal nicht alleine. Er nahm Ahmed mit und stellte ihn den noch lebenden Angehörigen der Familie des Getöteten vor. Alle Beteiligten hatte er zuvor mit Absicht im Unklaren über die Bedeutung seines Besuches gelassen. Ahmed erkannte unter den zahlreichen anwesenden Personen schnell die alte Mutter Mustafas, die ja folglich in seinem früheren Leben seine eigene Mutter gewesen sein musste.

Wortlos ging der Junge auf die alte Frau zu, küsste ihr die Hände und begann zu weinen. Eine nicht weniger ergreifende Szene folgte, als der kleine Ahmed auch den Söhnen des 15 Jahre vorher so brutal ermordeten Mustafa gegenüberstand.[106]

Alle hier besprochenen Fälle haben eines gemeinsam: Manchen Menschen, die einen gewaltsamen Tod erleiden mussten, ist es offenbar gelungen, „Erinnerungszeichen" daran in ihr nächstes Leben hinüberzuretten. Wer unter dramatischen Umständen sein Leben verliert, speichert in seiner Seele – oder auch dem Persönlichkeitskern, wie immer man dazu sagen möchte – die Erinnerung an dieses Trauma, und überträgt sie auf den neuen Körper. Kann man sich einen stichhaltigeren Hinweis darauf vorstellen, dass die körperliche Wiederkehr eines Individuums in einem Neugeborenen kein Hirngespinst ist? Vielmehr eine nicht zu leugnende Tatsache!

Auch für den amerikanischen Professor Dr. Stevenson, dessen Name schon mehrmals fiel, bedeuteten solche körperlichen Erinnerungen stets ein zuverlässiges Indiz für eine echte Reinkarnation. Diese Koryphäe, die leider seit ein paar Jahren nicht mehr unter uns weilt, durfte ich noch persönlich kennenlernen, ihm meine Fragen stellen und Gedanken mitteilen. Was er mir darauf zu sagen wusste, lässt die Großartigkeit des Lebenswerkes eines echten Ausnahmeforschers direkt greifbar werden.

10. Nun weiß er es ganz genau

Lebenswerk eines bewundernswerten Forschers

In den vorangegangenen Kapiteln habe ich einen weiten Bogen gespannt: Von jenen Erfahrungen, die Menschen an der Schwelle zum Tod gemacht haben. Und uns darüber berichten konnten, weil ihnen noch einmal der Weg zurück ins Leben zugedacht war. Hierauf stellte ich die Frage, ob vielleicht eine andere Daseinsebene existieren mag, in welche ein überlebender Teil unserer Persönlichkeit hinüberwechselt. Inklusive denkbarer Möglichkeiten, mit dieser in Kontakt zu treten. Verbindung aufzunehmen zu der Komponente jenseits des Physischen, die nicht dem unaufhaltsamen Verfall unterliegt, vor dem alles Leben gleich ist. Und dann noch der spannendste Aspekt unserer gesamten Existenz, der sich um eine denkbare Wiederkehr in einem neuen Körper dreht. „Neues Spiel, neues Glück", wenn man so will.

Eines ist klar: Stets sind bei solchen Betrachtungen repräsentative und anschauliche Beispiele unerlässlich. Schließlich möchte die geneigte Leserschaft gern ihre Wissbegierde mit Namen, Daten und belastbaren Fakten befriedigen. Über die oft verblüffenden Details hinaus möchte man jedoch noch einige entscheidende Schritte weitergehen, sozusagen zu den Quellen selbst vorstoßen. In diesem Fall wäre es am zielführendsten, sich an erfahrene, renommierte Kapazitäten zu wenden, deren Wort in dieser Angelegenheit Bedeutung hat. Ohne Zweifel ist es dann ein echter Glücksfall, wenn diese Schritte nicht nur gelingen, sondern letztlich auch von unerwartetem Erfolg gekrönt sind.

Einer jener weltweit renommierten Forscher, der tatsächlich sein ganzes Leben der Erforschung den faszinierenden Rätseln rund um das Thema Wiedergeburt gewidmet hatte, war der hier schon wiederholt zitierte Professor Dr. Ian Stevenson (1918 – 2007). Selbiger war nicht nur Doktor der Medizin, der lange Jahre eine eigene Praxis als Allgemeinarzt im US-Bundesstaat Virginia geführt hatte Er war gleichzeitig eine Koryphäe in der Seelenkunde und damit Inhaber eines ordentlichen Lehrstuhles für Psychiatrie an der Universität von Virginia in Charlottesville.

Kein „Schreibtischtäter“

Doch ab 1960 bestimmte ein völlig neues Gebiet die Interessen Professor Stevensons, das ihn ab 1964 auf zahllose Reisen auf der ganzen Welt führte. Von nun an war es sein einziger erklärter Wille, endlich Licht in die spannende Frage zu bringen, ob an diesen seltsamen Geschichten mancher Leute von einem vorherigen Leben doch ein Fünkchen Wahrheit sein konnte.

Und dies tat er nicht vom Schreibtisch aus. Vielmehr reiste der Professor an die Originalschauplätze oft unglaublich klingender Begebenheiten. Er befragte Zeugen, sah amtliche Dokumente, überprüfte akribisch die betroffenen Personen und deren spezielle Lebenssituation. Kein noch so unbedeutend scheinendes Detail ließ er aus. Das war seine Arbeitsweise, von der er in über vier Jahrzehnten seines Forscherlebens keinen Millimeter abwich.

Eine Vorgehensweise dieser Art mag heute vielleicht bei dem einen oder anderen Zeitgenossen verständnisloses Kopfschütteln auslösen. Leben wir nicht längst in der glorreichen Zeit des Internets, wo man sich die ganzen Informationen mühelos vom Computer abrufen kann, ohne dass die Notwendigkeit besteht, seinen Fuß noch vor die Haustüre setzen zu müssen?

Ja, geht's noch? Auch mir empfahl schon einmal einer dieser begnadeten Schlaumeier, doch in Zukunft auf meine ausgedehnten Forschungsreisen zu verzichten. Denn das Weltklima würde es mir danken, wenn ich es künftighin vermeide, den Fuß in ein Flugzeug zu setzen![107] Alles klar. Warum berichte ich meinen verehrten Leserinnen und Lesern von den größten Rätseln dieser Welt, mache mir die unnötige Arbeit und setze mich dem Stress des Reisens aus, wenn ich alles mühelos aus dem Internet ziehen könnte?

Doch wie all diese Informationen den Weg ins Worldwide Web finden sollen, darüber schwieg sich der neunmalkluge Mann aus. Einmal abgesehen davon, dass wir in einer Welt zunehmender „Fake News“ leben, die fröhlich durch das hochgelobte Internet geistern. Sie sind übrigens keine „zufälligen“ Fehlinformationen, sondern werden mit voller Absicht in unsere unverbesserliche Welt gesetzt.[108]

Doch zurück zum eigentlichen Thema. Mir wurde klar: Wenn es überhaupt jemanden gibt, der über größtmögliche Kompetenz auf diesem Gebiet und ausnehmend profundes Wissen zum Phänomen der Reinkarnation verfügt, dann Professor Dr. Ian Stevenson.

Das Treffen

Ich begann meine Fühler auszustrecken. Schließlich fand ich im November 1994 durch die Hilfe der amerikanischen Botschaft in Frankfurt/Main seine Postadresse heraus. In meinem Brief ließ ich mein großes Interesse an dem Thema Wiedergeburt anklingen, teilte ihm außerdem meine Gedanken und Pläne zur Realisierung eines Buches zur Thematik mit.[25] Außerdem bat ich Dr. Stevenson um schriftliche Informationen zu seinen neuesten Forschungsergebnissen.

Heute kann ich es ja ehrlich zugeben: Damals hegte ich wenig Hoffnung auf eine Antwort des Gelehrten, als ich den Brief auf die weite Reise schickte. Für viele Amerikaner ist Deutschland pretty far away. Ein kleines Land, das weit entfernt über dem großen Teich liegt. Wir leben jedoch in einer Überraschungswelt. Denn bereits zwei Wochen später – dies war nicht mehr als die reine Postlaufzeit – hatte ich die Antwort im Briefkasten. Mit einer ausgesprochenen Höflichkeit bedankte sich der „Große alte Mann der Reinkarnationsforschung“ persönlich für mein Interesse. Der Professor bat mich allerdings genauso höflich um Verständnis dafür, dass er auf diesem Wege keine Informationen weitergeben wolle. Doch hätte er Anfang des Jahres 1996 einige Termine in Deutschland, und dann würde sich doch bestimmt Gelegenheit zu einem persönlichen Treffen und Gedankenaustausch finden.

Das war doch schon mal ein Lichtblick! Und vielleicht würde es sogar gelingen, etwas Neues – womöglich auch zu den „alten" Fällen – in Erfahrung zu bringen. Es folgten Briefwechsel und mehrere Telefonate, bis endlich ein Treffen für den 30. Januar 1996 in München vereinbart wurde.

Den sprichwörtlichen weiß-blauen Himmel über Bayern konnte man zum Empfang leider nicht bieten. Und auch die winterliche Schneepracht war zu jenem Zeitpunkt schon lange weggeschmolzen. Stattdessen präsentierte sich der denkwürdige Tag grau in grau, und der Regen gab sein Bestes, um gar nicht erst einen Hauch von Gemütlichkeit aufkommen zu lassen.

Glücklicherweise hatten wir als Treffpunkt ein Hotel in der bayerischen Landeshauptstadt vereinbart. Mit wohltuender Pünktlichkeit betrat Professor Stevenson die Hotelhalle und eilte auf mich, unterstützt durch einen seinerzeit mit mir befreundeten Journalisten, zu. Der Wissenschaftler war ein großer und hagerer Mann, der eher wie ein Skandinavier oder Engländer wirkte, denn wie ein typischer Amerikaner. Nach der Begrüßung versuchten wir, einen geeigneten, also möglichst ruhigen Platz für unsere Gespräche zu finden. Im Hotel ging es beinahe zu wie in einem Bienenstock, doch zum Glück kannte der Professor ein nettes kleines türkisches Lokal genau gegenüber. Nachdem wir Wein und türkischen Mokka bestellt hatten, konzentrierte sich der berühmte Forscher auf die mitgebrachte Kamera und das Diktiergerät. Höflich, aber bestimmt, äußerte er seine Bitte, doch auf Tonaufnahmen unseres Gespräches zu verzichten. Und Bildaufnahmen wollte er nur unter der Bedingung zustimmen, dass diese nicht veröffentlicht würden.

Anfangs sehr zurückhaltend

Was um alles in der Welt hatte diesen Mann nur so vorsichtig, ja regelrecht misstrauisch gemacht? War es die leider viel zu oft geübte Praxis bei Interviews, dass die Tonaufnahmen geschnitten werden, um dann neu zusammengesetzt und aus dem ursprünglichen Kontext gerissen, zu einer vollkommen anderen Aussage zu führen? In speziellen Rhetorikseminaren werden Politiker und Manager darin geschult, ihre Stimme am Satzende stets oben zu halten. Dadurch wird ein Schnitt zumindest erschwert. Und an die Aussagekraft von einem Foto kann man bei den heutigen technischen Möglichkeiten sowieso nicht mehr uneingeschränkt glauben. Wobei wir einmal mehr bei den vielzitierten „Fake News" wären, die durch ständig verbesserte Computer-Animationen von Tag zu Tag „glaubhafter" werden.[108]

Dieser so welterfahrene und weitgereiste Mann, der zur Zeit unseres Treffens 78 Jahre zählte, musste im Lauf seines Lebens sicher viele negative Erfahrungen dieser Art machen. In seinem ganzen Auftreten betont zurückhaltend, flossen seine Informationen am Anfang unseres Gespräches darum auch eher spärlich.

Im weiteren Verlauf „taute" Dr. Stevenson jedoch zunehmend auf. Und als wir dann bei unserem gemeinsamen Thema immer mehr ins Detail gingen, da war er sichtlich in seinem Element aufgegangen. Ihm, der sein gesamtes Dasein den Forschungen auf einem nicht unumstrittenen Gebiet gewidmet hatte, war die Erleichterung immer deutlicher anzumerken, dass er nicht an einen jener unfairen Zeitgenossen geraten war, die „sein" Forschungsgebiet später bedenkenlos in den Schmutz ziehen oder der Lächerlichkeit preisgeben, um sich auf seine Kosten zu profilieren.

Mich interessierte natürlich, welche allgemeine Einstellung in seiner Heimat, den Vereinigten Staaten, zu dem Phänomen der Wiedergeburt vorherrschte. Als Professor Stevenson mit seinen Forschungen in dieser Richtung begann, erzeugte die noch neue Thematik einen ungeheuren Hype in aller Welt. An der Westküste der USA gab sich die Hippie-Bewegung psychedelischen Räuschen hin. Nicht selten mit Drogen, war man ständig auf der Suche nach einem höherem Bewusstsein und gesteigerter Wahrnehmung.[2] Stevensons Bücher wurden Bestseller, und die so existenzielle Frage nach dem „woher“ und „wohin“ wurde überall lebhaft diskutiert. Ein paar besonders spektakuläre Fälle trugen dazu bei, das Interesse zusätzlich anzuheizen. Der „Nährboden“ für das Thema Reinkarnationsforschung war üppig bereitet und konnte nicht optimaler sein.

Doch an der Schwelle zum dritten Jahrtausend, als vor allem die westliche Welt an einem wahren Esoterik-Boom regelrecht zu ersticken drohte, sah es mit einem Mal ganz anders aus. „Bitte lachen Sie nicht“, warf Dr. Stevenson ein, „aber das Thema Reinkarnation und die mögliche Rückkehr der Seele in einen anderen Körper ist für die meisten Menschen in den Vereinigten Staaten nicht mehr interessant und aufregend genug. Es gibt einen erschreckenden Mangel an Respekt vor dem Tod und was man im Allgemeinen damit in Verbindung bringen kann. Zwar gibt es eine Faszination, die herrscht aber meist nur dann, wenn der Tod im Zusammenhang mit einem spektakulären Verbrechen steht.“

Wie Recht er doch hatte. Der damals - zum Zeitpunkt unseres Gespräches - in allen Medien omnipräsente Kriminalfall des bekannten Sportstars O.J. Simpson[3] bestätigte Dr. Stevensons Gedankengang in deutlicher Weise. Und was das akademische Interesse an seiner Forschungsrichtung anging, war dem Professor ein großes Maß an Ernüchterung herauszuhören. „Es gibt in den USA derzeit wohl noch ein oder zwei Forscher, die sich mit dem Thema näher beschäftigen und daran auch weiter zu arbeiten gedenken. Sonst aber bin ich ziemlich allein auf dem Gebiet tätig.“

Auf der Suche nach dem endgültigen Beweis

Mich drängte es zu jener Frage, die bei diesem umstrittenen Gebiet den Dreh- und Angelpunkt sämtlicher Diskurse darstellt. Und wer sollte sie mir besser zu beantworten in der Lage sein, als der weltberühmte Wissenschaftler, der da eben mit mir von Angesicht zu Angesicht sprach? Ich wollte also von ihm wissen, ob denn inzwischen so etwas wie der endgültige Beweis für eine Wiedergeburt existiere.

Bedauernd schüttelte der Professor den Kopf. Dann versuchte er mit sorgfältig gewählten Worten, mir trotzdem eine einigermaßen zufriedenstellende Antwort zu geben:

„Bei all meiner jahrzehntelangen Arbeit habe auch ich noch nicht die ultimative 'Formel', die endgültige und allgemeingültige Aussage gefunden. Nach wie vor ist man auf das angewiesen, was man von den Betroffenen an Informationen erhält. Und genau an diesem Punkt fängt dann eine akribische Arbeit an, die Suche nach den Fakten von gestern und heute. Eine strenge, möglichst objektive und skeptische Überprüfung der Glaubwürdigkeit aller Teilaussagen erhärtet dann die Wahrscheinlichkeit, dass man es hier doch nicht nur mit Geistesgestörtheit, Phantasie, einer Psychose oder etwas in dieser Art zu tun hat. Sondern, dass es sich mit an Sicherheit grenzender Wahrscheinlichkeit um das Vorliegen einer Reinkarnation, echter Wiederverkörperung eines Teiles des Bewusstseins, handelt.

Es gibt leider nichts, woraus man mit hinlänglicher Sicherheit ableiten kann, dass diese oder jene Person einmal wiedergeboren werden würde oder nicht. Ebenfalls kann man bei der Geburt nicht einfach so behaupten, dass es sich um eine wiedergeborene Seele handelt. Die stärksten Erinnerungen an ein vorheriges Leben haben zweifellos die Kinder, denn bei denen ist der Geist noch nicht mit den neuen Erfahrungen der jetzigen Existenz vollgestopft. Doch meistens verlieren sich diese Erinnerungen irgendwann zwischen dem fünften und dem siebten Lebensjahr.

Aber speziell diese ersten Jahre sind für die Kinder häufig eine schreckliche Zeit. Sie sind hin- und hergerissen zwischen zwei Existenzen. Oft wissen sie auch nicht genau, wozu gehörig sie sich fühlen sollen. Da gibt es verschiedene Bezugspersonen – aktuelle, aber auch solche aus dem vorangehenden Leben –, und die Kinder wollen weder den einen noch den anderen missen. Der Zustand legt sich zwar meist mit der Zeit, trotzdem tragen sie diese Erfahrung unbewusst durch ihr gesamtes Leben.“

Durch die langjährige Beschäftigung mit dem Phänomen war

Professor Dr. Stevenson natürlich fest überzeugt vom Vorliegen einer großen Zahl echter Reinkarnationsfälle. Seine Reputation und der Status als Akademiker indes geboten ihm, sich mit einer gewissen Überlegtheit auszudrücken. Man kann aber bei aller gebotenen Vorsicht eine Vielzahl an Beispielen nennen, die sich wirklich haarscharf an der Grenze zum klinisch gesicherten Beweis bewegen.

In diesem Zusammenhang möchte ich noch einmal an den kleinen Türkenjungen Ahmed aus dem vorangegangenen Kapitel erinnern. Bei der Obduktion des Mordopfers Mustafa aus dem damals schon 15 Jahre zurückliegenden Tötungsdelikt konnte man mit hinlänglicher Sicherheit die Übereinstimmung der neun auffälligen „Muttermale“ mit den Schussverletzungen feststellen. Zeugenaussagen konnten gesichert werden, da viele Menschen von damals noch am Leben waren. Ähnlich nahe am endgültigen Beweis kann man auch viele andere Fälle verorten, bei denen es nachweislich zu einer „Mitnahme“ von Verletzungsmustern kam, die auf ein gewaltsames oder tragisches Ende zurückzuführen waren.

Die wandernde Narbe

Professor Stevensons Zeit an jenem trüben Wintertag im Januar 1996 war leider begrenzt. Er hatte sich für den folgenden Tag in Freiburg im Breisgau angesagt, wo an der dortigen Universität seit 1956 der einzige Lehrstuhl Deutschlands für Parapsychologie besteht. So beeilte ich mich, von ihm noch das eine oder andere Wissenswerte zu „klassischen“ Fällen zu bekommen, das man bis dahin noch nirgends lesen konnte. Und ich hatte Glück: Zu zwei dieser Fälle gab es tatsächlich etwas Neues. Des Weiteren bekam ich noch zwei „brandheiße“ Fälle präsentiert, an denen Doktor Ian Stevenson gerade arbeitete.

Die beiden „Klassiker“, die natürlich in seiner Forschungsarbeit einen bedeutenden Platz einnahmen, habe ich bereits an vorangegangenen Stellen präsentiert. Bei dem einen handelt es sich, ganz klar, um Shanti Devi. Der Professor verriet mir, dass sie bereits fünf

Jahre vor unserem Treffen - also 1991 - ihren „irdischen Weg“ abgeschlossen hatte. Diesmal jedoch unbeachtet von der Welt, ganz anders als seinerzeit, als ihre Geschichte weltweite Schlagzeilen machte. Wird sie noch einmal zurückkehren, oder ist dies bereits geschehen? Immerhin lagen zwischen ihrem Tod als Annes Lugdit aus Muttra und ihrer Geburt als Shanti Devi gut 15 Jahre. Dann wächst vielleicht in Indien oder irgendwo sonst auf der Welt gerade ein kleines Kind heran, das sich seiner Existenz als Shanti Devi erinnert.

Doch noch ungleich spektakulärer war, was mir der Professor Neues zu dem anderen klassischen Fall zu berichten wusste. Die Rede ist von Ravi Shankar, der allen Anzeichen nach in dessen Vorleben als Friseursohn Munna Prasad einem niederträchtigen Mord zum Opfer gefallen war. Immerhin: Die Befürchtungen seines „neuen“ Vaters Babu Ram waren nicht eingetreten. Einem alten indischen Volksglauben nach müssten nämlich Kinder, die sich an ein früheres Leben erinnern, schon in jungen Jahren sterben. Ravi Shankar aber, an dessen Hals eine merkwürdige Narbe in Form einer gezackten Linie die Stelle sichtbar macht, an der ihm die Mörder mit einem Rasiermesser die Kehle durchschnitten hatten, wuchs zum Mann heran. Und der Kontakt mit Dr. Stevenson riss zum Glück nie ab.

Der beschrieb mir bei unserer Begegnung in München wahrhaft Unfassbares. Das auffällige Mal hatte in der Zwischenzeit eine regelrechte Wanderung gemacht! Befand es sich anfangs noch genau unter Ravi Shankars Kehle, so zog es sich mit der Zeit bis unter sein Kinn. Wanderte dieses Zeichen der tödlichen Verwundung aus seinem vorherigen Leben, um exakt jenen Weg zu beschreiben, den auch das von den Mördern benutzte Rasiermesser um den Hals des kleinen Munna Prasad nahm? Es ist ein auf den ersten Blick recht „abgefahren“ klingender Versuch einer Erklärung - aber wäre dieser wirklich so weit hergeholt?

„Mind over Matter“: Diese wichtige Kernaussage der Parapsychologie besagt, dass der Geist der Materie seinen Stempel aufdrückt. Und von der Erkenntnis, dass es unleugbare, deutlich sichtbare Zeichen von Verletzungen gibt, die in einem früheren Leben zum gewaltsamen Tod führten, ist es nur mehr ein kleiner Schritt, auch so etwas für möglich zu halten. „So höre, Horatio: Es gibt mehr Dinge zwischen Himmel und Erde, als sich unsere Schulweisheit träumen lässt." Diese Sentenz aus William Shakespeares (1564 – 1616) berühmten Schauspiel „Hamlet" hat bis zum heutigen Tag nichts von ihrer Gültigkeit eingebüßt.

Ich war fasziniert von allen diesen Neuigkeiten, doch unser Treffen neigte sich dem Ende zu. Ich hatte eben mein Notizbuch zugeklappt, in dem ich stichpunktartig die Ausführungen dieses berühmten Forschers festgehalten hatte, als es sich der Professor offenbar noch einmal überlegte. Der am Anfang so wortkarge Mediziner eröffnete mir: „Ich möchte Ihnen noch ganz kurz etwas zu zwei vollkommen neuen Fällen berichten, an denen ich gerade arbeite."

War es einzig das schlechte Wetter draußen, das den Professor noch etwas länger bleiben ließ?

In einem entlegenen Dorf in Indien lebte zu jenem Zeitpunkt eine Frau, die nur den Dialekt Marathi beherrschte. Jedenfalls in ihrem normalen Zustand. Marathi ist eine von mehr als 1500 auf dem Subkontinent gesprochenen Sprachen, und sie gehört der indoarischen Sprachfamilie an.[2]

Doch hier und da verfällt die Frau urplötzlich in eine Art Trance und verliert dabei jeden Bezug zu ihrer Muttersprache. Dann spricht sie Bengali, welches zwar zu der gleichen Sprachfamilie gehört, aber in Wortschatz und Grammatik ganz anders aufgebaut ist. Ihre Eltern, Freunde und Verwandte sind für sie dann völlig Fremde. In diesem Zustand kennt sie auch keine für heutige Zeiten ganz selbstverständliche, technische Geräte. Sie scheint dann irgendwann in der Zeit um das Jahr 1825 zu „leben". Bei der Gelegenheit kennt sie weder Telefon noch Elektrizität, noch nicht einmal so einfache Dinge wie einen Bleistift.

Recherchen in Frankreich

Bei seinem zweiten Beispiel ging es um eine junge Französin und deren unheimliches Déjà-vu-Erlebnis. Diese Frau hatte seit 1986 immer wieder denselben Traum. Darin sah sie sich als Mann mit dem Namen „Benedikt", der auf einem Friedhof spazieren geht. Der stetig wiederkehrende Traum prägte sich so tief bei ihr ein, dass sie ihn nie mehr vergaß.

Acht Jahre später, 1994, reiste sie zum ersten Mal in ihrem Leben in die Vereinigten Staaten. Ihr Weg führte sie auch nach Rhode Island, dem kleinsten Bundesstaat der USA, im Nordosten des Landes gelegen. Er zählt zu den sogenannten Neuenglandstaaten, die schon in der ersten Hälfte des 17. Jahrhunderts von Puritanern besiedelt wurden. Dort spazierte sie über einen kleinen, alten Friedhof. Ganz plötzlich ging sie, wie magisch angezogen, zielsicher auf einen der schon ziemlich verwitterten Grabsteine zu.

Doch erst, als sie direkt davor stand, bemerkte sie zu ihrer Erschütterung, dass es sich genau um das Grab aus ihren so häufig wiederkehrenden Träumen handelte. Auf diesem uralten Grabstein eingemeißelt war, gerade noch sichtbar, der Name „Benedikt" zu lesen. Ein Schauer begann die Frau zu erfassen, in ihrem Leben hatte sich wohl ein Kreis geschlossen.

Zu diesem ganz neuen Fall, der ihm sichtlich am Herzen lag, hatte Professor Stevenson zu jener Zeit gerade begonnen, die für ihn gewohnten, akribischen Nachforschungen anzustellen. Wie er mich wissen ließ, wollte er nach seinem tags darauf geplanten Besuch in der parapsychologischen Fakultät der Universität von Freiburg direkt nach Frankreich fahren. Dort würde er noch für ein paar Tage bleiben und versuchen, Licht in die rätselhaften Erlebnisse der Frau zu bringen, die offenbar in den USA auf Spuren ihrer einstigen Existenz gestoßen war.

Damit trennten sich unsere Wege – leider nicht nur für jenen Tag. Denn der von mir so hochgeschätzte Professor Dr. Ian Stevenson vollendete seinen irdischen Weg am 8. Februar 2007 im Alter von 88 Jahren. Dort, wo er sich jetzt befindet, weiß er sicher ganz genau, wie es sich mit all den Rätseln verhält, über die wir uns hier unten noch immer die Köpfe zerbrechen.

Seinen Mitarbeitern hinterließ er ein Zahlenschloss, dessen Kombination er ihnen gewissermaßen „aus dem Jenseits" verraten wollte. Dies ist bislang noch nicht geschehen, vielleicht gibt es da drüben Wichtigeres zu erledigen. Unabhängig davon haben wir allen Grund, uns vor dem so beispiellos engagierten Forscher und dessen bewundernswerten Lebenswerk zu verneigen.

Künftige Erweckung?

Aus heutiger Sicht hätte ich gerne noch einen Punkt mit dem Professor diskutiert, den ich jedoch bei unserem Treffen nicht auf der Agenda hatte. Oder treffender ausgedrückt, war dieses Thema, obgleich schon seit den späten 1960er Jahren bekannt, zu dieser Zeit nicht so präsent. Seit kurzem jedoch füllt es immer wieder mal die Schlagzeilen.

Die Rede ist von der sogenannten Kryo-Konservierung, ebenso unter der Kurzbezeichnung Kryonik bekannt. Was soll man hierunter verstehen? Ganz simpel ausgedrückt, geht es um die Technik einer dauerhaften Konservierung von Menschen, die an einer Krankheit verstorben sind, welche zum Zeitpunkt ihres Ablebens als unheilbar galt. Die Körper werden dann bei extrem niedrigen Temperaturen eingefroren und in speziellen Behältern eingelagert. Sie verbleiben so lange in diesem Zustand, bis an einem weit in der Zukunft liegenden Tag die tödlichen Krankheiten besiegt seien. Dann würde man sie auftauen, wieder zum Leben erwecken und ihre Krankheiten heilen.

Der erste Mensch, der sich auf solche Weise in eine bessere Zukunft zu „retten" versuchte, war im Jahre 1967 der amerikanische Professor für Psychologie James H. Bedford. Sein klinischer Tod war noch nicht eingetreten, als drei Ärzte seinem Körper sämtliche Flüssigkeit entzogen und diese dann durch eine chemische Kühllösung ersetzten.[109] Damit sollte verhindert werden, dass die Bildung von Eiskristallen dem Gewebe irreparable Schäden zufügt. Beim Auftauen in ferner Zukunft gäbe es sonst ein paar böse Überraschungen.

Besonders im „Land der unbegrenzten Möglichkeiten" eiferten bald zahlreiche Menschen dem Vorbild Bedfords nach. Sogenannte Kryonik-Institute schossen beinahe wie Pilze aus dem Boden. In Anbetracht eines alles andere als kostengünstigen Verfahrens - die Körper über viele Jahrzehnte bei gleichmäßig tiefen Temperaturen um minus 196 Grad Celsius zu kühlen, hat seinen Preis! - stand wohl eher die Hoffnung auf satte Profite im Vordergrund. Darum ließen manche Zukunftsgläubige aus Kostengründen nur ihren Kopf einfrieren (!). Dann wurde es eine Zeitlang ruhiger um die „tiefgekühlte Reise in eine bessere Zukunft."

Maximal erreichbares Resultat

Inzwischen scheinen sich wieder mehr Menschen zu dem eiskalten „Schlaf" in bessere Zeiten zu entschließen. Der Fall eines 14jährigen Mädchens beschäftigte im Herbst 2016 Gerichte und Medien in Großbritannien. Die Jugendliche war an Krebs gestorben, und ihr erklärter Wunsch war es, sich sofort nach dem Tod einfrieren zu lassen.

Ihr von der Familie getrennt lebender Vater hatte sich jedoch gegen den Willen des erkrankten Mädchens gestellt, wodurch der Streit noch vor ihrem Ableben von einem Gericht geklärt werden musste. Der Vater hatte eingewandt, dass seine Tochter selbst im Falle eines erfolgreichen Aufweckens in ferner Zukunft eine „unbegleitete Jugendliche" sei – vollkommen fremd in einer für sie ungewohnten Zeit und Welt.

Auch der zuständige Richter gab zu bedenken, dass das Kryonikverfahren (von grch. kryos, Eis oder Frost) eine ganze Reihe „schwerwiegender rechtlicher und ethischer Fragen" aufwerfe. Nichtsdestotrotz gab er dem letzten Wunsch des krebskranken

Mädchens statt. Dieses erklärte ihm bei der Verhandlung, dass sie „länger leben will" und fest überzeugt sei, „dass Kryonik die Chance gibt, geheilt und aufgeweckt zu werden, und sei es erst in Hunderten Jahren."

Das war das erste Urteil dieser Art in Großbritannien. Zehn Tage nach dem Richterspruch starb die Jugendliche und wurde im Oktober 2016 ihrem Wunsch gemäß eingefroren. Kurze Zeit später wurde ihr Körper in die USA geflogen, wo er in einem Kryonik-Institut eingelagert wurde.[110]

Was mag die Koryphäe der Reinkarnationsforschung von dieser Praxis gehalten haben? Ich bin mir da ziemlich sicher: Wenig bis überhaupt nichts! Was wäre denn auch, bei nüchterner Abwägung aller Möglichkeiten und Risiken, zu erwarten? Gesetzt den Fall, ein solcher auf knapp 200 Grad unter null gefrorener Leichnam könnte in etwa 100 oder 200 Jahren behutsam aufgetaut werden. Nehmen wir weiterhin an, das Gewebe wäre nach dieser Zeit nicht unrettbar zerstört, die Zellstruktur noch immer intakt. Doch was wäre darüber hinaus gewonnen?

Der Mensch in seiner „exklusiven" Kühlbox hätte ja, bevor er mit einem Höchstmaß an Achtsamkeit konserviert wurde, seinen Sterbeprozess vollkommen abgeschlossen. Sein Blut, das im lebendigen Zustand ständig im Kreislauf zirkuliert und für den Gasaustausch in den Lungen sorgt, wurde komplett gegen eine chemische Substanz ausgetauscht, deren Aufgabe es war, das Entstehen zellzerstörender Eiskristalle zu verhindern. Setzen wir gleichfalls voraus, dass diese Kühllösung während der Auftauphase wieder rückstandslos gegen Blut ausgetauscht werden kann – was können wir in diesem spannenden Augenblick erwarten? Einen wieder zu neuem Leben erwachten Menschen, der seine Glieder reckt, sich verwundert seine Augen reibt und die umstehenden Personen erst mal nach dem Datum fragt?

Mitnichten. Das maximal erreichbare Resultat wäre ein hirntoter Organismus, dessen Kreislauf und die anderen Körperfunktionen einzig durch Maschinen wieder gestartet und am Laufen gehalten werden können. Ein „nasser Sack“ ohne echtes Leben drin, wenn ich das einmal so krass ausdrücken darf.

Die Seele aber, die sich zu Lebzeiten in dem Körper befand, hat diesen ohnehin schon lange verlassen und ist wahrscheinlich längst in einem neuen wieder ins Leben zurückgekehrt. Darum wird sie für ihre alte, aus dem Eis zurück geholte Hülle bestimmt nicht mehr zur Verfügung stehen.

Wie ein Fingerabdruck

Ich möchte hier noch einmal auf mein Gespräch mit Professor Dr. Ian Stevenson zurückkommen, muss ich doch eine seiner Aussagen ein klein wenig relativieren. Der Forscher klang beinahe etwas frustriert, als er mir erklärte, zum Zeitpunkt unseres Treffens nahezu allein auf weiter Flur zu forschen. Zumindest, was die Situation in den USA betraf.

In Indien aber, jenem riesigen Land, in dem er so viele Fälle akribisch untersucht hatte, bekam er einen würdigen Nachfolger mit vergleichbaren Qualitäten. Der Kriminologe und Forensiker Vikram Raj Singh Chauhan hatte sich in den 1990er Jahren daran gemacht, sich intensiv mit dem Thema Wiedergeburt zu beschäftigen. Dabei stieß er auf einen Fall, der zeitlich sehr nah an unsere Gegenwart anschließt. Die frühere Existenz der wiedergeborenen Person soll nämlich erst im Herbst des Jahres 1992 durch einen tragischen Unfall ihr Ende gefunden haben.

Seit seinem zweiten Lebensjahr erzählte der kleine Taranjit Singh von seinem vorangegangenen Leben. Und sobald der Knabe zu laufen gelernt hatte, büchste er immer wieder von zu Hause aus. Er wisse nämlich, in welchem Dorf er gelebt habe, kenne seinen und seines Vaters Namen wie auch die Schule, die er Anfang der 1990er Jahre besucht hatte. Als er sich am 10. September 1992 mit seinem Fahrrad auf dem Heimweg von der Schule befand, habe ihn ein Motorroller umgefahren. An den dadurch erlittenen schweren Kopfverletzungen sei er tags darauf gestorben.

Sein „neuer" Vater Ranjit Singh berichtete, dass der Kleine hartnäckig auf seiner Geschichte beharrte. So beschloss er schließlich, gemeinsam mit seiner Frau in jenes Dorf zu gehen, in dem ihr Sohn angeblich zuvor gelebt hatte. Anfangs fanden sie dort niemanden, der die Geschichte von Söhnchen Taranjit bestätigen konnte. Doch dann gab ihnen jemand den Rat, in ein anderes, nahegelegenes Dorf zu gehen. Dort stießen sie tatsächlich auf einen Lehrer, der die Geschichte mit dem tödlichen Motorrollerunfall bestätigte. Sie fanden auch die vorherigen Eltern des Jungen und suchten sie kurzerhand auf.

Als sie der Familie von den Erzählungen ihres Sohns berichteten, erwähnte Vater Ranjit Singh auch, dass der Junge dessen blutverschmierte Schulbücher beschrieben hatte. Auch wusste er noch, wieviel Geld er in seiner Geldbörse gehabt hatte. Sobald die Frau – Taranjits „alte" Mutter – dies vernahm, begann sie zu weinen und erklärte, sie hätte zum Andenken an ihren Sohn die blutverkrusteten Bücher und den Geldbeutel aufbehalten. Wenige Tage später kamen die Eltern und Geschwister des verunglückten Jungen zu einem Gegenbesuch. Bei dieser Gelegenheit hatten sie ein Hochzeitsbild von sich dabei, das sie Taranjit präsentierten. Der erkannte es sofort wieder.

Der bereits erwähnte Kriminologe, Vikram Raj Singh Chauhan, konnte noch weitere Zeugen ermitteln, die den Wahrheitsgehalt von Taranjits Angaben zu bestätigen vermochten. Ein Ladeninhaber gab an, der Junge hätte ihm damals noch Geld für Schulhefte geschuldet. Er sei wahrscheinlich auf dem Weg zu ihm gewesen, um seine Schulden zu begleichen. Tatsächlich stimmte sogar der Inhalt seines Geldbeutels genau mit der dem Händler geschuldeten Geldsumme überein.

Zum Zeitpunkt der Untersuchung dieses Falles war der kleine Taranjit noch nicht zur Schule gegangen, denn dessen Familie lebte in bitterer Armut. Doch als der Kriminologe ihn darum bat, das lateinische und das in Indien verbreitete Punjabi-Alphabet aufzuschreiben, konnte der Junge der Aufforderung fehlerfrei nachkommen. Zudem verglich der Ermittler mehrere Schriftproben des verunglückten Jungen mit denen von Taranjit, und musste zu seiner Verblüffung feststellen, dass diese vollkommen identisch waren. So etwas ist eigentlich ein Ding der Unmöglichkeit. Ganz abgesehen davon, dass Taranjit de facto Analphabet war.

Um sicher gehen zu können, legte er die Schriftproben noch ein paar anderen Forensikern vor. Die Experten waren sich völlig einig, dass sie von ein- und derselben Person stammten.[111,112]

Vielleicht war dies ein exzellenter Echtheitsbeweis. Denn die Handschrift eines Menschen ist – ebenso wie seine Fingerabdrücke – unverwechselbar. Dann sind wir vielleicht nicht mehr allzu weit von jenem endgültigen Beweis entfernt, nach dem Professor Stevenson zu seinen Lebzeiten so akribisch gesucht hatte.

Ursachenforschung

Nun ist es aber endlich genug der – wenn auch meist wirklich spektakulären – Fallbeispiele! Ich hoffe, ich konnte einigermaßen glaubwürdig dokumentieren, dass da tatsächlich irgendetwas existiert, das nicht nur den körperlichen Tod überlebt. Sondern darüber hinaus auch fähig ist, wieder ins Leben zurückzukehren. Daran dürfte bei der Anzahl wirklich guter Fälle ohnehin kein Zweifel mehr bestehen.

Hier würde ich nun gerne ein wenig Ursachenforschung betreiben. Oder besser gesagt, die Frage in den Raum stellen, warum alles so geschieht, wie es geschieht. Warum Wiedergeburt, warum eine neue „Runde" auf dieser Welt? Die bekannten fernöstlichen Religionen sind hier sehr schnell mit einer Antwort zur Stelle. Für sie hat sich die Seele immer wieder neu zu inkarnieren. So oft, bis sie die ihr zugedachte Entwicklung abgeschlossen hat. Der Buddhismus kennt den Begriff des Nirwana, der den erstrebten Zustand nach dem Abschluss der letzten Wiederverkörperung bezeichnet.[2] Gewissermaßen eine Art Lernprozess, in dem so manche „Ehrenrunde" und viele schmerzhafte Erfahrungen einkalkuliert sind, bis die „Lektion“ endlich sitzt.

A propos Erfahrung. Mein „steinalter“ Freund und Vorbild aus der Schweiz, Erich von Däniken, hat vor beinahe 50 Jahren ein Szenario erdacht, das vielleicht auch auf das Thema dieses Buches Anwendung finden könnte. Er bezog es damals auf den „Big Bang“ genannten Anfang unseres Universums, das nach derzeit gültiger Lehrmeinung aus einer unvorstellbaren Explosion, dem „Urknall“, entstanden sein soll.

Versuchen wir einmal, uns folgende Ausgangssituation bildlich vorzustellen: Ein Super-Computer besitzt mehr als 100 Milliarden Denkeinheiten – üblicherweise als Bits bezeichnet. Nehmen wir weiter an, dieser Computer könnte denken, hätte also ein persönliches Bewusstsein. Als Erich diese Annahme damals für eines seiner Bücher[18] zu Papier brachte, war der Gedanke noch reinste Utopie. Was aber in der Zwischenzeit auf dem Forschungsgebiet der sogenannten Künstlichen Intelligenz (KI) erreicht wurde, lässt den Schluss zu, sowas in nicht mehr allzu ferner Zeit in natura erleben zu dürfen.

Das Bewusstsein des erwähnten Computers ist an die 100 Milliarden Schaltstellen geknüpft. Und es wäre unweigerlich gelöscht, wenn der Computer beispielsweise durch eine Explosion zerstört würde. Jener hypothetische Super-Computer ist von höchster Intelligenz und einem Kombinationsvermögen, welches das unserer Gehirne weit in den Schatten stellt. Es gibt eigentlich nichts, was er nicht weiß.

Aber trotz seines Hyper-Bewusstseins und seines All-Wissens ist dieser Glanzpunkt künstlicher Intelligenz nicht zufrieden. Trotz seiner technischen Höchstform kann der Rechner eines nicht erdenken, er-rechnen, er-kombinieren: Erfahrung. Genau die aber will er sammeln. Da ihm keine gleichwertige oder auch nur von weitem ähnliche Konkurrenz bekannt ist, die er um Rat fragen könnte, entschließt er sich deshalb zu einem radikalen Schritt.

„Höllenfahrt"

Ein Schritt, wie er drastischer bestimmt nicht sein könnte: Der Computer sprengt sich mit allen seinen 100 Milliarden Bits in die Luft! Aber nicht, um mit einem spektakulären Paukenschlag seine Existenz zu beenden. Vielmehr sendet er seine ganzen Einzelteile auf eine beispiellose Erkundungsreise. Vollständig darüber im Klaren, dass er dadurch unweigerlich sein persönliches Bewusstsein verlieren würde.

Wenn, ja, wenn er nicht in seiner unübertrefflichen Voraussieht die Zukunft nach diesem Augenblick der gezielten Aussendung seiner Bits vorausprogrammiert hätte. „Big Bang" – der Urknall als ein intelligenter und im Voraus geplanter Schöpfungsakt. Bevor er alle seine Einzelteile auf ihre große Erfahrungsreise geschickt hatte, hatte der clevere Computer mithilfe seiner künstlichen Intelligenz ihnen magnetische Impulse einprogrammiert. Mit dem Befehl, sich zur festgelegten Zeit X an einem bestimmten Ort Y wieder einzufinden. Wenn diese Stunde schlägt, kehren alle Bits gehorsam – wer kommt schon gegen solch ein Programm an? – zu ihrem Ursprung zurück, und tragen die von ihnen gewonnenen Erfahrungen „nach Hause".

Vom Augenblick der Explosion von wahrhaft kosmischen Dimensionen bis zur Stunde seiner Rückkehr weiß keines der Bits, dass es nur ein winziges Teilchen eines viel größeren Bewusstseins ist, und irgendwann auch wieder sein wird. Denn zu dieser hehren Erkenntnis fehlt den Denkeinheiten ganz einfach der notwendige Überblick. Würde sich ein einzelnes Bit mit seinem - natürlich im Vergleich zum ganzen Computer winzigen - Denkvermögen diese existentiellen Fragen stellen: „Wer hat mich erschaffen?" oder „Was ist der Sinn und Zweck meiner rasanten Reise durch das Universum?" – es würde keine Antwort bekommen. Die ganze Aktion war nämlich eine Art „Schöpfung" des Bewusstseins. Ein Plan zum Gewinn von Erfahrung – ein Wissen, das kein noch so ausgeklügeltes Programm zu simulieren imstande wäre.[18]

Auf den ersten Blick ist diese „Höllenfahrt der Computer-Bits" nur Science Fiction. Ein Gedankenspiel, um sich den Mysterien unseres Daseins wenigstens ein kleines Stück weit anzunähern. Aber es ist nicht ganz unmöglich, dass es der Wirklichkeit weit näher kommt, als wir denken. Alles Weitere ist selbstverständlich reine Spekulation. Unser unendliches Universum als eine Art Über-Bewusstsein, das erst durch einen Akt totaler Selbstzerstörung seinen Anfang nahm?

Teil eines Über-Bewusstseins?

In alten Zeiten versuchten Schamanen und Priester im Zustand der Trance, in die sie sich mit allen möglichen Meditationstechniken und pflanzlichen Drogen versetzten, kosmische Energien anzuzapfen, um so eine Verbindung zu einem Über-Bewusstsein herzustellen. Die Zeiten scheinen sich jedoch nicht wirklich geändert zu haben. Die Parapsychologen unserer Tage bedienen sich hierzu der Hypnose, mit deren Hilfe sie im Verlauf von Rückführungen (Regressionen) immer wieder vergangene Existenzen zu offenbaren vermögen. Sind wir alle nur winzige Teile von einem Über-Bewusstsein – vergleichbar mit den Milliarden von Bits in Erich von Dänikens brillanten Denkmodell eines sich selbst in zahllose Stücke sprengenden Super-Computers?

Wenn wir also durch ein geheimnisvolles Prinzip, das hinter dem Phänomen der Reinkarnation steht, immer und immer wieder in ein Leben auf dieser Welt zurückgerufen werden, dann möglicherweise aus dem folgenden Grund: Als winziger Teil einer Intelligenz, welche unser gesamtes Universum durchdringt, muss auch die Seele Erfahrungen sammeln. In diesem Leben und in vergangenen, sowie in zukünftigen Existenzen.

Nicht selten geschieht dies auch in „vertauschten Rollen", die man dabei einnimmt. Die Seele, dies habe ich schon an anderer Stelle angemerkt, gleicht einem begnadeten Schauspieler, der in die verschiedensten Rollen schlüpft. In diesen Rollen treffen wir oftmals auf dieselben Weggefährten. Seelenverwandte im wahrsten Sinne des Wortes, die uns dann in einem neuen Leben so seltsam vertraut erscheinen.

Aus all dem vorstehend Dargelegten kann man deshalb als Quintessenz eine einzige, aber ungemein positive Gewissheit ziehen: Unsere Persönlichkeit, Seele oder wie immer wir das, was uns ausmacht, auch immer bezeichnen wollen, überlebt ihr physisches Ende. Wir alle kehren darum immer wieder ins Leben zurück!

Anhang

Beriffserklärungen

Nachfolgend werden wichtige Begriffe näher erläutert, die im Kontext dieses Buches vorkommen, und im laufenden Text entweder aus Platzgründen oder im Interesse der Kontinuität nicht hinreichend erklärt werden konnten.

Animismus (lat. anima, „Seele"). Man versteht in der ➡ Parapsychologie unter Animismus jene Theorie, wonach sämtliche ➡ PSI-Phänomene auf die Einwirkung lebender Menschen zurückgehen. Die Existenz von Geistern, die keine materiellen Körper (mehr) besitzen, wird nach dieser Theorie abgelehnt. Die gegenteilige Auffassung, dass also manche Phänomene durch Geister hervorgerufen werden, heißt (wissenschaftlicher) ➡ Spiritismus. Seit mehreren Jahrzehnten ist der Animismus die bevorzugte Lehrmeinung unter Parapsychologen.[1]

Astralkörper (auch: Astralleib). Damit ist ein aus nicht-materiellen Substanzen gebildeter Körper gemeint, den alle Lebewesen zusätzlich zu ihrem physischen Körper besitzen sollen. Solange der materielle Körper am Leben ist, soll der Astralleib denselben Raum einnehmen; nach dem Tod existiere dieser Körper weiter. Häufig wird die Ansicht geäußert, dass der Astralleib notwendig ist, um den materiellen Körper am Leben zu erhalten. Darum gilt die funktionelle Verbindung mit der Physis als einziger Unterschied zwischen einem Astralkörper, und einem „diskarnierten", also vom Körper endgültig gelösten Geist.[1]

Aura. Dieser Begriff bezeichnet ein jedes Lebewesen umgebendes Feld, das gewisse sensitiv veranlagte Personen wahrzunehmen im Stande sind. Sehr verbreitet ist die Ansicht, dass Farbe, Form und einige weitere Eigenschaften der Aura Aufschluss über die körperliche wie auch seelische Verfassung eines Menschen, sowie dessen Charaktereigenschaften geben können. Meist wird die Aura auch als mehr oder weniger scharfe Umhüllung des ➡ Astralkörpers gedeutet. Physikalisch ist sie nicht nachweisbar, obgleich es z. B. mit der Kirlian-Fotografie schon Versuche hierzu gab.[1]

Bajonett (aus dem Frz., nach der Stadt Bayonne). Die am vorderen Ende des Gewehrschaftes angebrachte Stoßwaffe für den militärischen Nahkampf.[2]

Channeling (von engl. Channel, „Kanal“). Benennung für mediale Durchgaben. Allgemein wird behauptet, dass sensitiv veranlagte Menschen (sogenannte ➡ Medien) als Kanal für Botschaften von Wesenheiten aus anderen Daseinsebenen fungieren. Diese Medien wissen nach dem „Channein“ oft nicht mehr, was sie gesagt oder getan haben. Immer vorausgesetzt, dass es sich um authentische Phänomene handelt, sind die Medien während des Channelns vollkommen im „Besitz“ oder unter der Kontrolle dieser fremden, mitteilenden Wesen.[24]

Dogma (Mz. Dogmen, von grch. „Meinung“, „Lehrsatz“ und „Verfügung“). Dogmen sind lehrhafte Formulierungen von Grundwahrheiten oder feststehenden Lehrsätzen, die in der spätantiken Philosophie aufkamen. Vorwiegend die katholische Religion respektive die Amtskirche bedient sich zahlreicher Dogmen. Darin stellen sie Grundüberzeugungen dar, die gegen Zweifel nicht durch einen rationalen Beweis, sondern vor allem durch autoritäre Erklärungen gesichert sind.[2]

Elektroenzephalogramm (EEG) ist eine diagnostische Methode zur Erkennung und Lokalisierung von Funktionsstörungen des Gehirns Anwendungsbereiche sind z. B. Verletzungen, Tumore, Epilepsien, Überwachung einer Behandlung mit Psychopharmaka[2] oder auch die Feststellung des ➡ Gehirntodes. Technisch geschieht das entweder mittels auf der Kopfhaut angebrachten oder invasiv durch auf der Oberfläche des Gehirns plazierten oder sogar direkt in das Gehirn implantierten Elektroden.[113]

Enzyklika (grch. enkyklios epistole, „allgemeiner Rundbrief"). An die gesamte katholische Kirche oder auch nur an Gruppen von Bischöfen gerichtetes Rundschreiben des Papstes. Die amtliche Erstfassung ist traditionell in lateinischer Sprache gehalten, daneben gibt es auch amtliche, neusprachliche Fassungen. Eine Enzyklika besitzt in der Regel nur eine disziplinäre, aber keine unfehlbare Lehrautorität.[2]

Esoterik. Zusammenfassende Bezeichnung für alle nicht religiösen Theorien und Erfahrungen, welche über das physikalische Weltbild und auch über die Erkenntnisse der wissenschaftlichen ➡ Parapsychologie hinausgehen. Hauptsächlich handelt es sich um traditionelles Gedankengut, das durch Intuition, astrale Erlebnisse oder spiritistische Informationen genährt wird. Esoterik umspannt das Gebiet zwischen der exakten Wissenschaft und der spiritualistischen Philosophie. Ursprünglich bedeutet das Wort so viel wie Geheimlehre, also ein nur wenigen Menschen frei zugängliches Wissen.[1]

Exorzismus. Dies ist eine noch heute praktizierte, und von der römisch-katholischen Kirche sanktionierte religiöse Handlung, bei der ein angeblich Besessener von dem in ihm vermuteten Satan befreit wird. In den vergangenen Jahrzehnten haben einige für die Exorzierten tödlich geendete Teufelsaustreibungen sehr kontroverse Diskussionen ausgelöst, so dass sie in der Kirche nicht mehr unumstritten sind. Die harmloseste Variante des Exorzismus dürfte die Taufe sein, da gemäß christlicher Vorstellung jeder Nicht-Christ irgendwie vom Teufel besessen ist.[25]

Gehirntod. Während der Stillstand von Atmung, Kreislauf sowie dem Herzen (klinischer Tod) oft noch Maßnahmen der Reanimation sinnvoll macht, tritt bei dauerhafter Unterbrechung der Sauerstoffversorgung der Gehirntod durch Absterben der Gehirnzellen ein. Das Fehlen jeglicher hirnelektrischer Aktivitäten im ➡ Elektroenzephalogramm über eine Stunde, bei wiederholten Messungen im Zeitraum von 12 Stunden oder auch ein nachgewiesener Stillstand der Blutzirkulation im Gehirn über 30 Minuten sind zur sicheren Feststellung des Gehirntodes vorgeschrieben.[2]

Gugelmänner (auch Guglmänner) waren ursprünglich die Begleiter eines Trauerzuges. Seit dem Ende der 1990er Jahre ist hiermit ein bayerischer Geheimbund gemeint, dessen Mitglieder sich als Hüter der Monarchie verstehen und zum Weiterleben der Legenden um den Tod Ludwigs II. 1886 beitragen. Bei ihren seltenen Auftritten in der Öffentlichkeit, die einer Tradition bei den Beerdigungen der bayerischen Könige nachempfunden sind, ist ihr auffälligstes Merkmal eine schwarze Kutte, mit einer den Kopf vollkommen verhüllenden Kapuze. Große Unterstützung bekamen die Gugelmänner im Zug der bayerischen Landesausstellung „Götterdämmerung" auf Herrenchiemsee, in der die drei Hypothesen zum Ableben des Märchenkönigs – Selbstmord, Unfall oder gar Mord – zur allgemeinen Diskussion durch die Besucher vorgestellt wurden.[114]

Hypnose (grch. hypnos, „Schlaf"). Der Begriff wurde 1881 durch den englischen Arzt Dr. James Braid (1796 – 1860) aus Manchester geprägt. Man versteht darunter eine charakteristische Bewusstseinsveränderung infolge fremder oder eigener Suggestion. Die Existenz der Hypnose gilt als zweifelsfrei gesichert. Obwohl es bis heute keine physiologische Erklärung gibt, wird Hypnose nicht zu den paranormalen Phänomenen gezählt, weil keine sichere Verletzung physikalischer Gesetze vorzuliegen scheint.[1,2]

Eine spezielle Variante, die beispielsweise im Verlauf sogenannter Reinkarnationstherapien angewandt wird, ist die regressive Hypnose. Mit ihrer Hilfe werden die Probanden ebenfalls in Hypnose versetzt und zeitlich zurückgeführt – jedoch weit vor den Zeitpunkt ihrer eigenen Geburt hinaus. Hierbei erinnern sie sich häufig an frühere Existenzen, oft mit Details, die genauen Überprüfungen standzuhalten vermögen.[24]

Intelligenzquotient (IQ). Eine durch Intelligenztests ermittelte Kenngröße zur Wertung des intellektuellen Leistungsvermögens im Vergleich zu einer Referenzgruppe. Der IQ bezieht sich stets auf den jeweiligen Test, denn eine wissenschaftlich anerkannte und eindeutige Definition von Intelligenz existiert nicht. Bei den heute verbreiteten Tests, die eine IQ-Norm verwenden, wird anhand der Verteilung der Testergebnisse in einer hinreichend großen Stichprobe der Normwert unter Annahme einer Normalverteilung der Intelligenz ermittelt, und in eine Skala mit dem Mittelwert 100 und einer Standardabweichung von 15 umgerechnet. Entsprechend einer Normalverteilung besitzen um die 68 Prozent der Personen der Referenzgruppe einen IQ im Mittelbereich - bei dem sich die größte Wahrscheinlichkeitsmasse der mathematischen Dichtefunktion befindet. Aktuell liegt dieser Wert zwischen 85 und 115 Zählern.[115]

Kasten. Eine schon von alters her besonders für Indien charakteristische Rang- und Gesellschaftsordnung. Die jeweilige Zugehörigkeit wird durch die Geburt bestimmt. In erster Linie definiert sich eine Kaste durch die wirtschaftliche Tätigkeit ihrer Angehörigen; es besteht dabei eine strenge hierarchische Ordnung. Fundamentale religiöse Vorstellungen verbieten Beziehungen zwischen den Mitgliedern unterschiedlicher Kasten. Das Gesellschaftssystem Indiens kennt vier Hauptkasten, die wiederum in zahlreiche Unterkasten gegliedert sind: Die Brahmanen (Priesterstand) stellen dabei die höchste dar. Es folgen die Ksatriyas (Könige und Adel sowie Krieger), die Vaishyas (Bauern) und schließlich die Shudras, die dienende Kaste. Die „Paria“, die „Unberührbaren“, stehen außerhalb der genannten Ordnung, bilden aber gleichwohl einen fünften Stand, weil die von ihnen geleistete, „unreine“ Arbeit unerlässlich für das Funktionieren der Gesellschaft ist.[2] Formell wurde die Kastentrennung durch die Indische Verfassung von 1948 aufgehoben. De facto ist sie aber noch immer gültig und bestimmend für das gesellschaftliche Leben.[25]

Konstantinopel. Von 330 bis 1930 der Name der Stadt Istanbul, die bis zum Jahre 1923 auch Hauptstadt des Osmanischen Reiches beziehungsweise der modernen Türkei war.

Kulturrevolution. Im Jahre 1966 von Mao Zedong in der Volksrepublik China eingeleitete Säuberungswelle zur Bekämpfung aller Denk- und Lebensweisen westlicher Prägung. Die endgültig erst nach dem Ableben Maos im September 1976 beendete Welle wurde durch radikale Studenten und „Rote Garden“ getragen und brachte Tod, Schrecken und immense Vernichtung von Kulturgütern über China. Ein letztes Mal flammte die „Große Proletarische Kulturrevolution“ im September 1976 nach Maos Tod auf, als seine Witwe Jiang Qing versuchte, mit ihren Vertrauten die Führung in Partei und Staat an sich zu reißen. Erst der Sturz der „Viererbande“ im Oktober 1976 bereitete dem Spuk ein Ende.[2,10]

Kybernetik (grch. kybernetes, „Steuermann“). Eine übergreifende Wissenschaftsdisziplin, die sich mit der formal-mathematischen Beschreibung und der modellartigen Erklärung dynamischer Systeme beschäftigt, welche durch das Prinzip selbsttätiger Regelung und Steuerung durch Übertragung und Verarbeitung von Informationen in einem Rückkopplungssystem gekennzeichnet sind.[2]

Lama (tibet. „Lenker“, „Lehrer“). Der vollgeweihte Priester im Lamaismus. Diese Religion ist eine in Tibet entstandene Lesart des Buddhismus, die Elemente einer einheimischen Religion aufnahm und unter dem Einfluss bedeutender Priester eine besondere Hierarchie ausbildete. Die Grundlage ist das philosophische Weltbild des Madhyamikas, nach dem die äußere Welt nichts als Illusion und ein Aspekt der unfassbaren Leere sei.[2]

Lumineszenz ist die Anregung von festen, flüssigen und gasförmigen Stoffen oder Körpern zur Emission von Licht durch Zufuhr von Energie, wie etwa durch Einstrahlungen von sichtbarem oder ultraviolettem Licht. Dadurch werden Atome oder Moleküle beziehungsweise deren äußerste Elektronen in einen höheren, labilen

Energiezustand versetzt. Durch die Rückkehr aus diesem angeregten in den Grundzustand kann die Anregungsenergie in Form von Lichtquanten wieder abgegeben werden.[116]

Mamelucken (arab. mamluk, „Sklave“ oder „in Besitz genommen“). Nachträglich freigelassene Kaufsklaven von türkischer oder tscherkessischer Herkunft, die unter der Herrschaft der Aijubiden in Ägypten und Syrien Kriegsdienste leisten mussten.[2]

Materialisation ist ein nicht näher erklärbarer, paranormaler Vorgang, bei dem sich die Struktur eines ➧ astralen Körpers oder Gegenstandes in einer Weise ändert, die ihn für den Tastsinn (oder auch für das Auge) erfahrbar (sichtbar) macht. Der gegenteilige Prozess wird als Dematerialisation bezeichnet. In den meisten Fällen ist bei einer Materialisation kein unmittelbar wahrnehmbarer Unterschied zu gewöhnlicher Materie feststellbar.[1]

Mauser „Neunlader“. Auf einer bereits 1910 bei der Waffenfabrik Mauser (Oberndorf/Neckar) entwickelten Pistole beruhende Faustfeuerwaffe; ursprünglich nur im Kaliber 6,35 mm, mit einer für die damalige Zeit hohen Magazinkapazität von neun Patronen. Einer im Vergleich mit anderen Pistolen großen Lauflänge geschuldet, entsprachen ihre Schussleistungen trotz des relativ schwachen Kalibers jener von weitaus größeren Pistolen. Obwohl die „Neunlader“ wie auch deren Nachfolgemodell im Kaliber 7,65 mm ursprünglich nicht für militärische Verwendung ausgelegt waren, kamen sie doch vereinzelt dort zum Einsatz. Im Ersten Weltkrieg wurde sie vom kaiserlichen Heer eingesetzt, und im Zweiten Weltkrieg diente sie als Offizierspistole den höheren Rängen der Kriegsmarine und der Luftwaffe.[117]

Medium. Hierunter versteht man im weitesten Sinne jede Person mit paranormalen Fähigkeiten. Die ursprüngliche Bedeutung des Wortes ist die eines Vermittlers zwischen der materiellen Welt und „Geistern“ – somit eine Person, die dazu fähig ist, einen spiritistischen Kontakt herbeizuführen oder wenigstens zu erleichtern. Als ein physikalisches Medium bezeichnet man solche Personen, bei denen ➡Spuk, ➡Psychokinese, ➡Materialisation oder andere materielle Phänomene zu beobachten sind. Trance-Medien sind Menschen, die ihre Fähigkeiten nicht während ihres normalen Wachzustandes zur Geltung bringen können.[1]

Neurologie ist ein Teilgebiet der Nervenheilkunde. Sie umfasst die Lehre von den organischen Erkrankungen des ➡ zentralen, peripheren und vegetativen Nervensystems und bestimmten Krankheiten der Muskulatur, sowie alle Maßnahmen zur Diagnostik und Vorbeugung, Rehabilitation und nichtoperativen Therapien.[2]

Okkultismus (lat. occultum, „verborgen", „geheim"). Damit wird die zumeist unkritische Beschäftigung mit Erscheinungen sowohl der Natur wie auch der menschlichen Psyche, die sich durch die bekannten Naturgesetze nicht erklären lassen, bezeichnet. Häufige Spielarten des Okkultismus sind zum Beispiel Tischrücken, Magie und Geisterbeschwörungen, wie sie in der Anfangszeit der ➡ Parapsychologie weit verbreitet waren.[1,25]

Orakel (lat. orare, „reden"). Orakel sind Individuen, Dinge oder Institutionen, die allgemein als Quelle paranormaler Informationen gelten. Dabei wird ein Ereignis, das nicht vom Willen der um Rat fragenden Person beeinflusst wurde, als Zeichen und Antwort auf die gestellte Frage angesehen. Mit Orakeln wollte man in früheren Zeiten vorwiegend im Volksglauben Entscheidungen herbeiführen, ebenso nicht sichtbare Zusammenhänge enthüllen, damit man sich entsprechend verhalten konnte. Noch heute spielen Orakel (z. B. in Form von Horoskopen) für viele Menschen eine Rolle, um Entscheidungshilfen für verschiedene Lebenssituationen und Problemlösungen zu erhalten.[1,2,25]

Oszillograf. Dies ist ein elektrisches Messgerät zum Sichtbarmachen und zur Aufzeichnung von sich rasch ändernden, elektrischen Vorgängen.[2]

Parallelwelten. Die moderne Physik nimmt die Existenz weiterer Dimensionen in unserem Universum über die vier wahrnehmbaren – Länge, Breite, Höhe und Zeitablauf – an. Komplizierte Theorien gehen von der Existenz von fünf, sechs, sieben oder sogar noch mehr (= x) Dimensionen aus, die neben jenen uns bekannten vier liegen sollen. Sie wären der Sitz von neben unserem Universum parallel existierender Universen, die gleichzeitig und am selben Platz mit unserer Welt bestünden. Unerklärliche Phänomene und nicht mit unserer Physik in Einklang zu bringende Erscheinungen versucht man häufig mit der angenommenen Koexistenz von anderen Daseinsebenen zu erklären.[25]

Parapsychologie. Grenzgebiet der Psychologie, das sich mit der Erforschung psychischer und psychophysischer Erscheinungen (die sogenannten ➡ PSI-Phänomene) beschäftigt. Charakteristisch für diese Phänomene ist, dass sie mit den uns bekannten Naturgesetzen weder vereinbar noch erklärbar sind. Dazu zählen rätselhafte Geschehen wie Geistererscheinungen, Telepathie, Telekinese und vieles mehr, welche eine Macht des Geistes über die Materie zu belegen scheinen. Der Begriff Parapsychologie wurde im Jahre 1889 von dem deutschen Philosophen und Forscher Max Dessoir (1867 – 1947) eingeführt. Der erste Lehrstuhl für derartige Forschungen in Deutschland wurde 1956 an der Universität Freiburg im Breisgau begründet und existiert bis zum heutigen Tag.[19]

Poltergeist. Ein personenbezogener ➡ Spuk wird im Allgemeinen als Poltergeist-Phänomen bezeichnet. Vorwiegend in solchen Fällen, wenn dabei laute Geräusche auftreten oder Gegenstände zerstört werden. Im Mittelpunkt dieser Aktivitäten steht in aller Regel eine lebendige Person, die sie offenbar unbewusst durch ➡ Psychokinese verursacht. Dafür spricht auch, dass es sich dabei in den meisten Fällen um Menschen mit starken seelischen Spannungen, wie etwa pubertierende Jugendliche, handelt. Die Effekte hören dann auf, wenn die Person ihre Probleme überwunden hat. Charakteristisch für Poltergeist-Phänomene ist, dass oft Bewegungen und Effekte auftreten, die weit mehr Kräfte erfordern, als die involvierte Person körperlich aufbringen könnte. Deshalb wird oft vermutet, dass diese Person die notwendige Arbeit nicht selbst psychokinetisch leistet, sondern irgendeine außerhalb von ihr liegende Energiequelle nützt und die Ereignisse nur auslöst beziehungsweise steuert. Einer der bekanntesten und am besten untersuchten Fälle der neueren Zeit sind die Vorgänge, die 1967/68 eine Anwaltskanzlei im oberbayerischen Rosenheim heimsuchten. Eine 19 Jahre alte Auszubildende stand im Mittelpunkt der Vorfälle, die sofort endeten, als das Mädchen ihre Ausbildung in der Kanzlei vorzeitig auf Bitten des Anwalts beendete.[1]

PSI ist der 23. Buchstabe des griechischen Alphabets und gleichzeitig der erste des griechischen Wortes für Seele (Psyche). Er dient als Sammelbegriff für außersinnliche Wahrnehmungen und weitere paranormale, also physikalisch (noch) nicht erklärbare Phänomene, die mit psychischen Vorgängen in Verbindung stehen. Der Name wurde von dem Amerikaner Joseph Banks Rhine (1895 – 1980) geprägt, der drei Jahrzehnte lang das parapsychologische Institut der „Duke University“ in Durham (North Carolina) leitete und Versuchsreihen zur Gedankenübertragung durchführte.[1]

Psychedelisch (grch. delosis, „Offenbarung“). Durch Drogen wie zum Beispiel das synthetische LSD oder psychische Vorgänge wie Meditation erreichter, teilweise euphorischer Zustand gesteigerter Wahrnehmungsfähigkeit und Erlebnisbereitschaft, oftmals mit Halluzinationen verbunden. Der gleiche Begriff bezeichnet auch die solche Wirkungen hervorrufenden Substanzen oder Vorgänge.[2] In den 1960er Jahren wurde vor allem die Westküste der USA zum Zentrum psychedelischer Kunst und Musik (sogenannte „Flower-Power-Bewegung“).

Psychokinese. Darunter versteht man die Fähigkeit einer Person, auf rein psychischem Weg materielle Gegenstände sichtbar zu beeinflussen, also auch Bewegungsvorgänge auszulösen. Die PK, so die gängige Abkürzung für das Phänomen, kann derzeit physikalisch noch nicht hinreichend erklärt werden. Und obgleich ihre Existenz durch zahlreiche Laborversuche schlüssig nachgewiesen werden konnte, wird sie von traditionellen Naturwissenschaften nach wie vor bestritten.[1,25]

Puritaner sind die Anhänger einer von strenger Selbstzucht geprägten Bewegung, die seit 1560 gegen die anglikanische Kirche in England opponierte. Vom Jahre 1620 an wanderten diese nach Nordamerika aus, wo sie als „Pilgerväter" die ersten Siedlern in den an der Ostküste liegenden Neuenglandstaaten waren.[2]

Rationalismus. Grundrichtung philosophischen Denkens, die von der Überzeugung ausgeht, dass die Welt dem Verstande sowie der Vernunft gemäß, also von logisch gesetzmäßiger Beschaffenheit sei. Die rationalistische Bewegung mündete im ausgehenden 17. Jahrhundert in der Aufklärung, die alle Gebiete des Lebens umfasste. Diese machte zugleich die Grenzen des Rationalismus deutlich: Eine Verkennung der Macht des Unbewussten, sowie der nichtrationalen Seelenkräfte und die Unterschätzung überrationaler Wertsetzungen.[2]

Sanskrit (ind. samskrta, „zurechtgemacht"). Uralte und sich im Nebel der Vergangenheit verlierende Sprache der klassischen Literatur der arischen Inder. Erstmalig wurden im 5. Jahrhundert v. Chr. durch den Gelehrten Panini grammatikalische Regeln aufgestellt. Heute wird Sanskrit, ähnlich wie Griechisch oder Latein, nur noch von einigen Gelehrten beherrscht.[25]

Satz von der Erhaltung der Energie (auch Energiesatz). Wichtiges Gesetz in der Physik. Es besagt, dass in einem abgeschlossenen System - wie dem Weltall - die Summe von kinetischer und potentieller Energie unveränderlich ist. Urheber dieses Fundamentalsatzes ist der niederländische Physiker und Mathematiker Christiaan Huygens (1629-1695). Die logische Folgerung hieraus besagt einerseits, dass Energie nicht aus nichts gewonnen werden kann. Noch bedeutender jedoch ist die zweite Schlussfolgerung: Sie besagt, dass Energie nicht zerstört, sondern nur von einer Form in eine oder mehrere andere umgewandelt werden kann.[2] Und da die Gesamtheit aller Energie konstant bleiben muss, ist von zusätzlicher Bedeutung, dass das Bewusstsein (oder die Seele) sich nicht in „Nichts“ auflösen oder verschwinden kann, sondern eine Umwandlung erfährt.[18]

Simpson, Orenthal James („O.J.“) ist ein ehemaliger „American-Football“-Spieler der „National Football League“. Im Jahr 1994 zog O.J. Simpson weltweite Aufmerksamkeit auf sich, weil gegen ihn der Verdacht im Raum stand, seine geschiedene Frau Nicole Brown Simpson sowie deren Bekannten Ronald Goldman ermordet zu haben. Große Bedeutung im Strafprozess hatten die DNA-Beweise gegen ihn, aber mehr noch die Umstände ihres Zustandekommens. In diesem Verfahren wurde er freigesprochen, jedoch 2008 wegen Raubüberfall mit Geiselnahme zu 33 Jahren Haft verurteilt, mit einer Entlassungsmöglichkeit nach frühestens neun Jahren. Nach eben diesen neun Jahren wurde er am 1. Oktober 2017 auf Bewährung aus der Haft entlassen.[118]

Spanische Grippe. Diese war eine Influenza-Pandemie, die durch einen ungewöhnlich virulenten Abkömmling des Grippe-Virus verursacht wurde. Sie verbreitete sich zwischen 1918, also gegen Ende des Ersten Weltkrieges, und 1920 in drei Wellen über die ganze Welt. Bei einer Weltbevölkerung von damals etwa 1,8 Milliarden Menschen forderte sie zwischen 20 und 50 Millionen Opfer; manche Schätzungen reichen bis 100 Millionen. Damit verstarben an dieser Pandemie mehr Menschen als durch die Kampfhandlungen im Ersten Weltkrieg (etwa 17 Millionen). Insgesamt sollen in etwa 500 Millionen Menschen – mehr als ein Viertel der Weltbevölkerung – infiziert worden sein. Die Sterblichkeit lag damals bei fünf bis zehn Prozent und damit deutlich höher als bei Erkrankungen durch andere Grippe-Varianten.[119]

Spiritismus. Der wissenschaftliche Spiritismus geht von der Annahme aus, wonach es Geister (von Verstorbenen) gibt, die unter bestimmten Voraussetzungen mit lebenden Menschen in Verbindung treten können. Jene Geister seien zur Erklärung verschiedener ➧ PSI Phänomene notwendig – ganz im Gegensatz zum ➧ Animismus, der sie leugnet. Im volkstümlichen Sinn bezeichnet man als Spiritismus auch all jene Aktivitäten, die unternommen werden, um in Kontakt mit den angenommenen Geistern (vorwiegend von Verstorbenen) in Kontakt zu treten.[1]

Spuk. Als Spuk wird jenes Phänomen bezeichnet, bei dem erkennbar materielle Gegenstände plötzlich paranormales Verhalten zeigen, und damit die bekannten Gesetze der Physik verletzen. Hierbei dürfte ein enger Zusammenhang mit der ➧ Psychokinese bestehen. Man kann hauptsächlich zwei Grundtypen unterscheiden: Den an bestimmte Orte sowie den an bestimmte Personen gebundenen Spuk.[1]

Stammhirn. Ein entwicklungsgeschichtlich sehr alter Gehirnteil bei Wirbeltieren, der im Dienst der elementarsten motorischen, sensiblen und vegetativen Funktionen steht. Zum Stammhirn zählen die für die automatische Motorik sehr wichtigen, zentralen Kerngebiete des Endhirnes und das Zwischenhirn, das Mittelhirn sowie das verlängerte Rückenmark.[2]

Trauma. Dieser medizinische Begriff wird in zwei verschiedenen Bedeutungen verwendet:

1. Bei Gewalteinwirkungen auf den Körper, die eine Verletzung zur Folge haben (körperliches Trauma).
2. Meist in der Kindheit durch verschiedene Einflüsse erfolgte seelische Erschütterung, die sich schädlich auf die Persönlichkeitsentwicklung auswirken und Neurosen, also Störungen des seelischen Gleichgewichts erzeugen kann (seelisches Trauma).[25]

Tsunami. Durch unterseeische Beben und Vulkanausbrüche spontan erzeugte Oberflächenwellen des Meeres, die sich ringförmig mit einer Geschwindigkeit von bis zu 700 Kilometern in der Stunde um den Entstehungsort herum ausbreiten. Dabei können sie den Ozean vollständig durchqueren. Ihre Wellenlänge bewegt sich zwischen 150 und 300 Kilometern. Im offenen Ozean haben die Wellen nur eine geringe Höhe, die jedoch beim Auftreffen auf die Küste bis zu 35 Meter und mehr ansteigen und dadurch katastrophale Zerstörungen auslösen können.[2] Weltweit treten die meisten Tsunamis im Pazifischen Ozean auf, wie die Katastrophe, die zu Weihnachten des Jahres 2004 einen hohen Blutzoll in den Anrainerstaaten Asiens und Afrikas forderte.

Unheimliche Begegnungen der 5. Art. Unter den diversen Erscheinungsformen des UFO-Phänomens die verstörendste Kategorie. Man spricht von Begegnungen der 5. Art, wenn das mit einem UFO oder dessen Besatzung in Berührung kommende Individuum ernstere oder sogar bleibende körperliche Schäden erleidet. Hierzu zählen zum Beispiel starke Verbrennungen und Verstrahlungen, in letzter Konsequenz auch tödliche Verletzungen. Diese können „zufällig“ geschehen oder mit voller Absicht zugefügt werden. Letztere sind dann die Schreck erregenden „Mutilations“: Verstümmelungen, die nicht nur Nutz-und Wildtieren, sondern selbst menschlichen Opfern beigebracht werden. Bei all diesen Fällen scheint eine möglicherweise von außerhalb unseres Planeten stammende Intelligenz mit einer Art Lasertechnologie vorzugehen, deren Möglichkeiten weit jenseits unserer eigenen Technologie liegen.[96]

Urknall, auch „Big Bang“ genannt. Die Urknall-Theorie versucht die Entstehung des Universums durch eine plötzliche und explosionsartige Expansion zu erklären. Demnach war das ganze Weltall vor rund 15 bis 20 Milliarden Jahren in einem einzigen Punkt unendlicher Dichte und Temperatur konzentriert. Durch die Explosion wurde diese Masse auseinandergetrieben. Die Temperatur kühlte sich ab, und aus den Massewolken entstanden die heutigen Galaxien. Die Urknall-Theorie leitet sich von der Beobachtung her, dass sich sämtliche Galaxien des Universums voneinander wegbewegen. Was darauf schließen lässt, dass sie zu Beginn dieser Bewegung in einem Punkt konzentriert waren.[120]

Vision. Eine Vision wird in der Regel als eine optische Halluzination definiert. Der Begriff wird vor allem dann verwendet, wenn die Möglichkeit einer Wahrnehmung auf paranormalem Wege betont werden soll. Mit Visionen religiöser Art sind oft sogenannte Auditionen, in Worte gefasste Offenbarungen, verbunden. In manchen Fällen beinhalten Visionen auch detaillierte Informationen über Geschehensabläufe, die womöglich erst in der Zukunft eintreten sollen. Tritt das Gesehene dann tatsächlich ein, sprechen wir von dem Phänomen der Präkognition (Vorauswissen).[1,2]

Yellow Press. Mit diesem Ausdruck waren ursprünglich die beiden in starker Konkurrenz zueinander stehenden New Yorker Tageszeitungen „New York Journal" und „The World" an der Wende vom 19. zum 20. Jahrhundert gemeint. Der Begriff wurde 1896 durch den Journalisten E. Wardman geprägt, und zwar nach der Figur eines Straßenjungen in einer Bildergeschichte, der ein gelbes Hemd trug. Heute bedeutet Yellow Press die publikumsorientierte Kaufpresse schlechthin - also nicht nur Tageszeitungen, sondern die gesamte Bandbreite regelmäßig erscheinender Zeitschriften.[2]

Zentralnervensystem. Beim Menschen und bei Wirbeltieren Gehirn und Rückenmark. Speziell im Gehirn spielen sich ununterbrochen Stoffwechselvorgänge und elektrische Erregungen ab, welche man im ➡ Elektroenzephalogramm verfolgen kann. Diese permanente, geordnete Tätigkeit im Zentralnervensystem kommt nie zur Ruhe; es erholt sich durch Tätigkeitswechsel und vor allem im Schlaf. Die genannten Stoffwechselvorgänge erfolgen im Wesentlichen in der Verbrennung von Glukose. Ohne regelmäßige Blut- und Sauerstoffzufuhr hört jede Nervenzellenfunktion auf. Würde also die Sauerstoffversorgung des Gehirns für eine Minute unterbrochen, wäre die Erregbarkeit der Nervenzellen eingeschränkt. Erhalten sie fünf Minuten keinen Sauerstoff, beginnen sie abzusterben.[2]

Danksagung

Beinahe schon ein Ritual – aber eines, das mir sehr am Herzen liegt – befindet sich regelmäßig am Ende jedes Buches aus meiner Feder. Dies hat zu tun mit einer Reihe von Personen, ohne deren Unterstützung, Hilfe und auch willkommenen Anregungen dieses Werk wohl sicher nicht zustande gekommen wäre. Ihnen allen meinen herzlichsten Dank auszusprechen, ist mir darum an dieser Stelle ein großes Anliegen.

Wo stünde ich heute, ohne die „Initialzündung“ durch meinen „steinalten“ Freund und lebenslangem Vorbild Erich von Däniken vor mittlerweile mehr als 50 Jahren? Ohne ihn gäbe es, da bin ich mir gewiss, keinen Autor und Forscher Hartwig Hausdorf. Nicht minder dankbar bin ich „meinem Admiral“, Rainer Holbe, aus dessen langjährigem Erfahrungsschatz ich schöpfen durfte. Auf unseren legendären Bootstouren auf der malerischen Vilaine brachte mir Rainer in tiefgründigen Gesprächen viele Gedanken nahe, die in dieses Werk Eingang gefunden haben.

Bedanken möchte ich mich auch bei meinem früheren Webmaster Josef Schedel, der mir in freundschaftlicher Verbundenheit spannende Details aus der Nahtodforschung zukommen ließ, die ihm sehr am Herzen lag. Unendliche Dankbarkeit empfinde ich auch dafür, dass ich der Welt bedeutendste Koryphäe der Reinkarnationsforschung noch persönlich kennenlernen und zu seinen Arbeiten befragen durfte. In jener anderen Welt, wo Professor Dr. Ian Stevenson nun weilt, dürfte er endlich seine Antworten auf so viele Fragen bekommen haben.

Da mich einerseits eine äußerst stark ausgeprägte Ungeduld als auch meine Bevorzugung des analogen Daseins bis dato recht erfolgreich davon abgehalten haben, ein echter Experte in Sachen digitaler Medien zu werden, bin ich hochgradig dankbar für die Hilfe und unermüdliche PC-Arbeit von Andrea Benschig sowie meiner Webmasterin, Renate Dorfner. Ebenso meinem unglaublich engagierten Freund und Verleger, Werner Betz, dass dieses Buch wieder einmal so schnell den Weg von der Idee bis hin zur Verwirklichung nehmen konnte.

Sollte ich irgendjemand vergessen haben, so bitte ich schon einmal prophylaktisch darum, mir dies nachzusehen. Wer jedoch keinesfalls ungenannt bleiben darf, das sind alle jene Menschen, die meine Bücher lesen. So sende ich hier noch ein ganz herzliches Dankeschön hinaus in die Welt, wo mir eine beständig wachsende Leserschar schon seit vielen Jahren die Treue hält!

Hartwig Hausdorf

Quellenverzeichnis

1 Gossler, Marcus: „Lexikon Grenzwissenschaften.“ Landsberg am Lech 1988

2 „dtv-Lexikon in 20 Bänden.“ Mannheim und München 1997

3 Verweis auf die expliziten Begriffserklärungen im Anhang dieses Buches

4 Hausdorf, Hartwig: „ANIMAL PSI. Die geheimnisvollen Fähigkeiten unserer Mitgeschöpfe.“ Peiting 2007

5 Solecki, Ralph S.: „Shanidar. The Humanity of Neanderthal Man.“ London 1972

6 Solecki, Ralph S., Solecki, Rose L. und Agelaraxakis, Anagnostis P.: „The Proto-Neolithic Cemetary in Shanidar Cave.“ College Station/TX 2004

7 Bellinger, Gerhard J.: „Lexikon der Mythologie.“ Augsburg 1997

8 Ranke-Graves, R. von: „Griechische Mythologie.“ Hamburg 1955

9 Hausdorf, Hartwig und Krassa, Peter: „Satelliten der Götter. In Chinas verbotenen Zonen.“ München 1995

10 Hausdorf, Hartwig: „Das Chinesische Roswell. Neue außerirdische Spuren in Ostasien.“ München 2013

11 Capra, Fritjof: „Das Tao der Physik.“ Bern 1984

12 Trungpa/Fremantle: „Das Totenbuch der Tibeter.“ München 1976

13 Evans-Wentz, Walter Y. (Hrsg.): „The Tibetan Book of the Dead.“ Oxford 1977

14 Fu, Juyou und Chen, Songchang: „The Cultural Relics unearthed from the Han Tombs at Ma Wang Dui.“ Changsha (Hunan/VR China) 1992

15 Hausdorf, Hartwig: „Götterbotschaft in den Genen. Wie wir wurden, wer wir sind.“ München 2012

16 Hausdorf, Hartwig: „Steinzeitmedizin. Unmögliche Operationen in der Vorzeit.“ Gross-Gerau 2018
17 Ryzl, Milan: „Der Tod und was danach kommt.“ Genf 1981
18 Däniken, Erich von: „Erscheinungen. Phänomene, die die Welt erregen.“ Düsseldorf 1974
19 Keller, Werner: „Was gestern noch als Wunder galt.“ Zürich 1973
20 Nettesheim, Agrippa von: „De occulta Philosophia.“ Köln 1533
21 o.V.: „Faszination des Unfassbaren. Geheimnisse und Rätsel des Übernatürlichen und Außerirdischen.“ Stuttgart 1983
22 Krippner, Stanley und Rubin, Daniel: „Lichtbilder der Seele. PSI sichtbar gemacht.“ Bern und München 1975
23 o.V.: „Weltalmanach des Übersinnlichen. Ein einzigartiges Kompendium aller rätselhaften Phänomene und unglaublichen Erscheinungen.“ München 1977
24 Fiebag, Peter, Gruber, Elmar und Holbe, Rainer: „Mystica. Die großen Rätsel der Menschheit.“ Augsburg 2005
25 Hausdorf, Hartwig: „Rückkehr aus dem Jenseits. Das geheimnisvolle Phänomen der Wiedergeburt.“ München 1998
26 o.V.: „Paul Broca“, auf: https//de.wikipedia.org/wiki/Paul_Broca
27 Versch. Autoren: „Pschyrembel. Klinisches Wörterbuch.“ Ausgabe 2014. Berlin und Boston 2013
28 o.V.: „Klaus Störtebeker“, auf: https://de.wikipedia.org/wiki/Klaus_St%C3%B6rtebeker
29 Bents, Harm et al.: „Störtebeker. Dichtung und Wahrheit.“ Norden 2003
30 Ruhr, Johannes: „Störtebeker. Der Weg eines Mythos.“ Norden 2011
31 o.V.: „Beheaded Chicken calmly lives“, in: „Salt Lake Tribune“ vom 19. September 1945
32 o.V.: „Mike (Hahn)“, auf: https://de.wikipedia.org/wiki/Mike_Hahn)

33 o.V.: „Mike the Headless Chicken“, auf: https://en.wikipedia.org/wiki/Mike_the_Headless_Chicken
34 BBC News Online: „The Chicken that lived for 18 months without a head“, auf: https://www.bbc.com/news/magazine-34198390
35 o.V.: „Der Wunderhahn“, auf: BR 1, „Die unglaubliche Geschichte.“ Erstausstrahlung 15. November 2020
36 Berlitz, Charles: „Die Welt des Unbegreiflichen. Erlebnisse mit einer anderen Dimension.“ München 1990
37 Hausdorf, Hartwig: „Das Jahrhundert der Mysterien und Wunder. 101 unerklärbare Phänomene, rätselhafte Entdeckungen und unheimliche Erlebnisse.“ München 2011
38 Michell, J. und Rickard, R.J.M.: „Phenomena. A Book of Wonders.“ London 1977
39 Piffer, Robert: „Die Schicksalsstrecke des Harry Steinbauer“, in: „Passauer Neue Presse“ vom 7. Dezember 2004
40 o.V.: „Vor drei Jahren starb hier der Vater - jetzt sein Sohn“, in: „Passauer Neue Presse“ vom 9. April 2010
41 Berger, Ulrich: „Zwei Jahre nach dem Sohn stirbt der Vater bei einem Busunglück“, in: „Passauer Neue Presse“ vom 25. Januar 2003
42 Green, Celia: „Out of the Body Experiences.“ London 1968
43 Gernand, S. und Klevesath, J.: „Was passiert mit mir, wenn ich sterbe?“, in: „Welt der Wunder“, Ausgabe Nr. 11/2020
44 o.V.: „Auserlesene Moralische Schriften von Plutarch.“ Zürich 1768
45 Moody, Raymond A.: „Leben nach dem Tod.“ Reinbek 1977
46 Moody, Raymond A.: „Nachgedanken über das Leben nach dem Tod.“ Reinbek 1978
47 Kübler-Ross, Elisabeth: „Über den Tod und das Leben danach.“ Güllesheim 2002
48 Holbe, Rainer: „Unglaubliche Geschichten.“ München 1985
49 Holbe, Rainer: „Phantastische Phänomene. Den grossen Rätseln auf der Spur.“ München 1993

50 Hausdorf, Hartwig: „Das Jahrhundert der Rätsel und Phänomene. 111 spektakuläre Fälle, geheime Ereignisse und mysteriöse Begebenheiten.“ München 2011
51 Hartwig, Marilyn J.: „Sie wollte nicht zurück“, in: „esotera“, Nr. 6/1970
52 Schedel, Josef: Persönliche Mitteilung an den Autor, 2007
53 Farkas, Viktor: „Unerklärliche Phänomene jenseits des Begreifens.“ Frankfurt/Main 1988
54 Weiden, Silvia von der: „Wenn sich der Schrecken im Erbgut festsetzt“, auf: http://www.welt-online.de vom 13. Januar 2010
55 Bedford/Kensington: „Das Delpasse-Experiment. Eine Entdeckung im Zwischenreich von Tod und Leben.“ Düsseldorf 1975
56 Hausdorf, Hartwig: „Bizarre Wirklichkeiten. Auf geheimen Wegen ins Unbekannte.“ München 2006
57 Ritter, Gerhard: „Das unheimliche Ich. Eine atemberaubende Dokumentation über unglaubliche Dinge.“ Zürich 1970
58 Naso, Eckard von: „Moltke - Mensch und Feldherr.“ Berlin 1937
59 Carrico, James A.: „Life of the venerable Mary of Agreda. San Bernardino/CA 1962
60 o.V.: „Pater Pio, Biographie“, auf: http://www.padrepio.catholicwebservices.com
61 o.V.: „Phänomene. Die Welt des Unerklärlichen.“ Erlangen 1993
62 o.V.: „The Ghost in the burning Building“, auf: http://www.paranormal.about.com
63 Carrington, Hereward: „The Invisible World.“ New York 1946
64 Miller, R. DeWitt: „Forgotten Mysteries.“ New York 1947
65 Gaddis, Vincent: „Invisible Horizons.“ Philadelphia 1965
66 Roberts, Jane: „Gespräche mit Seth. Von der ewigen Gültigkeit der Seele.“ Genf 1980

67 Holbe, Rainer: „Bilder aus dem Reich der Toten. Die paranormalen Experimente des Klaus Schreiber.“ München 1987

68 Senkowski, Ernst: „Instrumentelle Transkommunikation.“ Frankfurt/Main 1995

69 Coleman, R.L.: „Thomas Edison's Attempt to contact other Worlds“, in: „Beyond Reality“, Ausgabe Juni 1979

70 Jürgenson, Friedrich: „Sprechfunk mit Verstorbenen. Praktische Kontaktherstellung mit dem Jenseits.“ München 1981

71 Bender, Hans: „Unser sechster Sinn.“ Stuttgart 1971

72 Raudive, Konstantin: „Unhörbares wird hörbar. Auf den Spuren einer Geisterwelt.“ Remagen 1968

73 Berendt, Heinz C.: „Parapsychologie.“ Stuttgart 1972

74 Eisenbud, Jule: „The World of Ted Serios.“ New York 1967

75 Guiley, Rosemary Ellen: „Death no more a Casket. The EVP Revelations of Sarah Estep“, in: „FATE - True Reports of the Strange and Unknown.“ Ausgabe Dezember 2004

76 Brune, F. und Chauvin, R.: „En directe de l‘au delà.“ Paris 1993

77 Schäfer, Hildegard: „Stimmen aus einer anderen Welt. Chronik und Technik der Tonbandstimmenforschung.“ Freiburg/Br. 1978

78 Däniken, Erich von: „Erinnerungen an die Zukunft. Ungelöste Rätsel der Vergangenheit.“ Düsseldorf 1968

79 Ritsch, V. und Tschernenko, M.: „Waren Besucher von anderen Sternen auf der Erde?“, in: „Russischer Digest“, Ausgabe Mai 1960

80 Bender, Hans: „Neue Entwicklungen in der Spukforschung“, in: Moser, Fanny: „Spuk. Ein Rätsel der Menschheit.“ Frankfurt/Main 1980

81 Huxley, Aldous: „Die Pforten der Wahrnehmung.“ München 1970

82 Hausdorf, Hartwig: „Die weisse Pyramide. Außerirdische Spuren in Ostasien.“ München 1994

83 Brookesmith, Peter (Hrsg.): „Incredible Phenomena.“ London 1984
84 Michalski, Peter: „Hat dieser Mensch schon einmal gelebt?“ in: „BILD“ vom 15. Dezember 1998
85 Waldeck, A.: Persönliche Korrespondenz mit dem Autor. Schreiben vom 12. November 2003
86 Klink, Joanne: „Früher, als ich groß war.“ Forstinning 1992
87 Holbe, Rainer: „Neue phantastische Phänomene. Erinnerungen an Atlantis.“ München 1994
88 Hausdorf, Hartwig: „Geheime Geschichte. Was unsere Historiker verschweigen.“ Marktoberdorf 2001
89 Kahl, Joachim: „Das Elend des Christentums.“ Reinbek 1968
90 Dalai Lama: „My Land and my People.“ New York 1962
91 Byron, Julie: „Amazing Psychic Experiences of the Famous.“ Lutterworth (England) 1993
92 Kuby, Clemens: „Living Buddha.“ München 1994
93 Sathya Sai Vereinigung e.V.: „Sathya Sai Baba. Sein Leben und Wirken.“ Bonn, o.J.
94 Murphet, Howard: „Sai Baba, Man of Miracles.“ Newbury Port/Mass. USA 1977
95 Haraldson, Erlendur: „Miracles are my Visiting Cords. An Investigating Report on the Psychic Phenomena associated with Sathya Sai Baba.“ London 1987
96 Hausdorf, Hartwig: „Unheimliche Begegnungen der 5. Art. Die schwärzeste Seite des UFO-Phänomens.“ Marktoberdorf 2002
97 Stevenson, Ian: „Twenty Cases suggestive of Reincarnation.“ New York 1966
98 Stevenson, Ian: „Cases of Reincarnation Type, Vol. I.“ Virginia 1975
99 Stevenson, Ian: „Near Death Experiences in India.“ Virginia 1986

100 o.V.: „Sensationelle Fälle der Wiedergeburt: „Ich bin von meinem Bruder getötet worden'„, in: „Heim und Welt", Nr. 17/1988

101 Bätz, Franz: „Geheime Kräfte. Eine Reise ins Innere Licht." Gnas/Österreich 2000

102 o.V.: „Die geheimnisvolle Welt der Toten. Ein Bericht über Geschehnisse, die Wissenschaftler nicht erklären, aber auch nicht leugnen können." Folge 3 einer Serie in: „Bunte Illustrierte", 1975

103 Shkolnik, Yaakov et al.: „Nahal Me'arot Nature Reserve." Israel Nature and Park Authority, November 2014

104 Klausner, Margot: „The Druses and Reincarnation", in: „Monthly Journal for Parapsychology - Mysterious Worlds", Tel Aviv, vom 11. Juli 1969

105 Michalski, Peter: „US-Professor: Wiedergeburt kein Aberglaube", in: „Berliner Morgenpost" vom 15. Dezember 1998

106 Herberts, Gottfried: „Begegnungen mit Außerirdischen. Freunde aus dem All helfen uns." Frankfurt/Main 1977

107 Hausdorf, Hartwig: „Begegnungen mit dem Unfassbaren. Reiseführer zu phantastischen Phänomenen." München 2008

108 o.V.: „Eine Falschmeldung ist kein versehentlicher Fehler", in: „Passauer Neue Presse" vom 20. April 2020

109 Göböck, Roland: „Die großen Rätsel unserer Welt. An den Grenzen menschlichen Wissens." Gütersloh 1969

110 o.V.: „14jährige Britin nach Krebstod eingefroren. Gericht erlaubt Jugendlicher Konservierung im Eis", in: „Passauer Neue Presse" vom 19. November 2016

111 o.V.: „Forensic Evidence of Reincarnation", auf: https://krishna.org/forensic-evidence-of-reincarnation vom 11. November 2002

112 o.V.: „Scientific Evidence of Reincarnation – Update" auf: https://krishna.org/scientific-evidence-of-reincarnation-update vom 1. Dezember 2020

113 Versch. Autoren: „Pschyrembel. Klinisches Wörterbuch.“ Ausgabe 2014. Berlin und Boston 2013
114 o.V.: „Guglmänner“, auf: https://de.wikipedia.org/Guglmänner
115 o.V.: „Intelligenzquotient“, auf: https://de.wikipedia.org/wiki/Intelligenzquotient
116 o.V.: „Klub Universal Lexikon“ in drei Bänden, Bd. 2 Zürich 1969
117 o.V.: „Mauser 1914“, auf: https://de.wikipedia.org/wiki/Mauser 1914
118 o.V.: „O.J. Simpson“, auf: https://de.wikipedia.org/wiki/O._J._Simpson
119 o.V.: „Spanische Grippe“, auf: https://de.wikipedia.org/wiki/Spanische_Grippe
120 Herrmann, J.: „dtv-Atlas zur Astronomie.“ Mannheim und München 1996

Bildquellen

Archiv Autor: Abb. 1, 2, 3, 4, 7, 8, 9, 16, 17

Cities Services Dompany: Abb. 6

Roland Gööck: Abb. 20

Hanne Hasu/pixabay: Abb. 12

Rainer Holbe: Abb. 11

Werner Keller: Abb. 19

Tony O'Rahilly: Abb. 5

Konstantin Raudive: Abb. 10

Royal Canadian Mounted Police: Abb. 15

Ted Serios: Abb. 13, 14

Tan Stevenson: Abb. 18

Obwohl sich Verlag und Autor bemüht haben, zu sämtlichen Abbildungen dieses Buches die entsprechende Nachdruckerlaubnis einzuholen, iswt es nicht in allen Fällen gelungen, die jeweiligen Inhaber der Rechte ausfindig zu Machen. Sofern diese uns aber in Kenntnis setzen, sind wir selbstverständlich darum bemüht, die Inhaber der betreffenden Bildrechte in künftigen Ausgaben namentlich zu nennen.

Literatur zu den Rätseln der Geschichte dieser Welt und weiteren faszinierenden Themen finden Sie im Verlagsprogramm des Ancient Mail Verlags:

Hartwig Hausdorf

Steinzeit-Medizin

Unglaubliche Operationen in der Vorzeit

ISBN 978-3-95652-258-1, Din A5, Hardcover, 216 Seiten,
32 s/w-Abbildungen, **€ 19,80**

Wir sind stolz auf unseren heutigen medizinischen Fortschritt. Doch es gibt unzählige Zeugnisse einer vorzeitlichen Heilkunst, die den Vergleich mit unserer Zeit nicht zu scheuen braucht. Da gab es „Rituale" im alten Ägypten, die sich als Anwendungen moderner Notfallmedizin erwiesen. Ähnliches beherrschten auch die Ureinwohner der Kanarischen Inseln. An steinzeitlichen Schädeln findet man Bohrungen, wie sie heute zum Einsetzen von Elektroden für Gehirnschrittmacher gebräuchlich sind, und bei einigen Exemplaren findet man sogar die Spuren perfekt eingeheilter Transplantate. Woher aber stammt dieses revolutionäre Wissen, das schon in grauer Vorzeit Anwendung fand?

Hartwig Hausdorf

Grenzerfahrungen

Abenteuer am Rande der Realität

ISBN 978-3-95652-274-1, Din A5,
Hardcover, 238 Seiten,
17 s/w-Abbildungen, **€ 19,80**

In einer furchtbar nüchternen Zeit wie der unseren sehnt sich der Mensch mehr denn je nach Abenteuern. Doch manchmal geschieht es, dass diese Abenteuer ihn unerwartet über Grenzen führen, die er nie zuvor erfahren und ausloten durfte. Plötzlich verschwimmen scheinbar fundamentale Gesetze von Raum und Zeit, und man wird konfrontiert mit Dingen, die bis dahin keinen Platz im festgefügten Weltbild hatten. In diesem Buch präsentiert Hartwig Hausdorf mehr als 40 mysteriöse Grenzerfahrungen, welche die Menschen, die sie erlebten, von Grund auf veränderten. Erstmals bricht der Autor auch sein langjähriges Schweigen über ein rätselhaftes Erlebnis, das ihm selbst im Alter von etwa fünf Jahren widerfuhr. Und er stellt uns eine unheimliche Kreatur vor, wie sie die Welt noch nicht gesehen hat ...